职来职往有玄机

500强企业面试与生存密码

兰 涛 ◎ 编著

中国华侨出版社

图书在版编目(CIP)数据

职来职往有玄机:500强企业面试与生存密码 / 兰涛编著.—北京:中国华侨出版社,2011.10(2015.7重印)

ISBN 978-7-5113-1705-6-01

Ⅰ.①职… Ⅱ.①兰… Ⅲ.①职业选择-通俗读物 Ⅳ.①C913.2-49

中国版本图书馆CIP数据核字(2011)第182674号

职来职往有玄机:500强企业面试与生存密码

编　　著 / 兰　涛
责任编辑 / 尹　影
责任校对 / 李向荣
经　　销 / 新华书店
开　　本 / 787×1092毫米　1/16开　印张/17　字数/250千字
印　　刷 / 北京建泰印刷有限公司
版　　次 / 2011年10月第1版　2015年7月第2次印刷
书　　号 / ISBN 978-7-5113-1705-6-01
定　　价 / 30.80元

中国华侨出版社　北京市朝阳区静安里26号通成达大厦3层　邮编:100028
法律顾问:陈鹰律师事务所
编辑部:(010)64443056　　64443979
发行部:(010)64443051　　传真:(010)64439708
网址:www.oveaschin.com
E-mail:oveaschin@sina.com

前　言

　　毕业了，莘莘学子们告别了无忧无虑的象牙塔，还来不及缅怀激情如火的青春岁月，来不及为曾经的年少轻狂怅然若失，就要面对一个崭新的领域——职场。

　　大学毕业，是终点还是起点？要踏入社会了，很多人忐忑不安，被"毕业即失业"的阴影所笼罩，也有一些人满怀憧憬，渴望着大展身手。其实，职场既不是到处都是洪水猛兽的蛮夷之地，也不是遍地都是牛奶黄金的天堂。

　　职场和校园是两回事儿，在你迈出校门的那一刻，残酷的饭碗战争已经打响。你能抢到金饭碗、铁饭碗还是泥饭碗？抑或是没饭碗呢？在优胜劣汰的自然法则下，你是长成为傲然天地之间的栋梁，还是做一株干枯柔弱的稗草呢？

　　千里之行，始于足下。职场和学校有何不同？职场如战场，时时处处都进行着不见硝烟的战争。这本书告诉你如何迈出职场的第一步，并自信坚定地走进这个多姿多彩的世界，如何经历风雨，撑起一片属于自己的美丽天空。如何超越自己，在这个特殊的战场上横刀立马，傲视群雄。

　　在竞争激烈的人才市场上，如何才能在千军万马之中冲出重围，脱颖而出？在精英会聚的面试考场上，又要采取怎样的策略，一分钟打动面试官，赢得求职的主动权呢？

　　进入职场之后，作为一名经验少、动手能力差的"菜鸟"，我们又该如何尽快地适应角色转变，尽快地积蓄力量，脱离"冷板凳"的位置呢？面对人才济济的众多竞争者,怎样才能迅速建立优势,实现升职加薪的愿望呢?是守着手中的饭碗,安于现状、碌碌无为地挨到退休,还是豪情万丈地成就瞩目的事业,实现卓越的职场人生?

相信读过此书,你就能找到理想的答案。但愿这些事儿,别等到工作以后才知道。

我们不能打无准备之仗。在踏入职场之前,就要刺刀出鞘、子弹上膛,以饱满的热情迎接战斗的打响。职场如战场,在短兵相接之前,就要做好刺身肉搏的准备。这本书,就是我们锋利的刺刀,就是我们无敌的钢枪,它能帮你赢在起跑线上,它能帮你在前进路上持续发力,最终摘下成功的桂冠。

机遇总是偏爱那些有准备的人,在职场上行走,取得成就的大小关键在于我们自己。曾经有人说过:"使人感到疲惫的,不是远方的高山,而是鞋里的一粒沙子。"只要我面对理想不抛弃、不放弃,始终追逐梦想的足迹,总有一天会敲开成功的大门。

总之,身处职场的洪流,何去何从,取决于自己,如果我们能够做好准备,张开理想的风帆起航,坚定不移地驶向梦想的方向,那么,我们就会成为职场上的胜利者。

最后,借用辛弃疾的《破阵子》为即将踏入职场的勇士们壮行:

醉里挑灯看剑,梦回吹角连营。

八百里分麾下炙,五十弦翻塞外声。

沙场点秋兵。

梦想,就在前方!

目 录

上 篇

这些事别等到面试以后才知道
——学校没教的 500 强企业面试技巧

上篇从人资招聘主管的角度为切入点,以过去面试所见失误,加上诸多成功就业前辈们的经验为佐证,从收到面谈通知开始准备,善用各方资源,充分了解应征对象及工作领域,对照个人学识能力条件和未来发展方向,针对可能被问到的问题,深入思考,反复演练、调整,到面试前一天的仪表、消除紧张到自信的心态调整,最后到临场表现,完整而有系统地呈献,内容完整、具体而实用。

第 1 章 找工作前应有的心态

  梦想大小决定一生的成就 ………………………………… 2
  找一份实现自我价值的工作比高薪重要 ………………… 5
  对自己做 SWOT 分析 ……………………………………… 7
  想成功,先投资 1 万个小时 ……………………………… 9
  不是能力成就事业,而是实践成就事业 ………………… 12
  寻找适合自己的职业,别盲目投简历 …………………… 14

　　　　面试失败只是人生中的一段插曲 …………………………… 17
　　　　先深耕"专业"再追求"条件" ………………………………… 20

第2章　面试官所期望的人才身上有1%的不同
　　　　站在老板的角度思考、做事 …………………………………… 23
　　　　要积极主动地去工作 …………………………………………… 26
　　　　能够证明自己是匹千里马 ……………………………………… 28
　　　　要具备良好的沟通和交际能力 ………………………………… 31
　　　　运用幽默感,轻松面对压力 …………………………………… 34
　　　　有团体精神的人容易胜出 ……………………………………… 37
　　　　要有不走寻常路的创新能力 …………………………………… 39

第3章　面试时,用细节来武装自己
　　　　就算面试中有失误,也要镇定自若 …………………………… 41
　　　　正确判断面试官提出问题的意图 ……………………………… 44
　　　　第一印象决定你的形象 ………………………………………… 47
　　　　塑造你的职业形象 ……………………………………………… 49
　　　　面试中一定不要犯的言行禁忌 ………………………………… 53
　　　　妙用眼神为面试加分 …………………………………………… 57
　　　　以轻松的态度面对刁钻的问题 ………………………………… 59

第4章　面试官看重的不是能力,而是技巧
　　　　准备好应对各种不同的面试型态 ……………………………… 63
　　　　打造吸睛的简历 ………………………………………………… 66
　　　　自传内容的真实性很重要 ……………………………………… 69
　　　　面试礼仪不可忽略 ……………………………………………… 71

目 录

　　回答面试问题的一些技巧 ·················· 75

　　面对尴尬的问题怎么办 ··················· 78

　　面试前一天,请清点这些细节 ················ 81

第 5 章　面试的成功由搜集"情报"的能力决定

　　忠诚地与企业共同成长 ··················· 85

　　面试时不要对薪资问题很敏感 ················ 88

　　大企业的人品和能力测验 ·················· 90

　　面试要注意的"三大纪律"与"八项注意" ·········· 92

　　如何跟外籍面试官打交道 ·················· 95

　　准备就业必须知道的 5+4 个关键内容 ············ 99

下 篇

这些事别等到上班以后才知道
——老板不会教的 500 强企业工作习惯

　　下篇告诉你工作的"技能"是可以教的,但"工作习惯"老板不会直接告诉你,也无法传授,如果在上班以后还无法体会,或者总是得等老板开口了才明白,你将付出高额的代价,这也将阻碍你的职业生涯发展。

第 6 章　你带什么心态来工作

　　你要的不该是钱多事少的工作 ················ 104

在职场中混日子会打破饭碗 ·············· 107
想清楚,高薪是你的终极目标吗 ·············· 110
忠诚是职场的通行证 ·············· 113
不要只看到人家好运,而要看到人家努力 ·············· 116
"安逸"是一种可怕的想法 ·············· 118
在职场中,没有长处就等着被淘汰 ·············· 121
可以不满意,但不能不重视 ·············· 124

第7章 人生的决定,别让别人帮你做

学会给自己一个明确的奋斗方向 ·············· 127
小事比大事重要 ·············· 130
弱者等时机,强者造时机 ·············· 132
从零开始做人脉 ·············· 135
成功应该复制,不该回味 ·············· 138
劳而无功,可能是选错了方向 ·············· 141
放弃是需要智慧的决定 ·············· 143
该出手时就出手 ·············· 146
气魄大者成就大 ·············· 149

第8章 千万别把自己太当回事

路都是自己走出来的 ·············· 152
做人要低调,做事要踏实 ·············· 155
别拿鸡毛当令箭 ·············· 158
适当放低姿态建人脉 ·············· 160
吾日三省吾身 ·············· 163

"这又不是我的问题"就是你的大问题 …………… 166
尊重领导,服从领导 …………………………… 168

第9章　有实力也要会说话

职场新人发言不要太随便 …………………… 171
会说不一定要多说 …………………………… 174
自我感觉良好还不够 ………………………… 176
恰当的赞美甜如蜜 …………………………… 179
当个称职的配角 ……………………………… 182
一味沉默也不是金 …………………………… 184
用你的嘴说动别人的腿 ……………………… 187
每一次拒绝都是成交的开始 ………………… 190

第10章　培养自己的将才素质

宽容是成功者的必备品质 …………………… 193
善于温暖下属的心 …………………………… 196
掌握批评的艺术 ……………………………… 199
超越自己,保持头鱼位置 …………………… 202
给予有功劳的部属赞美和鼓励 ……………… 204
用马蝇效应刺激下属动起来 ………………… 207
左手大棒,右手胡萝卜 ……………………… 210
独木难支,善用团队的力量 ………………… 213

第11章　没有人会主动教你,但每个人都是老师

大胆一点,和"大人物"混个脸熟 ………… 216
抓住潜在的机会 ……………………………… 219

学会向领导学习 …………………………………… 221

等待指示会丧失求生能力 …………………………… 225

成功靠的是创意而不是经费 ………………………… 228

要升职,先升值 ……………………………………… 230

先模仿,再创新 ……………………………………… 233

困境是造就强者的学校 ……………………………… 236

第12章 人生何处不营销

去除心中的怯懦感 …………………………………… 239

良药未必苦口,态度的影响力很大 ………………… 242

把自己的人品销售出去 ……………………………… 245

推销自己,不怕拒绝 ………………………………… 247

温暖的力量胜过苛责 ………………………………… 250

订单藏在客户的嘴巴里 ……………………………… 253

让他说,别急着"卖" ………………………………… 256

顺水推舟,达成目标 ………………………………… 258

上 篇

这些事别等到面试以后才知道
——学校没教的 500 强企业面试技巧

上篇从人资招聘主管的角度为切入点，以过去面试所见失误，加上诸多成功就业前辈们的经验为佐证，从收到面谈通知开始准备，善用各方资源，充分了解应征对象及工作领域，对照个人学识能力条件和未来发展方向，针对可能被问到的问题，深入思考，反复演练、调整，到面试前一天的仪表、消除紧张到自信的心态调整，最后到临场表现，完整而有系统地呈献，内容完整、具体而实用。

第1章
找工作前应有的心态

当学子们走出象牙塔,投身到职场这个陌生的新天地中时,无论懵懂茫然,还是欢呼期待,都意味着自己的角色即将发生变化。在这个更加绚丽多彩的舞台上,是上演一幕华丽的剧目,还是做一个默默无闻的龙套?如何达到成功的顶峰,赢得荣耀的鲜花和掌声?这一切,都决定于你的心态。

梦想大小决定一生的成就

梦想是人生最美好的拥有,是我们来到这个世上上帝赐予的最宝贵礼物。当岁月在指尖不经意地穿过,当秋风萧瑟、繁华落尽之时,当斑白的双鬓低声诉说着时光的无情,唯有梦想使我们永葆青春的脚步,使我们的世界不再是单调的灰白,而是洋溢着幸福欢快的人生异彩。

青春年少时的梦想,曾经沸腾了我们胸中的热血,激荡着我们冲天的豪情。在我们的求学阶段,梦想曾经无数次帮助我们战胜了自己的怯懦和怠惰。现在,当我们走出象牙塔,即将踏入职场之时,梦想,依然是我们不能丢弃的羽翼。因为,梦想决定了一个人前行的方向,梦想的大小决定了一个人一生成就的大小。

小常是某大学中文系的应届毕业生,大学还没毕业,家里就为他的工作操起心来,凭借他的家庭条件,同学们都认为小常找到一份好工作是十拿九稳的事情。

上篇　这些事别等到面试以后才知道

事实确实如此，凭着多年的关系，小常的爸爸提前帮他联系了两个地方，一个是市文联的办公室职务，一个是战友开的一家大型公司的中层管理职务，同学们都羡慕小常有个能量巨大的"好爸爸"。

确实，现在社会生活压力大，就业形势严峻，而小常的爸爸给他提供的两个工作都是比较轻松而且福利待遇不错的，也难怪很多同学羡慕了。小常的爸爸也为自己给儿子铺了一条"金光大道"而感到自豪。

然而，小常却有自己的梦想，他并不想沿着父亲指定的路走下去，那不是他的人生。小常的愿望是做一名像威廉·拉塞尔那样的记者，他喜欢那种富有激情的、战斗般的生活，希望自己的一生能那样度过。

于是他瞒着家人偷偷参加了某报社的招聘会，凭着自己的执著热情和才华取得了该报实习记者的职位。不过这个职位有3个月的试用期，在这期间，小常只有可怜的生活保障性的工资，而且特别累，整天东奔西跑找素材，一个月下来，整个人都瘦了一圈，家人都非常不解，而且心疼，小常自己倒是乐在其中。

由于小常在工作中任劳任怨，而且脑子灵活，领悟力强，因此试用期还没到就提前获得了转正。一年以后，小常已经成为"新人"中的佼佼者，报社新开了一个版面，提拔了小常负责，小常的干劲更足了，因为他觉得自己离梦想更近了一步。

又过了两年，小常成为了该报不可或缺的台柱子，职位也更高了。

小常在跑新闻、写稿子的过程中，培养了自己的能力和人脉，积累了大量经验，他勤学苦干，就是为了实现自己的梦想——成为一个像威廉·拉塞尔那样一个世界闻名的记者。为了实现这个梦想，小常选择了一条自己的路，并坚定不移地走了下去。

如果人们在选择工作的时候仅仅是为了安逸的物质生活，而没有一个更加高远的目标，就会逐渐变得没有激情和动力，从而无法发挥出自己的能力，无法激发自己的巨大潜力。人，其实就是一座"金矿"，而梦想就是发掘金矿的动力，梦想的大小决定着金矿的开发程度。

或许现实生活有压力，或许现实生活很残酷，但是在我们编织美好梦想的时候，不要为此所囿，梦想是人生的翅膀，我们要想看到更远的风景，就必须飞得更高。

有一个小男孩捡到一颗老鹰蛋，就把它带回家，放在母鸡的窝里，后来孵出一只小鹰来。小鹰与同窝的小鸡一起长大，一直都以为自己是一只小鸡。

一天，有一只雄伟的老鹰俯冲而下，小鹰也和小鸡一样慌乱，四处窜逃。以后，小鹰只要一想到翱翔在天空中的老鹰时，总是不禁喃喃自语："我若是能像老鹰那样，自由地翱翔在天上，不知该有多好。"这时候，站在一旁的小鸡就会提醒它："别傻了，你只不过是只土鸡，怎么可能飞得那么高呢。"于是，小鹰安心地做起了"土鸡"。

有一天，一位过路的人认出了这只小鹰，便兴致勃勃要教小鹰飞翔，他将小鹰带到农舍的屋顶上将它扔下，不料小鹰只轻拍了几下翅膀，便落回到鸡群当中。他又把小鹰从村中最高的树上扔下，小鹰本能地展开翅膀，飞了一段距离，当看到地上的小鸡都在啄食时，便飞了下来，加入其中，再也不肯飞了。

最后这个人把小鹰带上高高的悬崖，然后松开了手，小鹰看到了脚下的河流村庄，看到了辽阔的远方，于是拍打着宽阔的翅膀飞起来了，它越飞越高，终于看不见了，以后，小鹰再也没回过鸡群。

有一句名言是这样说的：比陆地更广阔的是海洋，比海洋更广阔的是天空，比天空更广阔的是人的梦想。或许当你踏入职场之后，发现世界并不是像自己想象得那么美好，成功也不是那么唾手可得，此时，是自暴自弃，否定自己的梦想？还是奋勇向前，毫无畏惧地继续追逐自己的梦想呢？

不甘于虚度一生的人，显然都会选择后者，如果我们放弃了梦想和追求，或者因为一时的得失成败变得短视，那么，我们注定无法达到曾经梦想的高度。

生活中的很多人跟上述故事中的小鹰一样，为了眼前的谷粒而忘记了

上篇　这些事别等到面试以后才知道

辽阔的天空。初入职场的人们,应当志存高远,怀抱自由翱翔于天际的梦想,去追寻一个属于自己的更高的境界。不要坐井观天,失去梦想,使自己原本可以搏击长空的羽翼退化成烧烤架上的鸡翅。为了梦想,加油吧!

找一份实现自我价值的工作比高薪重要

大学毕业以后,莘莘学子们从童话世界的象牙塔里走出来,睁开懵懂的眼睛,惊喜地看着这个五彩缤纷的世界,踌躇满志。外面的世界很精彩,外面的世界很美妙,每一条通向罗马的道路看上去都是那么平坦顺畅,处处都是风景。

在求职的道路上,或许很多人都相中了那些看上去很美的"大家闺秀",这样的工作职位外表光鲜、薪水丰厚、上升空间巨大,似乎马上就可以实现"鲤鱼跳龙门",成为职场上的成功人士,因而大家一拥而上,趋之若鹜。

而对于那些发自内心真正喜欢的"小家碧玉"似的工作,尽管有些人能够在这些行业里更好地实现自己的价值,但往往因为存在盲目攀比的心态,或者对自己认识不清,又或者因为来自家庭等处的压力,而不得不"忍痛割爱",迷失了自己真正的职业方向。如果仅仅是因为高薪或者名誉而放弃真正能实现自我价值的工作,选择了那些并不适合自己的华而不实的职业,那么,不仅体会不到工作带来的乐趣,也很难做出卓越的成绩。

王加贵从扬州大学畜牧专业毕业后,先在南京一家大型企业跑销售,并很快当上分公司的副总经理,薪水可观,可闲下来时总难免有几分失落:自己还是喜欢畜牧专业,希望在这个领域大展身手,实现自己的价值。

因此,他萌生出回家乡涟水办养猪场的念头,那样既能发挥自己的长处,还可带动乡亲们致富。但是,对他的做法,不仅同事朋友不理解,就连他的父亲也想方设法阻挠,他不想让儿子放弃体面的工作回来养猪。

但是王加贵非常坚决,说干就干,他承包了8亩地建成了80间猪舍,利用所学知识科学喂养,现在每年都能出栏肥猪上万头。在他的带动下,镇里的生猪屠宰、有机粮食加工等配套产业也都发展了起来,实现了共同富裕。

乡亲们都说,要是王加贵当初坚持去当"白领",如今,这里的红火景象做梦也做不出来,王加贵成了带领大伙儿一起致富的"领头人"。

很多人起初把王加贵当成"傻子",放着高薪不拿,体面的职务不做,却从繁华的大城市跑回农村里养猪,是的,如果单单用物质、职务这些表面的东西来衡量,似乎王加贵的选择是错误的。但是,从王加贵个人的职业理想和抱负的角度去看,他不仅理智,而且颇有勇气,他坚决地走了一条能够实现自己价值的道路,同时,这也是一条通向成功的路。

很多求职者说,刚开始找工作时还有目标,之后是越找越没有标准,感到很迷茫。的确,进入社会之后,看到处处繁花似锦、纸醉金迷,很多人失去了人生的方向,沉浸在物质世界的虚假繁荣里不能自持,丢掉了实现自己人生价值的标尺。

一个人,如果不能找到一个真正能实现自己价值的工作,就不能最大限度地激发自己的力量,就达不到自己一直渴望的目标。这样的工作没有乐趣,也做不出卓越的成绩,只是为了薪水报酬日复一日地机械劳动,就像磨坊里的驴子一样,尽管一生勤勤恳恳,却注定最终徒劳无功、碌碌无为,无法实现自己的价值和理想。

实现价值不是靠高薪彰显,也不是靠虚幻的名誉和地位诠释。人生并不是有了钱就一定快乐幸福,物质也不是生活的全部。在求职的时候,其实大可不必紧紧盯着薪水,月薪上万,在世界500强企业里工作就是实现自己价值的最佳途径吗?

求职一定要克服"短视"的局限,李开复曾经说过:"事业比金钱重要,机会比安稳重要,未来比今天重要。"在求职的时候,一定要清醒地想明白,什么样的工作才是值得自己为之奋斗终生的事业,不要被高薪蒙蔽了双眼,被

上篇 这些事别等到面试以后才知道

一时的物质诱惑引入职业的歧途。

女怕嫁错郎，男怕入错行。即将踏入职场的你，是准备投身一份能够实现自我价值的事业，还是仅仅找一个雕刻着华丽的"高薪"花纹的饭碗呢？

对自己做SWOT分析

老子的《道德经》有云：知人者智，自知者明。而《孙子兵法》中则说：知己知彼，百战不殆。无论个人有智慧也好，还是军队打仗胜利也好，都有一个前提条件，就是要自知，做什么事情首先要了解、认识自己。

或许有些人会疑惑，了解自己还不简单吗？我们每天起床照照镜子，看看自己是不是衣着端正，这不就是了解自己吗？是的，这也算是认识自己的一种方式，不过我们需要的是更深层次的了解，需要我们对自己做全面的分析。

马林最近非常苦恼，他再次失业了，这已经是第三次了。一天晚上，马林失眠了，他在自己租来的简陋小屋里沉思：那些当初跟自己一起走出校门的同学，很多已经是春风得意、小有成就了，而自己却还为了找到一个饭碗挣扎。论品行能力，自己并不差，为什么自己的职场之路这么艰难呢？他想找到原因。

他冷静地思考着自己的不足之处，比如在工作顺利的时候还能保持理智和冷静，但是当工作不顺利的时候就会烦躁不安，控制不住自己的情绪，在领导交给自己更多任务的时候也不够自信，相比其他同事，自己的经验还是欠缺。但是自己对工作任劳任怨，有上进心、肯学习，外语水平顶呱呱，而且自己年轻，以前的失败没什么大不了的，从头再来！

马林决定，从现在起，一定要在工作中控制好自己的情绪，增强自己的自信心，发挥自己踏实肯干的优势，继续在职场上战斗。

几天之后，他满怀自信地应聘到了一家不大的公司，踏踏实实地干了起来。在工作中，他经常虚心地向同事们请教，心情烦躁的时候就告诉自己，要冷静，冷静才能解决问题。在这个公司干了两年之后，他已经非常熟悉这个行业，成为公司里的中流砥柱了。

后来，公司扩大规模，老板为了留住马林这个人才，主动给了他10%的股份和更高的职务，马林实现了从职场"丑小鸭"到"白天鹅"的华丽转身。

要更好地在职场上发展，就需要更深入全面地认识自己。一个人，只有认识了自己，才能更加顺利地在职场上前行。对此，职场中人可以采用SWOT分析法，SWOT是英文的缩写，它分别代表：Strengths（优势）、Weaknesses（劣势）、Opportunities（机会）、Threats（威胁）。

首先要清楚地知道自己具备什么知识技能和职业素质？在大学期间，自己的专业知识掌握程度、自己从实践活动中学习的技能、自己最擅长的是什么、自己对工作的态度够不够端正、能不能尽职尽责、忠于职守。这些是我们必须要搞清楚的，如果连自己会做什么都不知道，就很难找到合适的行业和职务。

然后分析一下自己的劣势，比如工作经验的不足，或者自己在人际关系方面处理得不好等，找出了这些劣势，就可以让我们有的放矢地去改进自己，或者避开一些不适合我们的行业。比方自己明明有恐高症，却非要去做跳伞运动员，这就是典型的拿着鸡蛋碰石头，对自己的劣势认识不清会让你事倍功半，出力不讨好的。

关于机会与威胁，我们可以分析一下整个行业前景、竞争激烈程度等内容。不同的行业和公司都面临不同的外部机会和威胁，了解这些有利于我们找到一份适合自己的工作，还会影响今后的职业发展。所以求职前先列出自己感兴趣的那些行业，然后认真地评估这些行业所面临的机会和威胁。例如，曾经一段时间寻呼机很流行，到处都有招聘寻呼人员的，但是没什么前景，整个行业很快就退出历史舞台了，你干得再好也没用。

分析了这些，我们就对自己有了一个全面深入的了解，这样我们在求职时才能有针对性地寻找那些最适合自己发展的行业和公司，才能更好更快地做出成绩。

上篇 这些事别等到面试以后才知道

日本"销售之神"原一平曾经经历了一次又一次的挫败,在他想进入保险业发展的时候甚至被主考官一眼就认定不能胜任。尽管原一平毫不服输,也兢兢业业、废寝忘食地苦干,但是他却7个月都没有卖出一份保险。

后来,原一平遇到伊藤道海法师,便请他指点,法师告诉他:"一个人之所以难成大器,最主要的原因在于不能认识自己。"这番话给了原一平很大的震动。

此后,原一平连续6年举办每年12次的"原一平批评会",来征求同事、家人和朋友以及陌生人对自己的批评和意见,然后把它们改掉。

认识到了自己之后,原一平每天都获得了进步,并最终获得了巨大的成功。

认识自己,其实就是把自己从"套子"里解放出来,不要像鸵鸟一样,把头埋在沙子里就万事大吉了。认识到自己的优点就要发挥,认识到自己的缺点就要改正,只有全面深入地认识了自己,才能更好地发展进步。

正所谓,当局者迷,旁观者清。有时候自己可能看不清楚自己,这时候,可以多跟别人交流交流,尤其是那些比较了解自己的人,如父母、老师、好友等,他们也是你的一面重要的镜子。

要想成功,除了基本的职业素质和扎实肯干的工作作风,更重要的是能够客观地自我认识自己,不断地完善自己。只有这样,才能把自己由一只小小的独木舟打造成职场横流中的超级航母,稳稳地掌握好自己,在实现自己梦想的航程上不断前进。

想成功,先投资1万个小时

如今资讯发达,很多事情上一秒才发生,下一秒便传到了千里之外,因此,我们得以看到一幕幕的成功喜剧在上演,一夜成名的事情时有发生,仿佛成功是件非常容易的事情,只要我们躺着睡一觉就好了,浮躁充斥着这个世界。然而,台上一分钟,台下十年功,没有一定的积累,梦想之花是难以盛开的。

欲速则不达，成功离不开勤奋努力的付出，要想收获丰硕的果实，就先要播下种子。成功是一个积累的过程，就像一首歌里面唱的：世间自有公道，付出总有回报。当我们的付出积累到了一定的程度，我们才能鲤鱼跳龙门，实现飞跃。职场就像登山，想要达到最顶峰，必须从最低处开始。

英籍犹太人欧司·爱·哈同，1849年出生于巴格达的一个商人家庭。他的父亲是设在巴格达的沙逊洋行的一个小职员，全家生活并不宽裕。5岁时哈同随父亲迁居印度孟买，他幼年生活艰苦，靠拾破烂、拣煤块为生。1874年，一文不名的哈同由香港辗转来上海谋生。

初到上海，哈同不仅身无分文，而且连一句中文都不会说，靠着洋人的身份替犹太老乡开办的沙逊洋行看大门、看守鸦片仓库。夏日的上海又潮又湿，有人劝说他："出去透透气，到外面凉快凉快吧。"他说："老板信任我，我不能偷懒。"由于他为人勤快、谦让，他颇获好评，并且很快升为"管事助手"。

哈同除了工作认真、忠于职守以外，他还利用晚上的时间阅读各种经济财务书籍，不断积累知识。老板觉得他有上进心，就把他调到业务部门当办事员。哈同一如既往，工作业绩不错，逐步被提升为业务员、大班等。

这时候，他的收入大大增加了，就是靠着积攒下来的这些资金，哈同开始了自己的创业之路，并取得了巨大的成功。他去世之后，仅留在上海的土地就达460余亩、房屋建筑1300余所，除花园外，还有商用房81幢、住房544幢、仓库3幢、旅馆饭店4幢。据英国驻上海领事馆估计，他留下的遗产达1.7亿美元。20年时间，他从一个看门人变成了远东巨富。

哈同胸有大志，但是却能在条件不成熟的时候安分地干好守门员的工作，并且在这个卑微的岗位上勤勤恳恳，一点一点地积累着自己的知识，提升着自己的能力，逐渐给自己创造了一次次的机会，并最终实现了自己的梦想。他靠的不是天上掉馅饼的运气，而是自己踏踏实实的付出。

"千里之行，始于足下。"要想建一座耸入云端的高塔，就要从地基一砖

上篇 这些事别等到面试以后才知道

一瓦开始,没有前期的积累,没有踏踏实实的付出,成功就会像空中楼阁一样,可望而不可即,最终只能使我们离梦想越来越远。

凡事切忌急功近利,初入职场,一切都是从零开始,想一夜成功的幻想是不现实的,梦想应该高远,而行动需要脚踏实地。只有一步步地积累,才能使我们达到成功所需的高度。能不能沉下心做好眼前的工作,是一种态度,更是一种心境,梦想的实现不能一蹴而就,需要实实在在的付出和积累,而不是沉溺其中不能自拔。

初入职场的人们往往有一个误区,那就是眼高手低,小事不愿做,大事做不了,成为"思想上的巨人,行动中的侏儒"。他们恨不得成功下一秒就到来,总想一步登天,却不愿意踏踏实实地去付出,不愿意通过时间的考验。但是成功需要从一点一滴做起,空有抱负和才华是远远不够的。

曾国藩小时候天赋不高,甚至有些驽钝。有一天他家来了一个贼,潜伏在屋檐下,想等他睡觉之后顺手牵羊。但是曾国藩翻来覆去地背诵一篇文章,过去了很长时间却仍然记不住。最后等到东方发白,曾国藩还不去睡觉,仍不厌其烦地读着那篇文章。

贼实在忍不住了,于是跳出来冲他不屑地说:"就你这种榆木疙瘩脑子还读什么书啊?!"然后一字不差地将那篇文章背诵了一遍,随后扬长而去!

这个贼比曾国藩聪明得多,但是驽钝的曾国藩成了挽救清政府大厦于即倒的有功之臣,是中国历史上非常重要的人物之一,而那个贼连名字都没有留下来。做贼都免不了浮躁,可以想象,这个聪明的贼恐怕早已凶多吉少。

工作中,只有控制住浮躁情绪,才能经受住成功路上的种种考验,战胜自己的惰性,才能将坚定的目光穿过各种诱惑,凝定在辽远的梦想之处。从而不会迷失前行的方向,不会停下跋涉的脚步。

古之成大事者,不唯有超世之才,亦必有坚韧不拔之志。正如王国维先生在《人间辞话》中描述的成功所必须经历的3个阶段:衣带渐宽终不悔,为伊消得人憔悴;昨夜西风凋碧树,独上高楼,望尽天涯路;众里寻他千百度,蓦然回首,那人却在灯火阑珊处。成功需要执著的付出、耐得住寂寞。

所以,即将踏入职场的人们,不要再埋怨"英雄无用武之地",不要再感叹"千里马常有,而伯乐不常有"。须谨记,成功无侥幸,"天生我材必有用"、"只要功夫深,铁杵磨成针",一分耕耘一分收获,你的付出,总会迎来水到渠成的回报。因此,要想拥抱你的梦想,不要再浮躁,只需迈开坚定的脚步,风雨兼程。

不是能力成就事业,而是实践成就事业

俗话说,实践出真知,真正的能力是用实践来体现的,是能够转化成实实在在的工作业绩的。很多曾经踌躇满志的人,最终归于平庸,不是因为他们缺少才华,而是因为他们在工作中不能身体力行,不能踏踏实实去干。其实,在成就事业的道路上,实践比能力更重要。

有两个应届大学毕业生李岩和郑鑫,他们毕业后同时进入一家工厂工作,这家工厂是国企,福利待遇还是不错的。由于他们并没有什么工作经验和专业技能,因此,他们一开始被安排在车间里,工作内容就是坐在机器旁盯着仪表,发现流水线上产生了不合格产品,就操纵机械手把它取走,放在一边,这个活儿非常枯燥,而且不能离开岗位,相当"不自由"。

李岩刚开始还能坚持,觉得过一阵肯定能够换个轻松一些的岗位。而且,他非常"聪明",懂得搞好人际关系,不像郑鑫那么死板。他常常忙里偷闲,离开岗位去打扫办公室,给车间主任端茶倒水,对于郑鑫老老实实盯在岗位上的做法,他是很不屑的。

可是大半年过去了,厂里还是没有让他们换岗的意思,李岩不禁觉得自己很委屈,自己是名牌高校的毕业生,拥有专业的理论知识,即使一开始没有经验,但是半年干下来,自己的工作没什么问题,而且自己善于搞好人际

上篇　这些事别等到面试以后才知道

关系的能力大家也是有目共睹的,怎么就得不到领导的赏识呢?

于是,他开始放松了对自己的要求,对工作也不那么认真了,现在的他更是一有时间就离开岗位,找个角落看看电子书或者聊天,他觉得产品的次品率很低,没必要盯得那么紧。而郑鑫,依然是刚进厂时的老样子,老老实实地干活。

一年以后,车间主任让郑鑫做了班长,李岩也被调到办公室,李岩心想,自己终于有出人头地的机会了,李岩确实很有才华,专业知识好,人际关系处理得当,相比李岩,郑鑫没有他那么八面玲珑,他只是踏踏实实地工作,稍显木讷,不过,领导和同事们却都很喜欢他。

3年以后,车间主任退休了,在选拔车间主任的时候,领导和同事们都更中意能吃苦、脚踏实地的郑鑫,于是,郑鑫走上了这个岗位,而李岩依然在办公室里做着那个"万事通"的打杂工作。

很多才华横溢的年轻人,其实都是被自己的"能力"误了前程,他们太过迷信自己的能力,因此忽视了实践的重要性,没有踏踏实实的工作,能力是转化不成效益的。能力是梦想的翅膀,但是仅仅有翅膀而不去飞翔,是无法拥抱蓝天的。

我们都对方仲永的故事耳熟能详,这个神童,还没上学的时候就会作诗,可是由于忽略了实实在在的学习,结果长大了以后变成一个普通的农民,一个天才少年归于平庸,令人扼腕叹息。不论能力这颗种子看上去有多么美好,职业前程有多么光明,只要是脱离了实践的土壤,就注定不能开花结果,而只会枯萎凋零。

迷信能力无所不能就是在自己的心田里种上了杂草,如果任由这种思想发展,放弃了踏实肯干的实践精神,这些杂草就会不断蔓延,最终使我们的心田成为一片荒原,掩盖了原本鲜艳芬芳的花朵儿,从而使我们停下追逐成功的脚步。

有3个人,在同一个工地上砌一堵墙,他们的手艺都差不多。

后来工地的经理从这里路过,就问他们:"你们在干什么呢?"

第一个人说:"砌墙。"他就老老实实地实践着砌墙的工作,10年后,他成了技艺超群的瓦工,继续在各个工地上砌墙。

第二个人说:"我在建一栋漂亮的楼房。"他在砌墙的时候,不断学习建筑知识,了解整座大楼的建造方法,孜孜不倦地实践着。10年后,他成了一名建造师,坐在宽敞的办公室里,跟同事们一起设计图纸。

第三个人说:"我在建设一座美丽的城市。"他在工地上砌墙的时候就开始系统地学习建筑理论、城市规划、工程造价等方面的知识。10年后,他成了一名房地产商人,拥有独立的办公室,掌握着一家大型房地产公司。

3个人在开始的时候,能力差不多,但是到了后来,他们的境遇已经有天壤之别,因为他们的实践行动不一样。如果比起砌墙的能力,房地产商恐怕难以跟第一个人匹敌,但是在事业上,瓦工恐怕只能给房地产商打工了。即将踏入职场的人们一定要记住,你今天的工作决定着你明天的成就。

年轻人总是对自己抱有很高的期望,雄心勃勃,认为自己能力出众,成功应该是理所当然的事情。一旦达不到预期,就会觉得自己"怀才不遇",没有遇到慧眼的伯乐,要知道,"能力"只是可远观的风景,只有实践才能给工作带来实际效益,没有哪个老板会因为看不见、摸不着的能力给你升职加薪,要想在职场上成长得快一点,离成功近一点,就要把你的能力用实际工作表现出来。

寻找适合自己的职业,别盲目投简历

每到临近毕业,人才市场上就无比火爆,那万头攒动的情景蔚为壮观,一些热门岗位前面常常围得水泄不通,很多单位收到海量的简历,光是浏览这些简历恐怕就够人力资源部门头疼的了,那么,这么多的求职者,真正适合这个职位的又有几人呢?

上篇　这些事别等到面试以后才知道

"就业难,难于上青天。"许多求职者发出这样的感叹,他们背着一麻袋简历在人才市场上寻找着机会,见缝插针,见到有招聘的就投上一份,丝毫不在意那是个什么岗位、适合不适合自己。

很多人在投递简历的时候是韩信带兵多多益善,他们不是有的放矢,不是分析自己的优势兴趣等,而是先开枪后瞄准,期望歪打正着,天上掉下个好工作,不管怎样,先投上一份再说,反正制作一份简历又花不了多少钱,可想而知,这些简历一定是石沉大海。

赵钧毕业于某大学的化学系,在大学期间,他不怎么喜欢自己的专业课,因此,成绩只是中等水平。不过他非常喜欢文学和摄影,加入了学校的文学、摄影协会,并成为了骨干,凭着自己的兴趣和钻研,赵钧在很多报刊上发表过作品。

毕业求职时,像很多对自己的职业理想很盲目的同学一样,赵钧局限在自己的专业上,凡是看到跟化学沾边的单位,不论是企业、科研机构,还是学校,他都统统投递简历。可以想象,那些对口专业的招聘单位,对于这个专业成绩不算出众的赵钧是什么态度了,他投出的简历就像断线的风筝,再也没有任何消息。

日子一天天过去,赵钧却处处碰壁,真的应了那句"毕业即失业",为此,赵钧异常苦恼。他回到学校的就业指导中心,向那里的老师诉说了自己的情况,老师建议道:"你不要局限在自己并不擅长也不喜欢的专业上,找工作的时候可以发挥你在文学和摄影方面的优势,比如报社、杂志社等单位,只要适合你的发展,哪怕开始的时候薪水少、职位低也没关系。就业是影响一生的大事,你一定要清楚自己适合哪一行,这样才容易做出成绩。"

赵钧听了这番话以后,觉得受益匪浅,于是,他开始注意报社和杂志社发布的招聘信息,并且在制作简历时突出了自己的特长,并且附上了自己的代表作品,有的放矢地投递给合适的招聘单位。结果没多久,他就通过了山东一家报社的面试，成为这家报社的实习摄影记者。

仅仅经过半年，赵钧的工作就已经做得得心应手了，甚至不比那些科班出身的记者逊色，他的薪水也有了大幅度的提高。

赵钧在求职初期像个没头苍蝇一样四处出击，投了许多简历不见回音，原因固然是他自己的专业素质不强，退一步讲，即使有一家单位能够招聘他，从事他本来没有兴趣的化学方面的工作，也是不适合他的发展的，同样，也不会给工作单位带来最大的效益。

什么样的鞋子最好？不是最华丽的，也不是最昂贵的，而是那双最合脚的。求职也是如此，热门的未必是适合自己的，光鲜的岗位背后也有酸甜苦辣，只有从事适合自己的职业，才能更好地发挥自己的优势和潜力，在成功的道路上，从起点处开始，我们就应该盯紧靶心，不要偏离。

萌萌的理想是成为一名主持人，她目前在一家大学的播音主持专业班学习，她长得青春靓丽、声音甜美、性格活泼，非常热爱这个行业，也非常适合这个行业。为了自己的理想，她从大一开始就利用课余时间到本地的新闻媒体学习实践，广播电台、电视台都有她忙碌的身影。

即将毕业，萌萌把就业的目光锁定在了新闻媒体。她每天上网搜集大量的招聘信息，看到有招聘方的网站就进去详细了解。针对招聘职位制定不同的简历，恰如其分地突出自己适应该岗位的优势。

功夫不负有心人，有3家新闻媒体向萌萌伸出了橄榄枝。萌萌通过认真分析比较，选择了一家中等规模的单位，开开心心地上班去了。

投递简历切忌盲目，有些人可能仅仅是为了自己能留在某个城市，就不管三七二十一，只要是本地的企业就投，不顾自己的长远发展；也有人是为了自己的专业不致荒废。确实，我们投入了时间金钱学习了专业知识，如果用不上确实可惜，但是如果条件确实不允许，我们也不能太过偏执。

例如，如果有人特别喜欢自己的考古专业，非得去考古单位，但是岗位

上篇　这些事别等到面试以后才知道

僧多粥少,竞争太激烈,这时就应该走一条"曲线救国"的道路,找一些与考古相关的工作,哪怕从这个行业最基本的岗位做起。只要是适合自己的行业,就会有发展前途。

年轻人走出校门,初生牛犊不怕虎,都有过"天生我材必有用,千斤散尽还复来"的豪情壮志,找工作都盯着不胜寒的高处。及至海投失利,却又对自己失去信心,开始彷徨,是要放弃适合自己的行业和职位,先解决温饱问题呢?还是服从家庭的安排,去那个自己并不喜欢但是待遇稳定的单位上班,就这样平平淡淡地过一辈子?

职业规划影响一个人的一生,即使遇到一时的挫折,也不要妄自菲薄,不要轻易放弃适合自己的道路,哪怕暂时无法取得理想的职位,还可以另辟蹊径,曲线救国,当年红军成功之前,不也经历过两万五千里长征的曲折道路吗?相比那些先辈们,我们在职场上也应当谨守适合自己的道路,道路曲折不可怕,因为前途总是光明的。

面试失败只是人生中的一段插曲

兵法云:未料胜,先料败,此之谓也。好的工作总是能吸引更多的优秀人才,自然竞争也就更加激烈,当我们满怀期待地参加面试,却被无情地淘汰之后,虽然会有一些失落,但是我们绝不可沉溺其中,在面试之前就要有失败的心理准备。面试失败是很正常的事情,只是人生中的一段插曲而已。

要知道,面试也是一种考试,就像在学校里一样,考不到理想分数的情况是时有发生的。不要惧怕面试失败,要从失败中学习经验、总结教训,要让失败孕育出成功的种子。面试,是我们进入职场的第一堂课,无论成功与否都要从中汲取养分,为今后的职场生涯积蓄力量。

张琳是一个文静的女孩子,学习国际贸易专业的她不像其他同学那样大方干练，而是非常内向，面对陌生人有时候还会紧张得说不出话来，用同学们打趣她的话来说就是："典型的小家碧玉。"

大四下半年，大家都开始忙着找工作，张琳也跟着同学们到处去投简历。可是，最初的一周里，投出的几十份简历犹如石沉大海，一点儿音讯都没有，其实这也是正常情况。不过，这使得张琳本来就没多少的自信心更是所剩无几。

在失落中过了两周，一个新加坡人投资的外贸公司打来电话让她去面试。为了好好把握这个机会，张琳专门向有经验的学长"取经"，为了了解那家公司的情况，她在网上到处搜罗资料，就连那个新加坡老板都被她好好"研究"了一番，有学长告诉她，面试时一定要谦逊，千万别太锋芒毕露。张琳想，这就不用刻意去做了，自己本来就不自信，没有什么锋芒可露。

面试这天，张琳精心地打扮了一番，化了淡妆，穿上了得体的套装。一进门，就看到对面一排坐了七八个人，中间是一位威严的中年人，看来就是那位新加坡老板了。来之前，张琳还在提醒自己，一定要自信，要不卑不亢。结果，一看这架势，张琳的小腿儿都哆嗦了起来。

当张琳结结巴巴地进行了自我介绍后，主考官开始正式"考问"起来。那位新加坡老板的问题都很尖锐："我们招的是业务员，工作压力很大，平时要经常加班，你可以适应吗？""3个月的试用期只有基本工资1200元，在这个城市里可能连基本的生活费用都不够，能接受吗？"面对主考官连珠炮般而又近乎苛刻的问题，张琳的大脑一片空白，只知道说"好"、"还行"来回答问题，整个人就像在梦游。

面试结束后，那位威严的考官终于露出笑容，但是，他说出的却是这样一句话："小姑娘，你的条件很不错，但是，我们外贸公司要经常跟陌生人打交道，你这样不自信是不能取得良好的沟通效果的。很遗憾……"

那次面试失败给张琳上了生动的一课，她痛定思痛，决心改变自己不自信的"顽疾"，她收起自己的毕业证，找了一份不需要学历的推销饮料的工

上篇　这些事别等到面试以后才知道

作,主动跟客户说话,渐渐地,张琳由原来内向的小家碧玉变成了落落大方的大家闺秀,变得非常自信起来。

一年之后,自信坚定的张琳又站到了那位老板面前,这次,老板对她的表现非常满意,他微笑着说:"很遗憾,业务员的职位已经满了,如果你愿意的话,可以做总裁助理……"

在很多时候,对于初入职场的求职者来说,令自己满意的工作,不会轻轻松松地获得。因为,经验不足是新人的软肋,而职场不同于学校,游戏规则是不一样的,很多公司都希望自己的员工很快上手。因此,在求职的过程中,有些新人会遇到很多次失败,但不要自暴自弃,要树立自信心,准备好迎接下一次的面试。也许成功,就在下一次。

那些成功的人从不惧怕失败,面试失败只不过是初入职场的一个小小的考验,甚至可以把它看成一种面对挫折时的演练。从某种程度上来说,面试失败还能培养人的意志力和承受挫折的能力,在以后的工作中不可能总是一帆风顺,就把面试失败当做大风大浪前的小波折吧。

付丽从音乐学院毕业后,到当地电视台求职,在面试中被淘汰了。但她没有放弃,之后,她在电视台附近找了一份代课的工作,在工作之余,她每天对着镜子练习,不断提高自己的主持水平,不断继续学习专业知识。

半年后,电视台新开了一个栏目,从后备人员的名单里发现了她,于是,她第一个去参加面试,因为这半年她一直都在进步,时刻为下一个机会做准备,这次,她如愿以偿地获得了这份工作。

日本著名的企业家松下幸之助说过:"信心加忍耐让一切不可能成为可能,任何事情都离不开这个原则。"因此,求职者在面试中失败时,不要放弃自己的梦想,黎明到来之前总是最黑暗的,只要调整好自己的心态坚持下去,就可以获得工作的机会。

人生的美好就在于它不是一潭死水,既有波澜壮阔的激流,也有风平浪静的和缓之处，面对挫折，我们不妨把它当做一段舒缓乐章中的激昂音符，正因为有了失败，我们才能体会成功的喜悦；正因为有了令人不快的插曲，我们才能谱写更和谐的乐章，让我们的生命奏出更美好的明天。

先深耕"专业"再追求"条件"

很多求职者一上来就会迫不及待地询问薪水职位这类问题，或者在工作一段时间之后就要求老板加薪改善工作条件，等等。本来谈薪水是无可厚非的，我们在这个社会上生活，没有钱是寸步难行的。但是，提出薪水要求要有个前提，就是你必须要"值"这个价，要对得起这个待遇。

因此，要追求条件，首先要使自己"升值"，如果自己确实非常适合某个岗位，在同类求职者中专业水平高出一大截，是难得的人才，那么用人单位自然会认真考虑你的条件，如若不然，那些"火眼金睛"的人力资源经理们是懒得浪费时间答理你的。

刚刚大学毕业的钱蕾一个人来到上海，通过了层层面试，与总部在英国的一家外企签了约，月工资5000元。班上的其他同学大多数在中小城市找了工作，薪资水平不高，因此，对于她的工作，大家都非常羡慕。

同宿舍正在找工作的杨帆知道后很不服气，她觉得，自己长得比钱蕾漂亮，获得的荣誉也比钱蕾多，还是社团的活跃分子，交际能力也很强，理所当然应该找份比钱蕾工资高、待遇好的工作，不然在同学面前岂不是很没面子？

的确，在那些方面钱蕾确实不如杨帆，但是钱蕾在大学4年里，拿到了他们专业最多的证书，在实验室里待的时间最长，另外她的外语水平也很高，而这，才是那家外企看重的优点。

杨帆一心要比过钱蕾，于是她也到了一座大城市找机会。每次面试一开始，主考官还没怎么说话，她就大谈特谈自己如何优秀，然后就提出自己对

上篇　这些事别等到面试以后才知道

工资待遇的要求。而当主考官对于她的专业能力考查时，很显然，她准备得还不够充分，或者说她的能力还达不到。

在两个月内，杨帆先后参加了十几家单位的面试，希望找到5000元以上工资的岗位，但招聘方都认为她的能力达不到这样的薪资水平，有些单位请她认真考虑，他们非常乐意提供4000元的月薪，然后看她的工作表现逐步提高，结果杨帆拒绝了，最终，她没能签约。

就这样，高不成低不就地耗了半年，杨帆的工作还没着落，她心里越发不平衡。最后，实在无奈，她想去那家4000元的公司，等她去了，却被告知那个职位已经有人了，而且那个人的能力非常出众，开始仅仅要求3000元的月薪，但现在，他的工资已经提高到5000元了。那家公司的招聘人员善意地告诉她，要想得到好的薪水待遇，自己得有那个能力才行啊。

杨帆一下子懵了，她终于明白，自己的专业能力还不值那个"价格"。

薪水、待遇，这是每个步入职场的人都会关注的问题，也是应该关注的问题。因为，薪水的高低直接影响着求职者的生活水平，同时也体现着一个人的价值。每个求职者都希望薪水越高越好、工作环境越舒适越好，但是，任何获得都是需要付出的，要想追求高薪，就得有做出好业绩的能力，没有金刚钻，就别揽瓷器活儿。干什么都不会、问什么都不知道的人，就不要企望获得高薪。

在职场中，影响薪水的因素有很多，比如学历、工作经验、行业情况、地区影响、个人能力等，那些初入职场就"狮子大开口"的人，不妨在开口之前好好调查一下本地区本、行业这个职位上的一般从业人员的工资水平，然后考虑到自己经验不足、实际动手能力差等原因，同时突出自己的优势和特长，再给自己"标定"一个合适的"价位"，然后待价而沽，这样成功的几率才会大一些。

普布利乌斯·埃利乌斯·哈德良是古罗马一位非常有名的皇帝，他非常睿智。

有一位将军，多年来一直跟随在他的麾下东征西战，但是，这位将军并不出彩，没打过什么大胜仗，当然也没有惨败过，战绩平平。

在战争中，哈德良经常提拔将领，但是这位将军一直在他的位置上没有挪窝，他有些不忿，毕竟，谁都希望得到晋升。

有一次，哈德良又提升了一群将领而落下了这位将军，这位将军终于按捺不住自己的"上进心"了，于是便在皇帝面前提起这件事情。

"我应该升到更重要的位置，"他自信地说，"因为我经验丰富，参加过10次以上的重要战役。"然后眼巴巴地看着皇帝。

哈德良皇帝是一个对人才有明确判断的人，他并不认为这位将军能够胜任更高的职位，于是拒绝了他，指着拴在木桩上的驴子说："亲爱的将军，好好看看这些驴子吧，它们至少参加过20次战役。"

要加薪，先加油；要提条件，先深耕"专业"，让自己成为专家型的人才，才能在求职中获得更重要的筹码，一个能为公司带来更多效益的人，公司自然是不会吝啬一点儿薪水的。一个人在评估自己的价值时，既不要妄自尊大，也不宜妄自菲薄，而应该客观地分析，如果自己的专业技能和特长不足以给公司带来更多的利润，或者没有超出同事们一大截，那么就不要轻率地提出什么条件来，因为那是自取其辱。

有些人在职场中，一开始起点就高，其中有很多因素，但是最重要也是最根本的一个就是，这些人在求职之前，都在专业方面下过功夫，都"身怀绝技"，使他们在找工作时能够在众多的竞争者中脱颖而出。试想，如果你对某个岗位需要的专业技能和知识只懂一点皮毛而不是精通，又怎么能指望用人单位会给你开出"专家级"的工资呢？

上篇　这些事别等到面试以后才知道

第2章
面试官所期望的人才身上有1%的不同

职场上人才济济，毕业生们成千上万，求职者的竞争丝毫不亚于高考时的激烈。如何在千军万马中杀出一条血路，赢得考官的青睐？如何在慧眼如炬的HR面前展示出你与众不同的一面，紧紧吸引住他求贤若渴的目光？

站在老板的角度思考、做事

职场就是一个大舞台，你想演出一个什么样的剧目，能够得到多少掌声和喝彩，其实关键在于自己。有些人安于自己"打工仔"的角色，兢兢业业地诠释着"打工仔"的剧本，出卖着自己的劳动力，在自己的岗位上做着"分内之事"，这样的员工，始终把自己当做打工者，始终不能站在老板的角度上去思考、去工作，最终只能在这个大舞台上一直默默无闻地跑龙套。

在职场上，要想演出一幕华丽的剧目，成长为耀眼的"巨星"，就要用主人翁的心态去做事，哪怕你只是公司里最不起眼的一个打杂的，也要用"合伙人"的身份要求自己，把自己当做公司的主人，站在老板的角度上为企业争取最大的利益。

石油大王洛克菲勒刚参加工作的时候，车间里有这样一道工序：装满石油的桶罐通过传送带输送至旋转台上以后，焊接剂从上方自动滴下，沿着盖子滴转一圈，然后焊接，最后下线入库。

洛克菲勒的任务就是注视这道工序，查看生产线上的石油罐盖是否能够自动焊接封好。这是一份简单枯燥，甚至连小孩儿都能胜任的工作。对此，他觉得很不满足，自己的能力做这样的工作岂不是浪费？于是便找主管请求调换工作。

主管听后冷冷地说："你要么好好干，要么另谋出路。"

他回去后冷静下来仔细一想，自己为何不能在平凡的岗位上把工作做得更好呢？就当这工厂是自己开的好了。于是，他将工作做得一丝不苟。

经过仔细观察，他发现，每个罐子旋转一周的时候，焊接剂刚好滴落39滴，然后焊接工作就完成了。但是有一道工序，其实并没有必要滴油，他想，这样不就给公司造成浪费了吗？他认为自己应该为公司节约成本。

洛克菲勒经过反复的试验，发明了"38型焊接法"，这样焊接每个罐子就可以节约一滴油，别小看这一滴油，它每年能为公司节省5亿美元的开支。洛克菲勒的这种主人翁精神得到了领导层的充分肯定，他们一致决定，为这个把自己当做"老板"的小伙子升职加薪。

凭着这种主人翁的工作精神，洛克菲勒最终一步步成为掌控美国石油业的大亨。

一个人的心态决定着他的命运，如果只把自己当做为老板打工的，把企业当做一个挣钱的场所、一个出卖劳动力的地方，那么，恐怕这个人真的就会一辈子毫无建树。站得高才能看得远，如果在工作中能够站在老板的角度上看问题，以主人翁的态度对待自己的工作和企业，那么，必然能够做出卓越的成绩。心有多高，舞台就有多大。

一名卓越的员工，在工作中始终会抱着老板的心态，用老板的标准要求自己，时时刻刻像老板一样为公司的利益着想，有大局观，不会局限在一己私利上，这样的员工只会努力付出，却不问回报，而事实上，他们得到的回报将远远超过那些斤斤计较的人。

职场上人才济济，作为初入职场者，论经验和动手能力无法与那些老员工匹敌，论学历也不见得就是团队中的佼佼者。那么，如何在竞争激烈的人

上篇　这些事别等到面试以后才知道

才夹缝中生存发展？如何通过用人单位那窄窄的独木桥，脱颖而出呢？这就一定要把自己置于一定的高度，处处以公司的利益为重，只问耕耘，不问收获，如此，才能打动老板，赢得先机。

站在老板的角度考虑，把公司置于第一位，把个人利益置于其后，看似自己吃了亏，其实不然。老板的眼睛是雪亮的，对于员工的情况，他比谁都清楚，或许你不如老员工有经验，或许你没有名校的高学历，但是，只要你一心一意为公司付出，在老板心中的分数就一定高，在职场上行走，老板认可才是硬道理。

某大型公司招聘一名高管，待遇诱人，应聘者挤破了头，竞争异常激烈。经过几轮筛选，最后只剩下3个人难分伯仲，他们都跃跃欲试，希望在最后一关击败竞争对手。就在这时，公司突然通知他们，由于财务危机，招聘暂缓。而且，就算现在留下了他们，第一个月恐怕也没有工资，而且不知道以后会是什么情况，公司的人力资源经理很遗憾地告诉他们，如果有好的去处，可以优先考虑。

一个月后，其中的一位已经到别的公司上班了，不过待遇比这家公司差很多。而另一位则赶到了公司，询问公司的财务情况是否好转、招聘能否继续。公司老总亲自接待了他，说："你的确很有才华，但最终没有通过公司的最后考验，财务危机就是最后一关。很抱歉，希望以后有机会再合作。"

原来，其中的一个应聘者在过去的一个月里，主动提出即使第一个月没有工资，他也愿意去上班，他相信公司能够渡过这次危机，也愿意为了公司的发展放弃一个月的薪水。这3位应聘者中，他是唯一一位能够站在老板的角度考虑公司利益的人，因此，他理所当然地拥有了这个别人梦寐以求的高起点的职位。

美国钢铁大王卡耐基曾说："为我工作的人，要具备成为合伙人的能力。如果他不具备这个条件，不能把工作当成自己的事业，我是不会考虑给这样的年轻人机会的。"要具备合伙人的能力，就要有主人翁的精神，把自己当做企业的老板。有了这种觉悟，在工作中才能更好地发掘自己的潜力，提高自己的能力，从而真的成为老板的"合伙人"。

要积极主动地去工作

安德鲁·卡耐基曾说:"有两种人不会成功:一种是非别人要他做,否则绝不主动做事的人;第二种人则是即使别人要他做,也做不好的人。那些不需要别人催促,就会主动去做事,而且不会半途而废的人必将成功。"

很多人小时候玩过陀螺,不拨一拨,它就不转一转,有的即使拨了,它还懒得转。如果一个人在工作中也是如此,老板吩咐一下,就去干点儿事,老板没告诉他干什么,他就坐在那里干等,这样的人又怎么能做出卓越的业绩,获得老板的青睐呢?成功的职场人士,无不是积极主动地去工作的。

库克和米勒是同一家小超市的伙计,他们一起参加工作。可是,过了一段时间之后,米勒的薪水却比库克高了一大截,还成了店里的小头头。

库克觉得老板对自己很不公平,没看到米勒比自己强在哪里,凭什么他的待遇比自己好这么多呢?一天,他到老板那里诉苦,讲述着自己平时干活跟米勒并没有什么区别。

终于,老板忍不住说话了:"库克,你到我们经常去采购的蔬菜市场上去一趟,看看今天早上有什么东西在卖?"

于是,库克颠儿颠儿地去了市场,一刻钟以后回来了:"今早市场上人不多,有个农民拉了一车土豆在卖,剩下的都是卖胡萝卜的。"

老板又问:"有多少?"

库克又颠儿颠儿地出去了,回来后告诉老板那个农民共有40袋土豆,有好几车胡萝卜。

老板又问:"价格是多少?"

库克叹了口气,第三次跑到集市上问来了价格,气喘吁吁地向老板作了汇报。

老板对他说:"好了,现在你坐下喝口水,休息休息,我让米勒也做这个

上篇　这些事别等到面试以后才知道

工作,你看他是怎么做的。"

老板吩咐米勒:"你去市场上看看有什么在卖的。"米勒很快回来了,他向老板汇报说:"3车胡萝卜,不过我们的胡萝卜库存很多,除此之外,只有一个农民在卖土豆,他有40袋,质量很不错,价格也合理。我带回来一个样品,您可以看看,我把那个农民也带来了,如果您决定采购的话可以直接告诉他。"

这时候,老板转过头对库克说:"现在你该知道为什么米勒的薪水比你高了吧?"

工作中,有很多像库克一样的人,他们总是习惯等待老板发布命令,吩咐他们做什么就做什么,吩咐他们怎么做就怎么做,从不主动一点,从不多做一点。这样的员工,表面上是循规蹈矩的"好员工",实际上是得过且过的懒汉。

这些懒汉也许有自己的理由:"老板没吩咐,如果我做错了怎么办?""反正我做了这件事也没什么好处,还是拿这些工资,我干嘛这么傻啊!"这些理由,要么就是没有责任心的表现,要么就是"聪明过了头",迟早会吃大亏的。

如果在工作中不能积极主动一些,而总是像木偶一样,等待别人的指点,那么就会逐渐失去激情,安于这种半死不活的状况。等到年华老去,而自己依然碌碌无为的时候,想要改变陋习,恐怕已经无力回天了,只能眼睁睁地看着"白了少年头,空悲切"的剧目在自己身上上演。

李晶去应聘一份秘书的工作,那天,前来面试的人很多,大家都等在面试房间的门外唧唧喳喳地交流着自己找工作的经验。

众多应聘者的嘈杂声让面试官心烦意乱,他耐着性子跟一位应聘者谈完之后,就走出门准备维持一下秩序,这时候,他看到李晶正在做这件事情,但是好像效果并不怎么好,有的人根本无视她的存在,依然我行我素,还有的人在跟她唱对台戏:"你逞什么能啊?你不也是来面试的吗?又不是这里的工作人员。"李晶没有生气,还是在耐心地劝说着。

这时候,应聘者们看到了面试官,安静了下来。面试官看着这些年轻人,说:"刚才这位先生说错了,面试已经结束,这位小姐已经成为本公司的

27

正式工作人员。"

说完,他微笑着对李晶说:"现在,请履行你的职责,把这些应聘者的简历返还给他们。"

面试官后来告诉李晶:对于刚毕业的大学生来说,能力和经验都是可以培养的,但是积极主动的工作态度却是秘书必须具备的,而她的表现证明,在这一点上,她是很出色的。因此,无须更多的考察,她就是合适的人选。

任何企业、任何老板都希望用李晶这样的员工,这种积极主动、眼里有活儿的员工才是企业发展所需要的,这样的员工也是快速成长型的员工。在老板眼里,能够做好他们交代工作的员工只能算是合格的,而那些"主动型"的员工,才称得上优秀。

有没有主动性,并不是被聘用的唯一因素,但是眼里有活儿的员工,肯定可以为自己"加分",而且在工作中能够积极主动的员工,必将吸引老板更多的目光,这样的员工,老板是乐于培养、乐于提供更大舞台的,而这些,就是你职场飞跃的新起点。

没有主动精神的员工,就会像机器一样,只会按照别人的吩咐去做,而不知道主动做一些没有人交代他做的事情。而那些有主动精神的员工,则会勇于负责,有独立思考能力、有创意,能够出色地完成任务。

成功不会白白降临到你的身上,只有那些主动做事、主动工作的人才能获得更多的机会。为了你的职业理想早日实现,燃起你的青春激情,积极一点、主动一点吧。

能够证明自己是匹千里马

很多人初入职场的时候心态摆得不够正,总觉得自己是了不起的人才,大有"仰天大笑出门去,我辈岂是蓬蒿人"的豪情,但是,理想应该远大,心态

上篇　这些事别等到面试以后才知道

却需要摆正。职场不是童话世界,有才,需要证明自己,即使是千里马,如果整日卧着不跑,也不见得能吸引伯乐的兴趣。

真正的千里马之所以能够成功,不是因为伯乐的慧眼,而是它们日行千里的奔跑能力,成功终究还是要靠自己。就像后主刘禅,尽管有诸葛亮"鞠躬尽瘁,死而后已"的辅佐,他还是一个"扶不起的阿斗"。

记住,要想遇到慧眼识珠的伯乐,首先得保证自己是一匹千里马。对于那些阅人无数的人力资源经理们来说,尽管人才市场上人头攒动、万马奔腾,但是,千里马却不常有,他们的这些伯乐期待千里马的迫切心情,丝毫不亚于"千里马"们寻找伯乐。

熊国宝,原国家男子羽毛球队队员、1986年汤姆斯杯冠军中国队成员。

与那些少年成名的队友相比,熊国宝可谓是个大器晚成的运动员。因为他从小就长得很瘦弱,不起眼,学习羽毛球时,只是一个"编外生"。但是他一直刻苦训练,后来终于进入了省体校、省队,不过,当时他的水平还没有什么飞跃。

后来,他被选入国家队,不是因为他值得栽培,而是国家队的鲜花们需要绿叶来"陪练",而他训练时的不怕苦、不怕累是出了名的。进入国家队以后,他依然沉默寡言,丝毫没有运动明星的样子,他每天都陪着明星选手们练球。多年以来,他每天打球的时间都比别人长很多,因为他是队友的最佳练球对象,人们从来没指望他将来能够为国争光。

1986年,熊国宝已经24岁了,他的战绩平平,作为垫底的成员参加了当年的汤姆斯杯冠军争夺战,这次比赛,遇到了最强劲的对手——羽坛"天皇"林水镜,人们纷纷认为这是中国队的策略,让最不中用的"下等马"去对付"上等马",让熊国宝去当"炮灰"。然而,令人大跌眼镜的是,在这场比赛中熊国宝大放异彩,一举击败林水镜,为中国队夺冠立下了汗马功劳,向人们证明了他不是"下等马"而是一匹"千里马"。

随后,他势如破竹地一路赢了下去,后来得到了世界冠军,一举成名,这匹千里马，以自己的能力向世人证明了自己的价值。

求职者要想得到一个好的职位，就要向面试官证明自己的能力，展现自己的价值，只要你有优势长处，能够比其他马儿跑得快，那么成功的几率就会提高。反之，如果你只能证明自己是一匹驽马，什么都不如别人，那凭什么让面试官对你另眼相看呢？

虽然你可能还没有进入职场，但是也会经常听到这样的抱怨："我在公司这么多年了，忠心耿耿、任劳任怨，怎么每次升职加薪都没我的份儿呢？""小王才来了两年，工资竟然比我的都高了，怎么说我也是公司的元老，没有功劳也有苦劳啊！"等等。要知道，要想在职场上出人头地，能力是非常重要的，有些人可能干了5年还没有刚刚工作一年的人做得好，这样的人肯定得不到伯乐老板的青睐。

意大利画家达芬奇做学徒的时候，他的性格不够开朗，非常害羞，不敢主动去展示自己，因此才华深藏未露。那时他的老师是个很有名望的画家，由于年老多病，作画时常感到力不从心。

一天，老画家病了，他无法完成一幅作品，于是就让达芬奇替他画完尚未完成的部分。达芬奇觉得自己只是个学徒，害怕把老师的作品给毁了，因此惴惴不安。可是，这位老画家坚持要达芬奇完成这幅画。

最后达芬奇只好战战兢兢地拿起了笔，一旦进入创作阶段，他便进入了非常良好的状态，行云流水般的灵感不断从他脑中跳跃到画布上。完成之后，老画家来到画室，当他看到经过达芬奇补充完整的作品时，惊讶得说不出话来。

他一把把年轻的达芬奇抱住："有了你，我从此不再作画了。"

从此，达芬奇这匹千里马奋蹄疾奔，终成一代大师。

有些人或许真的很有才华、很有能力和抱负，那么，在求职的时候，就要让面试官知道，不要把自己的能力隐藏起来，那并不是低调。不要像茶壶里煮饺子一样，有能力却展示不出来。伯乐在面对成千上万匹马的时候，眼神

上篇　这些事别等到面试以后才知道

儿也不会那么锐利的。

在职场上,老板衡量人才的标准是看你有没有能力为公司带来利润,评价员工哪个更优秀也并不是看谁来公司的时间长一些,而是谁的业绩更好、谁对公司作的贡献更大。虽说驽马坚持不懈也能做出好成绩,但是同样的时间里,千里马肯定能够做得更好。

要知道,工作以后,业绩才是下属获得上司赏识和提拔的主要筹码,业绩就是学校里的成绩单。评价一个学生的优秀与否虽然不能完全用成绩衡量,但成绩绝对是一个非常重要的指标。职场亦是如此,无论你对这个企业多么忠心耿耿、多么任劳任怨,如果你每个月只能给公司赚一元钱,那么公司发给你100元也会嫌多的。高薪,意味着为公司创造利润的能力也是非凡的。

因此,要想得到伯乐的赏识,必须向他证明你是一匹千里马,在面试中就要让考官另眼相看,就要让他了解你日行千里的能力,只有这样才能取得面试的成功,只有这样才能在进入企业之后获得高起点,从而跑得更快更远。

要具备良好的沟通和交际能力

在现代职场中,良好的沟通能力是一个成功的职场人必不可少的基本功。良好的沟通和交际能力能够使人们获得良好的人际关系,俗话说,话不投机半句多,很多时候说错了话比办错了事儿还严重。而良好的人际关系可以使我们获得工作上的很多便利或者帮助,做起事情来会顺利很多。

拥有良好的沟通和交际能力的人在职场上更容易得到认可,获得更多的机会。求职者如果能够适当展示出自己在交际方面的长处,往往可以为自己赢得不少加分。

有一家中外合资企业的公关部要招聘两名公关人员,报名的非常多,应聘的姑娘们都很漂亮,一个个谈吐不凡、落落大方,主考官一时还真不知道如何选择。于是人事部决定联合公关部设置题目，择优聘用。

招聘者们确定的第一个题目是让应聘者以该公司正式公关人员身份接待"客人"。

一位"客人"走进大厅，陈小姐说："先生，请问您找谁？"

客人说："我找你们总经理。"

陈小姐说："对不起，按照我们公司的规定，麻烦您登记一下。"

客人却径直往前走，没有理会她，于是陈小姐拦住了他。客人不悦，说道："你是新来的吧？我跟李总是老朋友了，来这里从来不需要登记。"说完继续往里走，陈小姐不知所措。评委中不少人摇头。

轮到杨小姐应试时，"客人"又进门了，仍然说要找李总经理。杨小姐把客人请到沙发上坐下。杨小姐说："先生，请问您怎么称呼？让我向总经理通报一下好吗？"

于是，客人回答了他。杨小姐通报后，微笑着对客人说："对不起，让您久等了！李总欢迎您的到来，请！"客人满意地点头，评委们的脸上露出了笑容。

单从这两位应聘人员的身上我们就看出了区别，在与客人的沟通过程中，陈小姐的沟通方式有些生硬，因而引起了客人的不满，而且导致问题僵化。而杨小姐的交际能力显然比较出色，因此，评委们倾向于谁就很明显了。

作为考官，他还要考虑的问题就是，求职者能不能尽快地融入团队？拥有良好的沟通和交际能力的新人显然能更快更融洽地搞好同事之间的关系，从而为整个团队带来活力。如果在沟通和交际方面处理失当，那么不仅新人自己无法顺利地融入团队，还会给整个团队带来负面影响。因此，在面试中，求职者适当表现出自己的交际艺术是很有必要的。

在职场上行走，埋头苦干、谁都不用答理的岗位恐怕很少，对于大部分企业来讲，需要经常跟客户、同事、领导进行沟通，显然，"闷葫芦"似的内向型员工和"不会说话"的表达方式不妥的员工都是需要改进的。

上篇 这些事别等到面试以后才知道

在工作中,人们不仅仅要经常沟通,还要讲究方法技巧,不仅"能说",还要"会说"。

古时候,有一位书生喜欢读书,经常四处游学。

有一次,在一个城镇上,机缘巧合之下,书生认识了微服出巡的皇帝,不过,这时候书生还不知道对方的身份。两位"驴友"谈得投机,皇帝心血来潮,约定两人各写一幅字,看看谁写得好。

不过皇帝的字实在不能让人恭维,于是书生如实告诉皇帝,说他的字一般般,皇帝听了很生气,但也不方便当场发作。

后来,这位书生进京赶考,高中之后觐见皇帝时才发现,原来当年请自己鉴赏书法的人竟然是皇帝,皇帝也认出了他,这次皇帝又写了一幅字,问他:"你认为这幅字写得如何?"

这位书生很为难,照实说吧,皇帝肯定不高兴,万一给自己穿个小鞋儿,别说做不了官,恐怕还会有更不妙的事情。可是,如果违心地夸奖皇帝,不仅自己心里不舒服,恐怕皇帝也不会喜欢他的虚伪。

于是,他赶紧上前一步说道:"这幅字如果是陛下赐给我的,那么对我来说,就是无价之宝,但如果拿去卖的话,不见得有识货的人,这幅字可能还没我的字卖得好。"

皇帝听了,不禁大笑,当场就把这幅字送给了书生,勉励他好好做官,造福百姓。

这位书生非常会说,不仅表达了自己的忠义之心,还没有违心地拍皇帝的马屁,并且还顺势让皇帝把那幅字送给了他,真是一举三得。

在职场上经常有人说:"会干的不如会说的。"这句话虽然有些偏颇,但也指出了沟通的重要性。良好的交际能力确实能够帮助人们工作更加顺利,人脉是职场上成功的重要因素之一,良好的人际关系可以为我们带来很多意想不到的机会,因此,千万不能小看交际的重要性。

中国是一个讲究"礼尚往来"的国家,历来人们都很看重人际关系,常说,在家靠父母,出门靠朋友。职场上的新手,要掌握一些沟通的技巧,融洽地融入新单位的圈子当中。职场不是学校,有些人在学校里可能过惯了我行我素、无拘无束的生活,但是在职场中,你已经以一个成年人的身份迈进社会。同事不是你的父母,没有义务宠着你,所以,一定要及时改变思想,做一个合格的职场人士。

进入职场的新人,一定要利用好自己良好的沟通交际能力,放低姿态,多跟同事们交流,多向同事们请教,建立良好的人际关系,这样你可以从他们身上学到很多,将会成长很快。

运用幽默感,轻松面对压力

现代社会,生活压力很大,人们最大的愿望就是追求自己内心的宁静和快乐,但是工作往往使我们无法放松紧张的心情。如果你能在工作中幽默一把,那么,不仅能够为自己减轻压力,还能给他人带来快乐,何乐而不为呢?

有幽默感的人总是能够保持心情愉悦、积极向上的,这样的人往往豁达大度、睿智而机敏。生活离不开幽默,人生不能没有笑声。幽默感是最好的心理医生,在紧张的生活中,我们需要面对各种各样的压力和包袱,而幽默感可以帮我们卸下重担,使我们前进的脚步更加轻快坚定。

小季是广西某贫困地区来山东上大学的学生,他非常懂事,因为家庭经济条件不算好,父母收入不高,因此,每逢学校放假,他都留下来打工,平时学校里也安排了勤工俭学,帮助他解决生活困难。

小季从来不觉得苦,相反,他整天很快乐,因为他知道自己大学毕业以后就可以参加工作,可以为自己的家庭减轻负担了。

小季大学毕业以后去找工作,却没想到遇到了不小的困难。他们这个专

上篇　这些事别等到面试以后才知道

业毕业生很多,而且招聘单位往往优先考虑那些有工作经验的人。一连找了十几个单位,小季都没有被录用,尽管他的简历上各项成绩都是优秀,却还是难入考官们的"法眼"。

小季没有气馁,他想,现在不是讲究创意吗?如果我结合自己的幽默感制作一份特别的"简历",就应该能吸引用人单位的眼球。

于是,有好几家单位收到了他的特别简历:"此人出租。"这份简历是这样描述的:"本人20世纪80年代初中国制造,高180cm,净重70千克,采用人工智能芯片制成,各部分零件齐全,运行稳定,经某大学经管系历时4年深加工、精心打造。本月下线,属质量信得过产品,功能多多,物优价廉,即租即用,如不满意,可随时无条件退货。租赁用途:房地产销售、企业管理、策划类。"下面附上了他的学历与联系方式。

没想到,这次简历一发出,所有收到的单位都联系了他,有些单位甚至直接告诉他无须面试直接上班。其中一家房地产公司特别有诚意,他们直接派出了一位副总跟小季进行了面谈。这位副总告诉小季,之所以对小季这么感兴趣,并不是因为他的简历有创意,这样的创意他们公司的广告部完全可以做出。他们主要看中的是小季的心态,在简历中,他们了解到小季在困难中一直保持着积极向上的心态和幽默感。这一点是他们最欣赏的,房地产是个压力很大的行业,他们认为小季的幽默感能够缓解压力,使同事们的精神面貌焕然一新。

充满幽默感的另类广告,使小季顺利地找到了工作。

恩格斯曾经说过:"幽默是拥有智慧、教养和道德的人的优越感的一种表现形式。"他的这句话给幽默做了很高的评价,幽默不仅仅能给自己减压,也是团队的润滑剂,能够有效地缓解压抑的工作气氛,调剂枯燥乏味的工作,同时还可以拉近同事之间的距离,增进互相了解,从而凝聚整个团队,提高效率。

拥有幽默感的人往往更容易跟同事们打成一片,作为一个职场"菜鸟",

如果没有一点幽默感，整天小心翼翼地看别人的脸色行事，不仅自己活得累，而且容易跟同事产生隔阂，不利于大家的正常交流。当然，真正的幽默不是油腔滑调、满嘴跑火车，而是智慧和语言表达能力的体现。

一天晚上，某个空军俱乐部举行盛宴招待空军英雄，主客是一位将军，他曾经在"二战"中立下了赫赫战功，人们都对他很尊敬。

席间，一名年轻的士兵在敬酒时，不知道是因为紧张还是激动，结果，一不小心将啤酒洒到了将军光亮的秃头上，泡沫顺着将军的秃头流了下来。

这时，整个会场都变得鸦雀无声，这场面太尴尬了，而且，人们不知道这位将军会不会大发雷霆，那样主办方的面子就会丢尽。"惹祸"的士兵更是紧张得哆嗦起来，拿着酒瓶的手不断颤抖。

就在所有的人都绷紧了心弦的时候，这位将军竟然不以为然地用餐巾擦了擦头，然后轻轻地拍了拍正在发抖的士兵的肩膀，笑呵呵地说道："老弟，难道你认为这种方法对治疗我的秃顶会有效吗？我早就试过了，根本没用，不过谢谢你的好意。来吧，干一杯！"话音一落，全场立即爆发出响亮的笑声，人们纷纷为将军的大度和幽默鼓起掌来。

有些人喜欢开玩笑，但是必须掌握好"度"，拿捏好分寸，在幽默的同时，还应注意语言的文明。其实，幽默，最好的方式是自嘲。

苏格拉底的妻子是个泼妇，经常发生家庭暴力。但苏格拉底总能两面看待问题，他曾说："娶这样的老婆好处很多，可以锻炼我的忍耐力，加深我的修养。"他还说："娶一个好妻子，能使你终生幸福，但娶一个坏妻子，却能使你成为一个哲学家。"这就是非常睿智的自嘲。

幽默感能够减轻工作的压力，使自己以轻松愉悦的心情面对工作中的问题，同时可以感染整个团队在良好的气氛中合作，因此，拥有幽默感的人是每一个团队不可或缺的。

上篇　这些事别等到面试以后才知道

有团体精神的人容易胜出

比尔·盖茨曾经说过:"增强团队精神是每位公司管理人必须做到的,只有强大的团队才能在市场的浪潮中立于不败之地,才能做大公司。没有强大的团队,新管理人的工作能力怎能得到下属的认可呢?"每一个职场人员,都应该具备团队精神。

《孟子》中说:"天时不如地利,地利不如人和。"这句话不仅仅适用于战场,也同样适用于职场。古人云:人心齐,泰山移。人们也常说:"团结就是力量。"在市场竞争的大背景下,弘扬团结协作精神对于企业和个人来说都具有极其重要的意义。

时代的列车行驶到 21 世纪,商场上的竞争愈发激烈,这是一个追求个人价值与团队双赢的时代。一个人单打独斗的时代已经远去,"独行侠"已经退出了历史舞台。每个人都应该发挥自己在团队中的价值和作用,把个人目标与团队共同目标有机地融合在一起。

美国一家大公司招聘高级职员,应聘者有上百人,经过层层面试、筛选,9 名优秀人才脱颖而出,进入了由公司老总亲自把关的最后考核。

老总看过这些人的详细资料和初试成绩后给大家出了最后一道题。

他把这 9 个人随机分成了 3 个小组,指定第一个小组去调查当地婴儿用品市场;第二个小组去调查妇女用品市场;第三个小组则去调查老年人用品市场。

老总解释说:"这个题目要求大家对市场有敏锐的观察力,做过调查之后,请每个人写一份市场分析报告,谁的报告全面详细,我们就录用谁。"临走的时候,老总补充道:"为避免大家盲目开展调查,我已经为你们准备了一份相关行业的资料,走的时候请自己到秘书那里去取。祝大家成功。"

两天之后,他们把自己的市场分析报告送到了老总那里。老总看完后,

走向第三组的3个人,微笑道:"恭喜3位,以后我们就是同事了!"

原来,每个人从秘书那里得到的资料都不全面,都只有相关资料的1/3。第一组和第二组的6个人没有在一起研究谈论就抛开队友单干了,甚至还互相防范着,因此,他们最后完成的报告都不全面。而第三组的3个人却整合了所有的资料,有了这些资料,哪怕不用自己去调查也很全面了。

老总最后说:"出这个题目,就是想看看大家的团队合作意识,要知道,团队合作精神才是我们这个企业成功的保障。"

佛祖释迦牟尼曾经问他的弟子:"一滴水怎样才能不干涸?"弟子们面面相觑,都不知道。佛祖说:"把它放到大海里去。"是的,一个人,能力再强、精力再旺盛,也不可能完成所有的工作,只有融入团队,分工协作,才能成就大的事业。在职场上,从来都没有完美的个人,只有完美的团队。

某地一家知名的外企在招聘员工时随机出了一道试题。那天,开始时非常晴朗,后来却下起了大雨,当时,面试官就要求应聘者在一定的期限之内,到某个指定地点去取一份文件,然后返回。

但那家公司提供的雨伞数量只有应聘者人数的一半。有几个人一哄而上,抢到雨伞之后马上冲了出去。那些没有抢伞的人员,则要求工作人员发给他们,而不是无序争抢,工作人员照办了,但是仍然有一半的应聘者没有伞。工作人员告诉他们,可以等第一拨人回来再去,但是时间可能不够用。

有些人咬咬牙,一头扎进了雨中,有些发到伞的则主动与无伞的搭档,有些无伞的主动与有伞的合用一把伞,不过很多人是独自撑一把伞。

后来,凡是抢伞的和独自撑一把伞以及一头扎进雨中的应聘者全部被淘汰,因为企业不欢迎不懂得发挥团队力量的员工,只要合作,他们其实都是可以完成任务而不会淋雨的。

从这个故事里我们可以看到,企业欢迎的是那些乐于助人和那些在自己遇到困难的时候懂得寻求帮助的人,这样的人才是具有团队精神的人,拥

上篇　这些事别等到面试以后才知道

有这样完美团队的企业才能立于不败之地。

一个和谐的团队,必然如狼群一样,有着一个共同的奋斗目标,分工明确、各尽其责。每个人都可以从队友的工作中受益,同样也有帮助队友的义务,这样的团队可以在工作中整合资源、扬长避短,从而获得更强的竞争力,在商战中取得更大的战果,走向更加美好的明天。因此,要想面试官认可你,就拿出你的团队精神来吧。

要有不走寻常路的创新能力

在《伊索寓言》中有一个有趣的故事:一头驴子驮盐渡河,不小心摔了一跤,有些盐在水里溶化了。因此,当它站起来时,突然感到轻松了许多,驴子非常高兴。

后来,它又驮着棉花过河,想起上次令"自己"愉快的宝贵经验,它又想轻松一些,于是就故意跌倒在水中。可是,这次棉花吸足了水,这头可怜的驴子再也没能站起来,它淹死了。

在求职者的大潮中,如何吸引面试官的眼球?在人才泛滥的职场上,如何使自己超越平庸,成就卓越呢?求职也好,工作也好,都需要我们积极展开思维的翅膀,不断培养自己的创新能力,从而另辟蹊径,走一条不寻常的成功之路。

在面试时,面试官一般都会青睐那些思维活跃、有不寻常思路的人,这样的人能够给公司注入活力,提供新视角、新方法。一个企业要想不断地发展壮大,不断地规避风险获得成功,就一定要时时创新,如果墨守陈规,不懂得创新,那么最终就会失去活力,走向没落。

日本的营销人员在观察欧洲的"老外"们饮茶时,发现他们因为鼻子长,当喝到一半时,鼻子就会卡住杯子,只好仰起脖子,不然剩下的一半就会喝不到,那个样子非常尴尬。于是,日本的营销人员就专门研制了一种"斜口杯",专门"对付"欧洲人的大鼻子,风靡了欧洲市场。

某国有一家生产牙膏的公司,产品优良,包装精美,深受广大消费者的喜爱,每年营业额蒸蒸日上。不过,后来业绩停滞下来,每个月都维持同样的数字。

董事会对此感到不满,便召开全国经理级高层会议,以商讨对策。

会议中,有名年轻经理站起来,对总裁说:"我有个建议,若您要采纳,必须另付我10万元!"

总裁听了很生气地说:"我每个月都支付你薪水,另有分红、奖励。现在叫你来开会讨论,你还要另外加钱,是否过分?"

"总裁先生,若我的建议行不通,您一分钱也不必付。"年轻的经理解释说。

总裁问:"什么建议?"年轻经理的建议只有一句话:"将现有的牙膏开口扩大1mm。"总裁听了以后,马上签了支票给那位年轻经理。这个1mm,使该公司次年的营业额增加了20%。

有时候,一个小小的创新,往往会引起意料不到的效果,创新思维甚至能改变人类的进程,使很多在传统的思维里不可能的"神话故事"都变成了现实,可以毫不夸张地说,创新,是人类进步的基石。

在工作和生活中,唯有不断创新,不再因循前人或自己的足迹,另辟一条属于自己的蹊径,才能柳暗花明。因此,作为一名求职者,要想在面试官面前体现出自己的与众不同,就要用创新的思想武装自己,只有走不同寻常的道路,才能欣赏不同寻常的风景。

上篇 这些事别等到面试以后才知道

第3章
面试时,用细节来武装自己

一个理想的职位,常常吸引无数的求职者。被求职者挤得水泄不通的人才市场上,优秀人才如过江之鲫,面对严峻的就业形势,运用什么秘密武器,使自己立于不败之地呢?细节是成败的关键,用细节武装自己,就可以从容徜徉于面试的考场上。

就算面试中有失误,也要镇静自若

很多求职者在面试之前做了充分的准备,但是,面试的时候往往会出现一些"意外"的情况,出现失误。其实,谁也不能保证自己在面试中表现完美,即使那些"面霸"也难免失误。失误并不可怕,关键是不能自己乱了阵脚,一定要保持镇静,争取转败为胜。

搞砸一个面试的方法有很多,你口误了,无意中叫错了面试官的姓氏,或者你紧张了,平时伶牙俐齿的你突然成了结巴,所有这些都是在面试中可能出现的失误,如果因为失误而更加慌乱,导致后面发挥得更差,那么你一定会与这份工作无缘。相反,如果你能保持镇静,用优异的表现来挽救前面的失误,那么面试官很可能会原谅你之前的表现不佳。

李琦是某名校的应届毕业生,本科和研究生均在同一所学校的通信专业就读。

临近年底，李琦接到一家国际化跨国公司的面试通知，面试地点在上海。李琦为了这次面试精心准备，面试之前他仔细了解了该公司的资料，面试的时候西装笔挺，打扮得很职业化。

李琦跟参加面试的其他人一样，首先参加了英文笔试，他做完之后，感觉还不错，这为他增加了不少自信。这时候，人力资源部门的人来检查应聘者的证书原件，李琦拿出了厚厚一摞，有奖学金、学生会干部的证明、学历学位证书，还有职业资格证书、驾照等很实用的证书。

接下来李琦参加面试，李琦的口语不占优势，但是外企的面试是全英文的，他只好硬着头皮上了。一开始是自我介绍，这点李琦还是做了充分准备的，表现得不错。然后考官就开始问问题了。

面试官请李琦介绍一下实习期间的经历，并且询问了一些专业问题，这也是李琦早就"演练"过的问题，这些问题李琦回答得也还算比较利索。后来面试官又问到了李琦一些家庭方面的问题。在这个问题上，李琦也事先考虑过怎么回答，但是这时他却犯了一个错误，李琦要求这个问题用中文来说，因为他觉得这个问题用中文能够表达得更好一些。

当李琦提出要求后，他发现对方的表情很诧异，李琦原先面试过一家跨国公司，那家公司是可以主动要求用中文表达的，但是现在看来李琦的要求好像有些唐突，一丝不悦在面试官的脸上流露出来……

等李琦用中文回答完以后，对方又开始用英文问了，由于意识到了自己的失误，李琦开始慌了，虽然很多问题都是准备过的，但是他的回答开始磕磕绊绊，最差的时候竟然说不成一句完整的句子。最后，面试官礼貌地让李琦问问题，他也没心情问了，沮丧地离开了面试现场。

一个星期之后，李琦收到了拒绝信。

应届毕业生刚刚走出校园，对于那些面试经验不足的人来说，很多时候因为过于紧张而导致发挥失常，就像很多人在考试中会"怯场"一样。其实，面试

上篇 这些事别等到面试以后才知道

中出现失误也不是什么非常致命的事情,关键是把这个失误放下,及时调整好自己的心情,把接下来的面试处理好,这样才有挽回的希望。像例子中的李琦,本来回答前一个问题时出现了失误,但如果在接下来的面试中保持镇静,顺利地完成面试,凭借他良好的专业条件,他是完全可以争取到这个岗位的。

　　面对自己心仪已久的岗位,人们在面试中或多或少都会有些压力,不可能完全做到宠辱不惊,看庭前花开花落,去留无意,望天上云卷云舒。面试就如同考试一样,很难做到滴水不漏,在出现了一些小失误之时,我们只需镇定、冷静,努力把后面的"答卷"做好,一样可以拿到高分,千万不可对失误耿耿于怀,影响了后面的发挥。

　　梁军毕业以后希望自己能够进入一家知名会计师事务所工作,经过笔试、群面、经理单面等层层筛选,他如愿进入了最后一轮面试——事务所合伙人对他的面试。

　　梁军是个很有能力的小伙子,不然也不可能这么顺利地"过五关、斩六将",但是这次他在不经意间犯了一个低级错误:叫错了合伙人的姓氏,当他意识到这一点的一瞬间,他几乎要绝望了,因为这个人决定着自己的去留,但偏偏自己的失误不可原谅。

　　但是梁军很快意识到,既然已经发生了,自己也无能为力,好好把下面的问题回答好,听天由命就是了。结果,梁军反而放松了很多,下面的问题发挥得非常出色。最后,这位合伙人对他的表现很满意,微笑着说:"小伙子,心理素质很不错,挺适合我们这个行业。不过纠正一下,上了班记得叫我王先生,不要再随便给我改姓了。"

　　梁军在失误之后,凭着自己稳定的心理素质和扎实的专业能力,成功地打动了面试官,如愿以偿地进入这家事务所。

　　对于出现了失误的求职者来说,在紧张得手足无措时不妨深呼吸几下,稳定一下情绪。不要惊慌失措,要相信自己,还能把面试挽救回来,退一步讲，即使这次面试搞砸了，也不是什么要命的事情，大不了汲取教训，寻找其他就业机会，从头再来罢了。

对于已经出现的失误，懊恼、紧张都已经于事无补，求职者要做的不是把心思放在已经无法弥补的失误上去，而是更加完美地继续展现你自己。如果当错过月亮的时候你在哭泣，那么你还将会错过星星。因此，即使在面试中有失误，也要镇静到最后，只有这样，才能峰回路转、柳暗花明。

正确判断面试官提出问题的意图

在面试过程中，为什么有的应聘者洋洋洒洒说了一通，却完全是驴唇不对马嘴？有些人神采飞扬、口若悬河，最终却被面试官鉴定为废话？在面试中，能说和会说的前提是真正理解面试官的问题，能够正确判断面试官的意图是非常重要的。

求职者要学会倾听，从而把握面试官语言中隐藏的某些问题，例如，面试官可能会问你能不能适应出差的工作，其潜台词很可能是想问你能不能协调好家庭和工作之间的关系。求职者不是钟子期，面试官也不是俞伯牙，但是即使无法成为知音，至少也要能听出面试官的"弦外之音"，使自己的回答不要离题太远。

有一位MBA在读生，对于面试非常有经验，信心十足，因为他本人就是一位人力资源方面的"专家"。他对于面试官通常会问到的问题非常熟悉，并且能够运用一些技巧，拉近面试官跟他的距离。

有一次，这位MBA在读生去应聘某跨国企业的一个HRControlling（人力资源计划控制）的实习生职位，面试官也是一位人力资源方面的高端人才，这位面试官提出的每一个问题都被这位应聘者顺利化解。

面试官心知这次遇到了行家里手，因为这样的应聘者本人可能就曾经

上篇 这些事别等到面试以后才知道

做过 HR 的招聘工作,很了解面试的流程,知道怎样回答问题才能得到面试官的认可,但是通过这样的面试,面试官却很难真正了解这个应聘者。

这位 MBA 高才生滔滔不绝地说着,并且不露痕迹地"诱导"着面试官的思路,向他不断地展示着自己的各项才能,听上去这位高才生的确是才华横溢、前途无量,正是他们公司迫切需要的人才。

面试官在这位应聘者高谈阔论的间隙里,礼貌地请他喝杯水,然后问道:"你确实是个非常优秀的人才,至少我看不出你有什么缺点,那么你能不能谈一下,你缺乏什么吗?"

面对这个问题,应聘者困惑了,"我还缺乏什么?"他绞尽脑汁地想着,"除了缺乏这个非我莫属的职位,我恐怕就是……缺觉!我最近确实太累了。"这位 MBA 高才生终于想到了自己缺乏睡眠这一"缺点"。

一周之后,这家公司很"遗憾"地通知了高才生:"对于一个完美的人才,鄙公司还没有做好录用的准备。"

这位自信满满的高才生或许真的很有才能,至少面对面试官,侃侃而谈的自信和口才是有的,对于整个面试流程的熟悉程度也很高,让他做人力资源工作没准也能胜任。但是,他却栽在了一个看似轻松的话题上——"缺乏什么?"这个问题远远不像表面看去那么简单,他想了半天,可能真的是因为比较劳累,实话实说自己缺觉。但是他没弄明白面试官这个问题的真实意图,这个问题的潜台词就是:你还有哪些不足?

回答这个问题,其实就是一个正确认识自己的问题,给自己定位的问题。一个人只有正确地认识了自己,了解自己的长处和不足,才能积极地改进自己,发挥优势、弥补劣势,更好地在团队中发挥作用。如果一个人只能从生理指标上认识自己,那么他能准确地定位人生和职业的方向吗?知道如何扬长避短吗?

缺觉也好,缺钱也好,这都不是大问题,重要的是找到自己职业上的"短板",设法弥补。作为刚出校门的求职者来说,在专业领域或者经验方面,差距其实不是特别大。同样的考官、同样的问题摆在面前,为什么是他人抓住了机会而不是你呢?面试中,看似面试官提出的平淡无奇的问题,可能能够决定你一生的职业发展,因此,学会正确判断面试官的真实意图,能够帮助求职者一步一步走近自己的目标。

刚毕业的小李面试时就遇到了一位喜欢用"激将法"的面试官,这位面试官在提问之前就用怀疑、尖锐、咄咄逼人的眼神逼视着小李,好像跟小李有什么深仇大恨一样。一开始小李还非常惶恐,后来一想,我跟这位面试官是第一次见面,又不是借他二百块钱10年没还,他干嘛对我这么凶啊。于是,小李明白,这是考官的策略,从而定下心来。

面试官的第一个问题就很尖锐:"你刚刚大学毕业,而我们需要的是社会经验丰富的人,你不觉得你来应聘是在浪费大家的时间吗?"

小李忍住冲动,礼貌而诚恳地说:"我确实在经验上有欠缺,但是我的专业知识非常适合这个岗位,如果我有幸进入贵公司,我相信自己会很快成为经验丰富的人。"

面试官又冷冰冰地抛出了第二个问题:"我们会优先录取名牌院校毕业的求职者,但是你并非毕业于名牌院校。"

小李这时候确定了这位面试官的"套路",依然不卑不亢地回答:"学历只能证明过去,我的专业能力将会证明我更能适应这个职位的要求。"而且,小李还幽默了一把:"听说比尔·盖茨也未毕业于哈佛大学。"

就这样,小李化解了"冰山"一样的面试官,最后面试官微笑地说:"请原谅我的无礼,对于你对这份工作的热情我很欣赏,非常欢迎你成为我的新同事。"

在面试中,求职者要学会"察言观色",面试官也是"演员",要看清他的面具下面隐藏的真实"面目",看穿他问题背后隐藏的内容,要头脑冷静,明白对方在"做戏"。不要一步踏入陷阱,说出那些不经过大脑的话来。

上篇 这些事别等到面试以后才知道

新人的简历上常常会有这样的字样：你给我一片天空，我还你一个未来！如果你要想得到一个翱翔的天空，要想打造一个美好的职场未来，就一定要先"搞定"面试官，解开他的面具，了解他的真实意图，从而顺利取得理想的职位，踏出成功的第一步。

第一印象决定你的形象

在耶鲁大学的法学图书馆，克林顿遇到希拉里，他们那时是初次相遇，但是目光都被对方吸引住了，无法移开。最后希拉里打破了沉默，走到克林顿前面说："如果你继续盯着我，我也一直盯着你，我们就算是认识了。我叫希拉里·罗德姆。你叫什么名字？"克林顿说，那一刻，他连自己叫什么名字都不记得了。

美好的第一印象使彼此成为对方生命里最美好的景色。爱情如此，求职中亦是如此。良好的第一印象很容易给自己"加分"，使自己在起跑线上就能领先一步。即使将来正式踏入职场，在初次面对同事、领导、客户等人时，第一印象仍然密切影响着你的形象。

张小姐和许先生都是正在找工作的应届毕业生，他们在学校里的成绩都很优秀，但是对面试却没有多少经验。

有一次，张小姐和许先生都接到了一家很有实力的贸易公司的面试通知。他们都听说第一印象很重要，因此，为了这次面试，平时在学校和家里都不怎么化妆的张小姐，特意去发廊烫了个特别时尚的"大波浪"卷发，然后在家仔仔细细地化了妆。许先生也一改学校里T恤加牛仔的休闲打扮，穿上了西装，打好了领带，为了显得文雅一点，还戴了一副无框眼镜。两人都是自信满满地去参加面试。

张小姐见到考官，还没说上几句话，对方就告诉她"回去等通知"了。张小姐从面试官的表情中看出了一些端倪，于是沮丧地回了家，但是她不明白问题出在什么地方。考虑再三,她决定给面试官打个电话询问一下,结果,面试官很痛快地告诉了她:"你的发型和你的浓妆,对于我们公司的形象来说不太符合,我们要经常跟外商打交道,希望我们员工的打扮能够大方得体。"张小姐恍然大悟,她暗暗责怪自己:"唉,早知道我就不这样了,我是为了面试特意打扮的,结果适得其反了。"

许先生比较幸运,他经过了重重考验,成为最后的4名佼佼者之一。这4人无论从学识还是能力看,都不分胜负。

面试官一时难以决定,于是请他们坐在一起聊天,等明天再通知他们。聊天在轻松愉快的氛围里进行,聊天结束后,许先生出门时对面试官轻轻地说了声:"再见。"并且把自己用过的一次性纸杯带走,他准备放进外面的垃圾桶里。

最后许先生被录用,而其他竞争者的面试都失败了。

第一印象决定了一个人的形象,对于面试官来讲,他一天可能要面试几十人,不可能有时间深入了解每一个人,他没有时间忽略你糟糕的第一印象去了解你背后的"故事"。而且,很多时候,你留给别人的第一印象,那些你不注意的细节问题,可能更容易从本质上展示你内在的品质。比如例子中许先生主动把用过的一次性纸杯带走的细节,说明了他是一个注重礼仪、有教养的人,与其他应聘者在其他条件差不多的情况下,面试官自然会青睐他。

求职者能否顺利实现求职目标,关键的因素就是与用人单位的招聘人员面对面交流。试想,一个求职者穿着花里胡哨的服装,化着"非主流"的妆容去应聘一家有着严肃企业文化的公司,恐怕直接会被保安赶出大门。当然,如果你去应聘某些艺术气息很浓、要求创意的公司可能会反而成为亮点。但是,不论是好是坏,第一印象的影响是很重要的。

小韩是一所名牌大学的高才生,毕业后在一家公司的外联部工作,由于刚刚进入公司,小韩还没有进行系统的职业培训。有一次,小韩跟上司去见一个重要的美国客户,小韩非常激动,通过对电视及电影上的了解,小韩觉

上篇 这些事别等到面试以后才知道

得美国人穿着是非常随意的。因此,他赶紧换下自己的西装皮鞋,穿上夹克衫与牛仔裤,头戴棒球帽,足蹬休闲鞋。

这一来,小韩不像个职场人员,倒像是高尔夫球场的球童,他以为自己时尚新潮的打扮会迎合老美的喜好,能够使会谈更加顺利。

还没等到会面的时候,上司就对小韩的穿着提出了质疑,但是小韩说得头头是道,并且跟上司说他已经落伍了,上司是个比较随和的人,只是说:"让事实说话吧。"会面的时候,美国客户穿得非常正式,全公司也只有小韩穿着休闲装。面对外商疑惑的表情,小韩非常尴尬,还好,上司给他解了围:"这位先生是准备帮你们搬行李的,会谈期间他会在外面等候,有什么需要可以请他去办。"结果,会谈过程小韩一直坐在门外,等候给客户服务。

为了不给公司的形象抹黑,小韩无奈地冒充了一下午的搬运工。

在职场和社会交往中,每个人都应该时时刻刻注意维护自我形象,特别是第一形象。小韩跟上司去跟外商会谈属于正式场合,不是去野外烧烤露营。这时候,双方的行动和仪表关乎着公司的形象,因此,小韩的打扮是不合理的。

按照职场上的传统礼仪,上班时应该身着正装,不过,时至今日,身穿休闲装上班的人已经不在少数,这是因为现代社会的生活节奏越来越快,职场礼仪也由繁而简了。但是,不论是求职还是以后参加工作,第一印象还是必须要重视的,它决定着一个人和整个公司的形象,其影响虽然无形,但确实存在。

新人在面试时,一定要注意穿着打扮、举止言行,不仅要合理得体,更要注意一些细节,做好自己的"形象工程",从而给面试官一个良好的第一印象,如果他能对你"一见钟情",那么,你离那个想要的职位也就不远了。

塑造你的职业形象

一个人的形象在人际交往中是很重要的,人皆有爱美之心,都喜欢跟赏心悦目的人交往。很难想象一个蓬头垢面、不知礼仪的求职者能够取得面试官的认可。良好的形象不仅仅是对面试官的尊重,更是对自己的尊重。

在面试中,面试官对求职者的了解,除了语言交流之外,面试者的形象、气质也会对面试结果产生影响。求职者在面试时不仅要注意自己的外表及谈吐,而且要注意避免谈话时做出某些不得体的小动作。

一位应届女毕业生在参加某公司面试的前一天,特意去该公司的前台"侦察"了一番,发现前台的工作人员个个打扮得都很漂亮。于是,她认为,面试的时候不应该穿套裙,不应该显得太"朴素"。于是,她去高级美容院烫了一个时髦的发型,还化了妆,穿了一条漂亮的裙子,经过打扮后,她充满自信地前去参加面试。

尽管这位女学生在校的成绩、能力都不错,可结果还是被淘汰了,而几个条件远不如她的同学反被录用了,这令她想不通。面试的主考官不录用这位女生的理由很简单:"她打扮得太过艳丽,让人看着不舒服。我们招聘的是行政助理,需要的是仪态端庄大方的人。"

男性求职者着装的原则应该是以简单、舒适为主,在正式场合,则应该穿西装。男士穿上适合自己的西装,会使自己显得风度翩翩,使面试官增加印象分。当然,面试时穿西装也要选择那些适合在职场和公务交往中的颜色,不宜穿颜色过于鲜艳或发光发亮的西装,比如红色的西装就不应该出现在面试场合。

面试时,一套名牌西装确实能够使人眼前一亮,但是切记,一定要除去商标。无论你的西装多么名贵,也不要留着商标,那不能炫耀你的品位有多么高,而只能彰显你对礼仪多么无知。另外,西装穿在求职者身上,一定要"有型",不可将上衣的衣袖挽起,也不可卷起裤管,你不是下田干活,也不是要光着脚丫踩在沙滩上。

穿西装还有一个容易忽略的细节,那就是纽扣。一般而言,站立时,西装

上篇　这些事别等到面试以后才知道

上衣的纽扣应当系上,以示郑重其事。而就座之后,西装上衣的纽扣则需要解开。唯独在内穿背心或羊毛衫、外穿单排扣上衣时,才允许站立之际不系上衣的纽扣。西装上衣分为单排扣和双排扣两种。通常,系西装上衣纽扣的时候,单排两粒纽扣的,只系上边一粒。单排三粒纽扣的可以只系中间的或是上、中两粒。但双排扣西装要求把所有能系的纽扣统统系上。

除此之外,西装口袋里应少装东西或者不装东西,不要让口袋鼓鼓囊囊的,同时要搭配合适的内衣。

对于女性求职者来说,最好的着装则是套裙,套裙是将潇洒、刚健的西装上衣与柔美、雅致的代表女性化服装的裙子组合到了一起,凸显出一种干练的气质和职业感。总之,女性的着装要体现大方优雅、清新脱俗。

对于女性的套裙来讲,尤其要注意尺寸问题。对于裙子的长度而言,裙短则不雅,裙长则无神。裙子的下摆恰好抵达着装者小腿肚上最为丰满之处,是最佳效果。即使是超短裙,裙长也不应该短于膝盖以上15厘米。

穿套裙的女性尤其要注意坐姿,双腿分开过大,或是跷"二郎腿"都是不雅的行为。参加工作以后亦是如此,不要毫无顾忌,如果"走光"了,本人及同事都会非常尴尬。除了这些,女性求职者还可以佩戴一两件画龙点睛的小饰物,点缀一下单调的套装。当然,千万不要佩戴那些惊世骇俗的非主流的饰物,那会使你的形象大打折扣。

此外,还要注意一下化妆问题。女性化妆应该以淡妆为宜,如果能化到"妆成有却无",不着痕迹,如出水芙蓉般,那就最好不过了。而男性也要注意干净整洁,如果不是有什么宗教信仰或者特别原因,就应该把胡子刮干净。

注意穿着打扮,可以给面试官一个良好的直观感受,对接下来的交流起到良好的作用。在与面试官交谈中,求职者还必须克服一些足以使自己"大意失荆州"的不良习惯——小动作。

在面试时,有些求职者可能因为心情紧张,因而表情僵硬不自然,从而会无意识地做出一些小动作,这里列举一些,希望求职者能够避免。

比如,有些人一紧张,说话就会重复或者带有口头禅"这个"、"那个"之类的词语,这一点一定要克服,如果感觉自己紧张,可以深呼吸,放慢语速,有意识地阻止自己重复说出那些毫无意义的词语或者语句。

不自觉地咬嘴唇,这一动作传递给考官的信息,是你不够自信。还有的求职者在回答完问题后,会不自觉地吐一下舌头,这一动作是极不成熟的表现,也是不够自信的表现,你不是小孩子,这个动作一点都不可爱。

一边谈话,一边玩弄小东西,这会给人一种长不大的感觉,或者使面试官感觉你是一个精力不集中的人。

双脚平放,是面试时的坐姿要求,男士更应该坐如钟、站如松。所以,在跟面试官交谈的过程中,不要经常晃动双腿或者不停地交叉变化姿势,更不要跷起二郎腿,这样会给对方一种不庄重的感觉,会使面试官反感。如果是因为紧张等原因,下意识地出现这样的动作,求职者可以偷偷地掐自己一下,让自己"老实点"。

对于女性求职者来说,要避免拉裙摆的动作。若是因为自己的裙子太短,那么在面试前就选择长一点的。如果等到坐下了,才害怕走光而不断地拉裙摆,就会让面试官觉得求职者太过于浮躁。

在面试时,聚精会神地注视对方,表示对对方谈话内容有浓厚兴趣。若左顾右盼,容易让面试官觉得你是一个没安全感,或者无法集中精力的人,从而对你产生负面印象。因此,面对面试官时,眼神不要乱瞄,当然也不要不礼貌地使劲瞪着对方。

还有些人会不停地看手表,不论你是有意还是无意,不停地看时间,会让人有一种压迫感,以为你非常希望结束这场谈话。因此,在面试中,哪怕真的时间紧迫,也要克制自己看手表的欲望。

总之,在面试中,形象很重要,有时候也许就是一个不经意的小细节,就

上篇　这些事别等到面试以后才知道

能决定面试的成败。良好的形象不仅可以在求职中使你更加顺利,在工作以后,也能够帮助你赢得更多人的认可,从而在职场的道路上收获更多。

面试中一定不要犯的言行禁忌

我们常常发现,一些学历与能力都不错的人,尽管他们自己自信满满,别人也很看好,但是在求职的过程中反而不如那些"普通"人。他们可能通过了简历关、笔试关的层层选拔,却无法顺利地通过最后一道面试的关卡。

他们的失败,不是缺少天时、地利、人和的机遇,而是自己忽略了一些重要的细节,犯了一些禁忌,使得在成功的最后关头被自己的失误挡住了去路。有些人在求职遇到挫折之时,不是反省自己的不足加以改进,而是埋怨缺少机遇或者怨恨某些"潜规则"。其实,很多时候是求职者自己犯了看似无伤大雅的禁忌。

某家进出口公司因拓展外贸业务的需要,决定向社会公开招聘数名业务管理人员。招聘广告登出后,有很多人来应聘。经过笔试和简单面试两道关卡之后,最后剩下8个人。

公司随后安排对这8个人进行群面。首先是个人介绍,有些人一上来就使出全身力气,开始讲述自己的"奋斗史",足足把规定的3分钟介绍讲到了10分钟。虽然被面试官强行打断,但那些大打"悲情牌"的应聘者还是觉得自己泪光闪闪的动人陈述一定能赚得面试官的同情分。但其实,面试官已经对这种"演技派"的应聘者没有好感了。

到了分组讨论阶段,这些人才们大都一个个口若悬河、滔滔不绝,仿佛个个都是舌战群儒的诸葛亮,或者是苏秦上身、张仪再世。有些人甚至自己跟自己抢话说,前一句话刚说完,马上又抢着说下一句话,并在话题连接的部分插入无意义的"所以"、"而"等连接词,让自己的语言"外壳"水泄不通。

很多人都抢着说，而不是倾听别人的意见。

"我要说的就是这些……所以……换句话说……"就连原本羞涩的一个小姑娘最后也慷慨激昂起来。整个过程中只有小王一个人的话不太多，但却每句切中要领，几乎成为了整个组的中心人物。

在群面中，给面试官的最直接的印象就是应聘者的风度、教养和见识。并不是发言越多越好，如果没有独到、深刻的观点，那么发言太多反而会被扣分。而小王这个认真倾听他人观点、不紧不慢表现从容的发言者，却成了这个团队的"隐形领导"，从而获得较高的评价，顺利地进入了下一关。

面试是用人单位对求职者进行挑选而采取的手段，同样，也是求职者推销自己、展示才华的舞台。我们知道，并不是舞台上所有的演出都能赢得掌声，并不是每一个角色都会受到观众的欢迎。那些不合格的"演员"，不仅得不到鲜花和荣誉，有时候还会承受鸡蛋的袭击。

如果在面试中犯了某些禁忌，面试官也会毫不留情地把你轰下这个舞台，而你，只能回家唱一场没有观众的独角戏了。为了自己的职场前途，面试时求职者应斟酌字词，千万要注意一些不该使用的话语。比如，说话重复啰唆、口头禅等，比如"那个、这个、呃"等以及诸如搔头发、抹鼻子等小动作。还要注意不要使用那些扩大化的指代范围，比如"众所周知……"、"正如每一个人了解的那样……"、"著名的某某曾说过……"等话语。因为，这样说话会造成考官的逆反心理："什么著名的，我就不知道……"

职场的禁忌有很多，例如打扮不得体。千万不要认为应聘时必须打扮得漂漂亮亮、花枝招展才行，事实上，因不恰当的打扮而白白丧失了好工作的事例比比皆是。得体的打扮在不同的场合与时间里也不是完全一致，比如上班的时候穿着泳装肯定是不合适的，但是如果你去游泳馆游泳肯定也不能西装革履地跳下水，这也是要视具体情况具体分析的。仪容与仪表是个人和企业的形象代表，所以马虎不得。

上篇 这些事别等到面试以后才知道

不守时、不诚实也是职场上的禁忌。一个不守时的人,给人的印象是没有责任心,对工作岗位乃至公司不重视,而不诚实或许能蒙骗一时,但是领导不是傻子,纸最终包不住火,有句俗话说得好,若想人不知,除非己莫为,等到领导得知了真相,就是你卷铺盖走人的时候了。

某大型合资公司要招聘一名高级管理人员,一时报名者云集。经过严格的层层筛选,有5名应聘者闯到了最后一关,只等公司的老总亲自面试,就能知道谁是幸运儿了。

复试是单独面试,他们被要求面试之后不得交谈,以免泄露题目。面试开始后,第一位进入房间里的人出来的时候兴高采烈,尽管他很矜持地控制着自己,但是,眼中的兴奋和踌躇满志却出卖了他。但是别人又不能询问,其他的求职者都很不安,以为他已经胜出了。

不过,面试还在继续,奇怪的是每一个人出来的人都是一副胜券在握的样子。最后一位面试者是一个年轻的小伙子,他一走进办公室,老总便站起来,激动地说:"小伙子,没想到是你!我找了你好长时间了!"

这位老总快步走上前来,抓住了年轻人的手,感激之情溢于言表。他激动地、语无伦次地对在座的另外几位面试官说道:"这位就是!就是我女儿的救命恩人!错不了的!一定是他!天啊,真是踏破铁鞋无觅处,得来全不废功夫啊!"

老总继续说道:"上个月你救的那个女孩子就是我的女儿!虽然监控录像不是很清楚,但我确定就是你。我女儿出了车祸,是你把她送到医院的!为了表示感谢,我决定录用你。不!我决定任命你为总裁助理!"老总显然还没从激动中恢复过来。

年轻人的心开始狂跳,他上个月还在山村老家,根本不可能救人。但是,这是个多么好的机会啊。年轻人急速地思考着,老总自己也说了,录像并不清楚,没有人知道那个人是不是自己。

但是,最终,年轻人平静了下来。他诚恳地说:"尽管我很希望自己是您找到的那个人，可惜，我不是。我们开始面试吧。"

老总这时候也平静了下来，他看了看这位年轻人，再一次问道："你确定救人的不是你？"

年轻人肯定地说："真的不是我。"

老总的脸上慢慢绽开了笑容："那好吧，年轻人，我们开始面试吧。"

几天后，年轻人与同事聊天，问起老总女儿的救命恩人是否已经找到。同事很疑惑地说："老总根本没有女儿啊！"

年轻人这时才明白，原来是自己的诚实成就了自己。

面试中还要注意，有些求职者喜欢出风头，这也是要慎重的，积极主动虽然不错，但是面试不是电视台的"有奖抢答"节目，一定要注意一个度。喜欢出风头的人容易使面试官反感。在求职面试时，无论当时多么激动兴奋，无论见解多么独到和超群，都不要急不可耐地打断面试官或者其他发言者，这是一个基本的礼貌问题，"抢答"必须要选择好的时机。

在与面试官交谈的时候，不要唠叨，言多必失。另外，态度要不卑不亢，不要刻意去迎合面试官，或许那本来就是他的一个招数，也不要骄傲自负，把自己表现得像一个500年不遇的奇才一样。换言之，就是做到不卑不亢、有礼有节，既不妄自菲薄，也不夜郎自大。

另外，适当的幽默感可以营造和谐的沟通氛围，但是切记不要乱开玩笑。玩笑一旦过火，就变成了玩火，必将引火烧身，得不偿失。

总之，职场中的言行禁忌很多，求职者可以在一定程度上把这些禁忌看成"潜规则"，这些禁忌也没有什么神秘之处，只要不断提高自己的修养，注意职场中的礼仪，慎重对待细节，那么，这些禁忌就不会成为你职场道路上的绊脚石。相反，知道了哪些言行是不好的，就可以使我们的职场活动更加合理顺利，成为我们成功的垫脚石。

上篇 这些事别等到面试以后才知道

妙用眼神为面试加分

人们常说:"眼睛是心灵的窗户。"在面对面的交流过程中,眼神更有其特殊的表现力和感染力,眼神表达的内容之丰富、感情之真挚犹胜语言。在面试中,求职者也应该善于用眼神来表达自己,来跟面试官沟通交流。拥有一双会说话的眼睛,无疑是打动面试官的妙招。

眼神在传达情感的时候是最真挚、最热切的,眼神也是无法伪装的,人的喜怒哀乐都会从眼神中表露出来,眼神不会欺骗我们。在面试中,生动的语言加上真挚热切的眼神能够感染面试官,甚至能对面试结果产生决定性的影响。

一个招聘广告策划人员的面试过程中,面试官提出了这样一个问题:"请问,从你走进这个大门,有什么让你觉得记忆深刻的东西吗?"

应聘者很诚恳地说:"我觉得公司大门上的标志很扎眼,不好看。"应聘者的眼中满是真挚,"我知道这是贵公司的标志,有着特殊的含义。但是这个颜色从广告的角度来讲,并不是那么吸引人。如果用淡进淡出的效果,可能还行。"

面试官的脸色很难看,对方这是在批评自己的公司啊。但是,面试官很快就控制住了自己的情绪,他认识到,这个标志虽然代表了公司的形象,但是从广告宣传方面来讲并不一定就是个好创意。于是,面试官决定让这位应聘者发挥一下,但是告诉他,这是公司的标志,颜色和形象是不能改变的。

应聘者仅仅思考了一会儿,眼神就热切起来:"那就这样,让它旋转起来,体现动感精神,体现永恒的生命力!"他兴奋无比、激情四射。

面试的结果是:他被录取了。

面试官对他的评价是,虽然这位应聘者看似不尊重公司的标志,但实际上这正是他的专业热情,在他眼中可以看到他对这份工作的热爱,他一定能成为称职的创意设计人才。作为广告策划人员,他是再合适不过的人选了。

眼神能传达很多信息,很多应聘者在面试中由于不自信或者别的原因,经常低头看着自己的脚下,而不敢注视面试官,或者眼神涣散、四处乱瞅,这都不利于正常的交流。正确运用眼神,可以更好地表达自己的意思,或者告诉对方,自己在用心倾听。

面试时,一般来讲可以把目光集中在对方的脸部两眼至额头中部的上三角区域,这属于一般的公务型注视,如果对对方的谈话比较重视,可以注视对方的眼睛,这属于关注型注视。而注视对方的眼睛至唇部,则属于社交型注视,而注视眼睛到胸部区域,就属于亲密型注视了。平视,表示平等,斜视,则是失礼。而俯视是从上往下看,明显表现出轻视别人,斜视和俯视在面试中是绝对要杜绝的。一般情况下,每分钟眨眼 6 到 8 次为正常,若眨眼次数过多,表示在怀疑对方所说内容的真实性,而眨眼时间超过一秒钟就成了闭眼,表示厌恶、不感兴趣。

印度诗人泰戈尔曾说:"学会了眼睛的语言,在表情达意上是无穷无尽的。"与对方交谈,如果目光左盼右顾,对方就会感到你心不在焉、缺乏诚意或是心中有鬼。当然,注视对方也不能过多过长,否则会给对方形成心理压力。

在面试过程中,求职者要让面试官从你的眼神中感到你的真诚、尊重的情感,而自然、柔和的目光,可以给听者一种美的享受,使面试过程更加融洽。

除了要学会运用自己的眼神传达信息,还要注意面试官的眼神,从而从面试官那高深莫测的"扑克脸"中了解他的真实想法,掌握面试官的情绪变化或者内心活动。

马然在应聘一个非常向往的职位时,跟面试官谈兴正浓的时候,面试官的电话响了。

马然非常有礼貌地请面试官先接电话,面试官挂断电话后尽管依然微笑着跟马然继续刚才的话题。但是,细心的马然却发现了一些细微的变化。

上篇　这些事别等到面试以后才知道

面试官在谈话时,仿佛不经意地看了一眼手表,眼神中还有一丝焦虑。马然心想,面试官是对自己的回答产生了厌烦吗?还是别的什么原因?谈话刚才还好好的,话题也没变,看来问题不是出在自己这里,是不是面试官有什么急事呢?

这时,面试官又把视线转到了别的地方去,还不时抬头望望天花板,或者侧身注视窗外。马然此时确定,面试官肯定有别的事情,如果继续谈下去,面试官只会心不在焉地应付了。于是,马然果断结束了面试。

因此,马然果然赢得了面试官的好感,原来面试官的老母亲住院了,他急着去医院,但是又不能随便结束面试,马然的"善解人意"得到了面试官的认可,加上在此之前马然的表现也是可圈可点,因此,他顺利地获得了这个职位。

目光接触是非语言沟通的主渠道、是获取信息的主要来源,也是传达信息的关键纽带。在面试中,求职者应该充分利用上天赋予自己的这一奇妙工具——眼神,辅助自己的语言、表情更好地表达自己,更真挚地跟面试官交流。在与对方交谈时,一定要用眼正视对方,让对方更有效地理解你的想法和态度。同时,也要从对方的眼神中获得反馈信息,及时对交谈进行必要的调整,随机应变。

面试官对应聘者的考察不是仅仅通过语言进行的,从你的眼神中他们可以了解到你对工作的基本态度、对岗位的渴望程度,甚至你的人品等信息。因此,善于用眼神表达自己,可以为你的面试加分。

以轻松的态度面对刁钻的问题

很多求职者在经历了投递简历、参加笔试,战胜了许多竞争者之后,就只剩下面试这一关了。然而这一关往往是"一夫当关,万夫莫开",很多人倒在了成功的黎明之前,而未能如愿以偿。

有些面试官的题目可谓千奇百怪、刁钻至极，常常让求职者陷入两难境地，好像怎么回答都不合理，左看右看都是一个陷阱，可是求职者却不能不回答，只能无奈地一脚踏进去。在面试中，如何巧妙破解这些刁钻问题，是求职者得到面试官认同、顺利进入职场的关键。

杨铭是一位刚走出大学校门的求职者，为了避免"毕业即失业"的尴尬处境，他咨询了许多人，包括早期的毕业生、学校就业处的辅导老师等，学到了不少的就业知识。

杨铭参加了一家当地比较知名企业的招聘，扎实的专业知识使他在笔试中获得了不小的优势，很快，那家公司的人力资源部门就通知他去面试。

杨铭在面试时表现得也非常不错，他优雅自信的谈吐获得了好几位面试官的赞许，就在面试快要结束的时候，有位面试官突然问了杨铭一个比较刁钻的问题："如果你一个人在外地出差，要处理一件非常紧急的事件，刚好这时你家里人打来电话说老父亲病重，需要你尽快赶回家，这时你会如何处理？"

面试官的发问，让杨铭措手不及，这样的问题自己没有准备呀。他心里嘀咕着，"回家看父亲，那是对工作的不负责任；不赶回家又好像连最起码的孝道都谈不上。"这不是左右为难吗？就像那个妻子和母亲一起掉进河里而只能救一个的问题一样，一般人都答不好。杨铭愣了一下才回答，大意是自己会先打电话回家，关心父亲的病情，等自己处理完手头上的事情，就立刻赶回家。回答完这个问题，杨铭的头上已经冒出了汗。

没想到面试官步步紧逼，又提出了一个问题："你是愿意做一个大池塘里的一条小鱼，还是愿意做一个小池塘里的一条大鱼？"杨铭一听这个问题，就明白面试官是问自己的心态问题，是想做"鸡头"还是"凤尾"？原来目的在这里啊，杨铭有些茅塞顿开的感觉。

杨铭这个时候已经镇定了下来，他自信满满地回答："我愿意做一个大池塘的一条小鱼，这样的话我就有更多的发展机会。"因为他应聘的这家企

上篇 这些事别等到面试以后才知道

业在当地是规模比较大的,因此,他这样的回答赢得了面试官的微笑。

最终,杨铭有惊无险地通过了面试,成功地进入了这家企业。

很多时候,某些难题、怪题其实并没有标准答案,对于这类题目,求职者也不必谈之色变、畏之如虎。其实,这类问题意在考核面试者选择某种方案时所展示的理由和动机,也可以说考察的是面试者的随机应变能力和内在的职业素质。考官们希望考出应聘者的本色,包括性格、品质、处世态度等看不见的东西,从而确定求职者是否适合公司需求。

求职者在面试中应该明白一点:面试题的目的并非"问题"本身,通过这些问题,考官们可以认识和了解求职者对这份工作的态度、能力。

那些刁钻的问题不过是一种语言陷阱,是一个迷宫,它往往把面试官的真实意图隐藏在后面。如果求职者不能识破,那么就会陷入两难的境地,最终把自己的缺点及弱点暴露出来。而如果求职者能够保持镇静,以轻松的态度去探究难题后面的真实意图,就能有的放矢地作出令面试官满意的回答,从而轻松跨越这一关。

小罗应聘某知名企业,面试当天,小罗的男朋友陪她去面试。面试中,考官问小罗:"你现在有没有男朋友?"小罗停顿了一下,她知道很多女生都在这个问题上栽了跟头。

小罗想起有些师兄师姐曾说过,遇到此类男女朋友问题时,不管有没有都要一口咬定"没有",如果回答有的话,面试官后面还会提出许多问题,非常麻烦。

但是小罗觉得,如果回答"没有",就是不诚实了,而且,自己的男朋友就在外面等着自己呢。于是,小罗微笑着说:"有。"然后,小罗又补充了一句,"我男朋友非常支持我到贵公司来应聘,他也觉得这是一份好工作。"

小罗的诚实和恰如其分的补充让面试官面露微笑。面试官的真实含义就是测试小罗是否诚实,同时询问小罗今后如何处理家庭与工作的关系,而小罗的回答显然非常出色,不仅没有说谎,而且指出了男朋友对自己的支持。最终，小罗如愿以偿。

对于"有没有男女朋友"这一问题，其实面试官的初衷是希望了解你以后工作的稳定性。一般来说，如果企业真的想录用你，不会因为你有没有男女朋友来作为判断标准的，而小罗的回答展现了自己诚实的优秀品质，而且解除了面试官的疑虑，自然能够顺利过关。

面试中，通过对刁钻问题的回答，求职者应该对面试官所提出的问题，通过分析抓住本质，将自己积极的一面展现出来，把正面的思想、观点用机敏的、逻辑性的语言表达出来，向面试官展示你的应变能力和良好的职业素质。

总之，在求职过程中，应聘者千万不要被刁钻问题吓倒，从而自乱阵脚。求职者应该透过问题本身了解面试官的真实意图，然后以轻松的态度面对，完美地展现自己，如此，就能大大增加面试成功的几率。

第4章
面试官看重的不是能力，而是技巧

在踏上工作岗位之前的面试筛选中，能力是看不到摸不着的东西，只有通过面试这一关，叩开职场的大门，才能实现你的雄心壮志。那么，如果顺利通过面试，就成了实现职场梦想的第一个门槛，你需要为此掌握一些技巧。

准备好应对各种不同的面试型态

要领略一览众山小的泰山，就要做好攀登跋涉的准备；要品味甲天下的桂林山水，就要泛舟湖上。而不同的面试型态就如同不同的风景，我们在面试之前，要做到知己知彼，不打无准备之仗，提前了解不同的面试型态，做好相应的准备，这样才能提高面试成功的几率。

不同的面试官虽然有不同的个人喜好，但是他们的目的都是一样的，那就是寻找到合适的人才。有时候求职者会感觉到面对的问题非常复杂棘手，其实求职者完全不必惊惶失措，只要掌握了不同面试型态的基本特点，就可以从容地展示你的优点长处，向面试官证明你是最适合那个职位的人选。

张亚楠应聘某大型企业的销售人员，面试的时候，几十个求职者被分成4人一个小组，每个小组有一个面试官。如果面试官说："你可以走了。"那就说明某个倒霉的求职者被当场淘汰了。

张亚楠刚走到面试官面前还没来得及坐下，面试官就冷冷地对她说："你可以走了,我觉得你不合适!"张亚楠很震惊,心里也不服气:你根本不认识我,凭什么看一眼就认为我不合适?凭什么就让我走呢?

不过,张亚楠觉得当面"质问"面试官是没有礼貌的行为,因此,她还是坐下来,准备等面试结束后与面试官理论理论。

面试官直接当张亚楠不存在一样,开始面试其他人,张亚楠也没闲着,她积极地帮助小组的其他人组织答案,应对面试官的各种"刁难"。不过,那3个人实在不争气,都被这个冷面无情的面试官给淘汰了。

面试官问张亚楠:"我刚刚看你一直在帮助其他人,你为什么要帮助他们?他们又不是你的亲戚朋友。"张亚楠反问:"在面试中我们是一个小组,也就是一个团队,一个团队中的成员不应该互相帮助吗?"

面试官不置可否,却又冷冰冰地提起了先前的话题:"我刚刚已经对你说,你不适合这个工作,可你为什么不走呢?"张亚楠的"不满"终于有机会宣泄了:"我觉得你并不了解我,你一开始就赶我走是很武断的,所以我要留在这里给你一个了解我的机会。我很郑重地投出了简历,也很高兴能参加这次面试。但是我认为你的态度对一个面试者来说很不友善。今天我可能成不了你的员工,但明天我可能不再愿意成为你们公司的客户。甚至我的亲戚朋友、他们的亲戚朋友都可能不再成为你们公司的客户!"

面试官笑了:"今天对你进行的是压力测试:如何面对挫折。这是销售人员不可回避的一个问题,今天你的表现让我很满意。而且,你的团队精神也是我们公司一直提倡的,恭喜你,你通过了。"

想要在求职路上一帆风顺,就必须通过面试官这一关。作为企业人才的把关者、人力资源部门的工作人员一般都有良好的素质和丰富的经验,他们要从成百上千的应聘者中挑选出真正适合招聘职位的几个人也的确要花费很多心思、采取很多手段。例子中提到的压力面试法,即是面试类型的一种。

下面浅谈一下面试的类型及应对方法。

上篇 这些事别等到面试以后才知道

1. 电话面试

在正式面试之前,有些用人单位会采用打电话的方式进行首轮面试,目的是核实应聘者的相关背景,考核其语言表达能力,来初步判断应聘者是否符合招聘职位所要求的素质和能力。面对这种面试,应聘者一定要注意打电话的礼节、保持冷静、控制语速并记录好对方给你的信息。

2. 小组面试

小组面试俗称"群面",英文表述为"Group Interview",更科学的说法是"无领导小组讨论"。小组面试考察的内容一般包括:语言方面的考核,通常包括应聘者的语言表达能力、辩论说服能力、组织协调能力、发言主动性等。应聘者个性特点的考核,通常包括自信心、进取心、责任心、情绪稳定性、反应灵活性,等等。

在小组面试中,表达要尽可能清晰流畅,同时还要牢记这是一个互动的过程,可以通过肢体语言、表情以及眼神等来和小组成员进行交流,从而展示自己的独特和自信,还要特别注意倾听。另外还要通过观察面试官的反应,大致判断其好恶。

3. 行为面试

这种面试要求应聘者描述曾经完成的工作,面试官可以"温故而知新"。应对这样的面试,一定要举一个正面例子,通过描述细节来体现个人的优点长处,越详细越好。

4. 问题解决型面试

这种面试一般会提供一个问题,让应聘者给出解决方案,从而考察应聘者的分析和创造能力。在回答这类问题时,可以花一些时间思考,以便给出一个相对完善的答案。

5. 案例面试

这样的面试往往提供篇幅很长的案例,案例分析的考查重点不在于你是否正确完成了这个案例的分析,而是你解决问题的过程。你提问的逻辑性、条理性、分析问题的思路、解决问题的方法以及创新能力,等等,这些才是面试官需要着重考察的。一般而言,案例面试没有所谓的正确答案,是一种强度较大的面试类型。应聘者应该表现出很强的搜集整理信息和归纳总结的能力。

6.压力面试

这样的面试里,面试官会故意创造一种不友好的气氛,故意刁难应聘者。当然,目的在于考察一个应聘者是否拥有积极的心态和正面的态度。所以一定要避免与面试官产生冲突,而应该展示出成熟的态度和冷静处理问题的能力。

在求职过程中,应聘者不知道自己要面对一个怎样的面试官。把面试官想象成考场上的老师或者神情严肃的家长都是不对的,求职者不应该给自己背上心理包袱,面试官的工作也是一项技术活,不过万变不离其宗,他不过是尽最大的可能了解你罢了。

明确了面试官的目的,求职者只要对于各种面试类型做到心中有数,在面试之前做好充分准备就可以了。面试是一次求职者与面试官斗智斗力的交锋,只要做到知己知彼,自然就能占到上风了。

打造吸睛的简历

为什么自信满满的你却总是被一个个看好的公司拒之门外?为什么印制精美的简历一份份投出去都如同泥牛入海,连一丝涟漪都没有泛起?为什么自己的简历上罗列了一大堆优点,却连面试表现的机会都没有?

很多求职者屡战屡败,四处碰壁,面对职场备感无奈,甚至被失败打击得失去信心,对看好的职位望而却步。其实,找工作就是一个推销自己的过程,简历就是一份"产品说明书",是让企业认知应聘者的第一道关口,写得好,就能引起招聘者的兴趣,写不好,那么你就只有跟这次机会说再见了。

上篇 这些事别等到面试以后才知道

那么,如何让企业一眼就被你的简历所吸引呢?那就需要你用心打造简历,一定马虎不得,一份好的简历能打动招聘者的心,进入他们的视线,从而获得面试的机会,这样就能大大增加应聘者获得工作的机会。

那么,什么样的简历才算一份好简历呢?

有的求职者把简历做得相当精美,其实这是不必要的,简历只要干净整洁就可以了,招聘者更看重的是简历的内容,他们看重的是"珠"而不是"椟"。

简历的内容应该说明你是个什么样的人、你学过什么、你做过什么、你希望做什么、你能够做什么。也就是说,通过这份简历,招聘者可以了解这些信息:你的姓名、年龄、身高、体重等基本情况,以及你在学校里或者其他培训机构获得的知识或者职业资格,等等。这些情况要实话实说,不要把自己装扮成一个"万事通"一样的全才人物,因为HR们一眼就可以看出你的深浅。

你做过什么,这一点很重要。通过你的实习与实践活动,找出你的亮点,特别是与你的工作相关的内容,这样的经历很容易引起招聘者的兴趣。你想做什么,这是说明自己的求职意向,这点是很重要的。有的求职者为了争取更多的机会,往往在一份求职意向中填写多个职位,这是一个低级错误,这说明你对自己和工作认识不清。

注意,用头衔、数字和名字来突出你过去所取得的成就,远比一些空洞的形容词要好。使用数字语言是提高简历含金量的诀窍,如"在组织班内春游的活动中,拉来了某公司的赞助2000元,解决了活动经费的30%"。

没有针对性的简历是很容易第一时间被"枪毙"的。还有的求职者会使用标准模版下做出来的简历,没针对性,就像销售一样,缺乏明确的目标消费群,是很难将货品顺利售出的。因此,你自然入不得HR的"法眼"了。在投递之前,你应该很清楚这个单位提供哪些职位,不要抱着"大面积撒网,重点捕捞"的侥幸心理。

对于自己能做什么,一定要讲出自己的技能和长处,以及在实践活动中积累的经验。当下的求职,会表达更要能总结,不要花了数百字来描述自己的学习背景和实习经历，尽管文笔流畅，却不能表达出招聘者最想知道的内容。

　　一个好的产品要想被市场接受，首先得亮出它的价值与特色。一个优秀的求职者想把自己推销出去，就要告诉招聘者自己的价值所在。如果你有和求职方向相关的特长，一定要在简历上体现出来，这点应该是你与别人最大的区别，也是最能吸引招聘者目光的地方。

　　另外，简历要简短，最好只有一页。简历力求用最少的文字传递最多的信息，不需要花哨的封面，因为HR不会去欣赏的，他花在浏览一份简历上面的时间最多30秒，很多时候只用15秒就能够决定是否让你参加面试。一份"一目了然"的简历，一定是把你的最大特点放在简历最突出的位置，千万不能让HR自己从简历中总结、提炼你的特点。但简历内容却要丰富，要把你的教育背景、工作经验、能力优势都表达清楚。所以，针对你所应聘的职位用心制作一份一页纸的简洁而"丰满"的简历就够了。

　　如何检验自己的简历是否吸引人呢？因为简历在15秒内给人留下的印象至关重要，所以要想检验一份简历是否吸引人，一个简单的办法就是把这份简历交给一个人，15秒后拿回来，然后你问他关于这份简历他知道什么、他从这份简历中获得多少关键信息。

　　简历的描述要实事求是，弄虚作假是最不可取的。招聘者都有一双"火眼金睛"，你想糊弄他是很难的。写简历还有一个误区，那就是觉得自己的经验、实践等越多越好，其实不然。针对某一个职位，你只需要描述与自己现在应聘职位相关的经验、经历就可以了。

　　写简历千万不要犯错别字的低级错误。招聘者们最讨厌错字、别字，他们觉得这是不认真、不负责任的表现，许多人发现错别字时就会停止阅读，直接淘汰。

　　总之，一份好的简历能够让招聘者眼前一亮，而不是只过15秒就扔进垃圾桶。打造一份吸睛的简历就等于拿到了成功面试的钥匙，这是走入职场大门的前提。

上篇　这些事别等到面试以后才知道

自传内容的真实性很重要

许多求职者在进入面试关之后，就忘了自己当初的简历上是怎么写的了。有的人信口开河，自己说的话跟简历内容完全对不上号，让面试官以为面前的人被调了包。也有的人在当初写简历的时候就犯了"浮夸"的毛病，面对面试官的追问不能自圆其说。如果面谈时与自传内容不一致，那么很容易让面试官得出你不诚实的结论，对于这种不诚实的人，没有哪个公司会欣然接纳的。

很多人为了吸引招聘单位的目光，把简历制作得非常符合该单位的要求，让招聘者产生"一见如故"的错觉。殊不知这种虚假的"加工"已经脱离了实际，尽管可以让求职者进入面试阶段，其实也不过是浪费双方的时间精力，在给自己找难堪罢了。

方庆是北京某名牌大学金融系学生，他在网上得知，某大型银行正在招聘工作人员，便想投份简历试试。但是该银行要求应聘者要有工作经验，对应届毕业生则要求有相关工作的实习经验。

于是，在填写工作或实习经验一栏时，方庆犯愁了，自己实习的时候去了一家偏远地区的小储蓄所，这肯定是没有任何优势的。其他的实践活动只不过是做做家教、发发传单之类的，根本拿不出手。怎么办呢？方庆最后决定，写上暑假曾在那家小储蓄所实习过，而大部分的实习经验来自深圳某家大型银行。

方庆倒是真的与那家大型银行有过"渊源"，他上大学期间，有一次去深圳玩，在那个银行取款时卡被吞了，还跟银行的值班经理王某聊过天。于是，这次他就灵机一动，把这家银行写上了。

面试时，招聘人员就实习经历问方庆："你在两家银行实习过，这很难得，那么你在深圳那家银行实习时具体做什么工作？"

方庆听后不由得心跳加速，不过幸好他提前做好了准备，于是他镇定地说：“我主要熟悉了银行的基本业务流程和银行的储蓄业务，如活期存款、整存整取、定活两便等，还有银行的对公业务，如受理现金支票、签发银行汇票等，还有银行的信用卡业务，如贷记卡的开户、销户、现金存取等；联行业务、贷款业务等。”

招聘人员又问：“当时是哪位工作人员带你的？”"是王经理。"方庆的脸上显得很诚恳，"不过王经理很忙，有时候别的工作人员也会指导我。"

招聘人员皱皱眉头，微笑着告诉方庆："我就是你说的那位王经理，你连我长得什么样都忘了。我刚从那边调过来，本来，对于你的实习经历我们是必须要打电话核实的，不过，现在看来不用了，很遗憾地告诉你，我记得所有带过的实习生，可惜没有你。"

最后，方庆没有得到这份工作，虽然他具备了这份工作需要的能力，但是他的诚实度却过不了关。

现在，越来越多的求职者明白了简历的重要性。招聘人员看一份简历有时候甚至不到30秒，如果简历上没有吸引招聘者眼球的内容，那么这份简历很快就会被淘汰。求职者们都想在第一时间吸引招聘者的注意力，使自己赢在起跑线上。因此，很多求职者都把简历往"语不惊人死不休"的路子上写，力求一击必中。

的确，一份吸睛的简历会让你顺利地推开面试的大门，但是，如果像方庆那样，在简历中弄虚作假，欺骗了招聘者。那么，即使获得了面试机会，也一样会被识破，面试官不是傻子，也不是被爱情冲昏头脑的小青年，他们只需要三言两语就可以看透你的底细。不诚实的求职者要想在他们面前耍花枪，不过是丢人现眼罢了。

在面试中，最根本的要求就是诚实，面试时，诚信是很多公司选拔人才的必要条件。如果为了谋得一份工作而不惜捏造事实、讲故事，是不行的。要圆一个谎言很容易，但是要连续去为多个谎言去辩解是比较难的。而且，经验丰富的面试官还会从求职者的体态语言、手势等方面辅助分析求职者是否在撒谎。

上篇 这些事别等到面试以后才知道

主考官问一位姓邓的求职者："你进公司后,要从基层工作开始一直做3年,你能接受吗？""能！"这位邓先生不假思索地回答。"那我就不能要你,多没出息、多没抱负啊！"主考官继续施加压力。"我就是要从基层做起,再一步一步往上走。"邓先生继续回答。

"你觉得自己有什么缺点？""我工作过于投入,人家都说我是工作狂。"邓先生依然是脱口而出。主考官笑了笑："工作投入可是优点啊,你说说你的缺点吧。"邓先生继续诉说他的"缺点"："我这个人喜欢坚持原则,什么事情都按照规章制度来……"

做过20年人事工作的主考官手一挥,终止了问话,淘汰了这位求职者。事后,主考官对别人说："我只想要真实的回答,真话也许不好听,甚至我听了会不满意,但是却能够判断对方是否适合这个岗位。而这位邓先生太油滑了,根本不诚实,我完全不能从他说的话里得到一点有用的信息。这样的人,我们不敢用。"

在面试中,求职者不需要花言巧语地迎合面试官,更不必说得天花乱坠。一个成功的求职者,语言应该是诚实的,要简约而不简单,华丽的辞藻只会引起面试官的反感。要听评书与故事,面试官可以去戏院,不需要忍受你的喋喋不休。

诚实稳重的语言、切合岗位要求的关键词、真实可信的经历,就是打动面试官最好的方式。

面试礼仪不可忽略

职场是一个需要礼仪的地方,一个人的礼仪可以反映出个人素质,工作以后还会代表公司形象。我们知道,在职场上,"形象"很重要,如果一个蓬头垢面、粗俗无比的人向你推销奢侈品,想必没有几个人会照顾他的生意,不报警抓骗子就不错了。

在求职过程中,礼仪也应该受到重视,良好的职场礼仪是开启职业大门的钥匙。如果我们在求职中忽视了礼仪对成败所起的作用,就可能使我们的成功夭折在起点上。

李先生是某地一家广告公司的负责人,因为公司业务扩展得较快,这两年员工数量也增长很快。每次招聘新员工,李先生都会亲自面试,他是相当重视求职者们的礼仪的。他说:"两个人来面试,如果一位打扮不合时宜或是比较邋遢,另外一位则是衣着穿戴都比较得体,那我肯定会比较多考虑后者,前者落选的可能性就很大。谁注重礼仪,谁就容易通过。"

有一次公司要招一个会计,有4位应聘者参加了最后的面试。面试之前,公司的财务总监比较看好一位女士。这位女士工作的年限比较长,而且获得的专业证书很多,是本地区不多的注册会计师之一。但是,最后李先生定了一位30多岁的男士,公司的财务总监有些不理解,李先生解释说:"面试时秘书给每个人都递了一杯水,4个人只有这一位男士起身说了声"谢谢",而那位女士连头都没有抬。在面试结束之后,也只有这位男士把一次性水杯带走扔到垃圾桶,在起身的时候会把椅子往前挪回了原位,这不仅是礼仪问题,而且说明这个人很细心、做事善始善终,适合做会计工作。"

参加面试时,要给人留下良好的印象,就必须注意一些个人礼仪,如修饰、化妆、仪态、服饰、谈话等,员工的不良形象也有损组织的形象,因此,绝大部分公司是不欢迎不知礼仪的人的。

礼貌是面试礼仪中的隐性能力,也许并不会为求职者带来直接的利益。做得对是应该的,没人因此而表扬你,但是做得差了,恐怕就要为此付出代价。面试礼仪包括很多内容,以下是一些要注意的方面:

守时。守时是职业道德的一个基本要求,提前10~15分钟到达面试地点效果最佳,可熟悉一下环境,稳定一下心神。如果路程较远,宁可早早出门。

上篇 这些事别等到面试以后才知道

特别是大城市,路上堵车的情形很普遍,对于不熟悉的地方也难免迷路。但早到后不宜提早进入面试室,最好不要提前 10 分钟以上出现在面谈地点,否则聘用者很可能因为手头的事情没处理完而觉得很不方便。

在见到面试官之前的时间里,不要东游西逛,要在指定的区域里等待,在此期间也不要表现出不耐烦的心理,不要来回走动,也不要与别的面试者聊天,不要吃口香糖、抽香烟、打电话等。可以在此期间温习一下公司的材料与信息等。

不要擅自走进面试房间。必须接到通知之后才可以走进去,进去之前,应该记得敲门,绝不可贸然闯入。面试之前,不要询问单位情况,不要驻足观看其他工作人员的工作。开门及关门尽量要轻,进门后不要随手将门关上,应转过身去正对着门,再用手轻轻将门合上。关上门之后向面试官鞠躬行礼,大方得体地打招呼。

面试时,握手是最重要的一种身体语言。专业化的握手能使人感到你能够胜任而且愿意做这份工作。握手应该坚实有力,有"感染力",此时,双眼要直视对方,自信地说出你的名字。记得要保持手掌的干燥、温暖,不要让对方感觉握到一只水淋淋或者冷冰冰的手。

要坐如钟、站如松。面对考官,不论男性还是女性均应采用标准的礼仪站姿,即双腿并拢,两手自然下垂。在求职场合,不要未经许可就自己坐下,要站在原地等待考官对你说"请坐"后再落座。坐姿也有讲究,千万不要随便或者过于拘谨。最好坐满椅子的 2/3,上身挺直,这样显得精神抖擞,保持轻松自如的姿势,身体要略向前倾。腰板不要太僵硬,并拢双膝,把手自然地放在上面。

要用双手递接物品。当求职时要送上个人简历、证件、介绍信或推荐信等必要的求职资料时,要把资料的文字正面对着考官,双手递上,请对方过目,要表现得大方、得体和谦和。

赵岩今年刚刚毕业,就参加了一家外资公司的招聘会。那家公司的人力总监是个美国人，名叫乔治。

面试的时候，赵岩出众的口才和不卑不亢的态度获得了乔治的认可。看得出来，他非常欣赏年轻的赵岩，在一番亲切交谈后，乔治还给了赵岩一张名片，这基本上说明赵岩已经通过了。

临走时，乔治说，3天之后会给赵岩回音的，他非常期待跟赵岩成为同事。

但是，接下去的日子却是漫长的等待，一个星期过去了，录用通知却杳无音信。赵岩以为这事肯定黄了，他无奈地又去参加别的公司组织的面试，但是还是放不下那家最喜欢的外资公司。

想起当时乔治的态度，赵岩终于决定再争取一下。于是，他找到乔治的名片，给他写了一封言辞恳切的信。信中表达了他的感谢，而且委婉地表达了自己对该公司的向往之情。

第三天，赵岩便接到乔治的电话，告诉他被录用了，可以直接去上班了。

原来，美国人面试后有个惯例，要写一封感谢信给那家给予面试机会的公司，而赵岩是众多应聘者中唯一这样做的一个。

面试结束礼仪同样重要，千万不要觉得完事大吉了就得意忘形起来。面试官在结束之前往往会说一些暗示的话，面试者得到暗示后，应当主动、适时告别，不要表现出急欲离开的样子，同时要感谢对方同自己的面谈。离开时，应该跟面试官道别，把一次性水杯带走，哪怕你一口没喝，把座位放回原位，倒退两步后再转身离开，出门后轻轻把门带上。24小时之内发出书面感谢信。

总之，良好的面试礼仪可以为你营造优雅的气场，为你赢得不少"形象分"。面试，是与面试官最直接的"短兵相接"，是"图穷匕见"的时刻。所以，你的一举一动、一言一行都无法隐瞒。而良好的礼仪是个人素质的一种外在表现形式，也是在面试中为自己争取机会的法宝。

上篇 这些事别等到面试以后才知道

回答面试问题的一些技巧

在面试回答问题的时候，求职者会遇到各种各样的情况，虽说无法考虑到问题的方方面面，但是若能掌握一些技巧，无疑会对你帮助不小。面试时需要在很短的时间里展现你各方面的能力和素养，是需要一定的技巧的。

回答问题不要给面试官一种消极地对待面试的印象，一定要呈现一个积极的态度。可以采用保持微笑、注意眼神交流等方式拉近与面试官之间距离。当然，面试恐怕不会一直处于和谐融洽的状态，你有时会被置于问题尖锐、气氛紧张的环境中，此时，保持镇静是必需的。

很多问题看似简单浅显，实则暗藏玄机。求职者在回答任何一个问题时，都不可麻痹大意，要把面试当成一场战斗，认真对待。下面通过某些具体问题，浅谈一下回答技巧。

问："介绍一下你自己。"

通常，这是面试的第一个问题，回答好这个问题很重要。记住，不要从一开始就把自己放在一个很被动的位置上，公司在挑选你的同时，你也在挑选它，所以要缓解心中的紧张感。

这是一个展示你个人特色和能力的大好时机。面试的自我介绍以简单明了、重点突出为好。

求职者可以着重跟面试官谈论一下你的专业和实习情况。如果曾经做过跟你应聘工作有关系的兼职，不妨也简单介绍一下。记住回答这个问题要始终和应聘的岗位相关，暗示你能胜任这个位置。

问："你为什么想要为我们工作？"

这是一个表现你对这个公司、这份工作看法的机会。回答这个问题的时候，你可以充分运用你搜集到的关于此公司的信息了。组织几个原因，最好是简短而切合实际的,表现出你的沉静与自信,使考官确认你具备他要求的素质。

问:"5年之后你的职业规划是怎样的?"

这个问题是要谨慎回答的。如果你回答:"我想在将来合适的时候考虑这个问题。我现在还不能确定以后的发展如何。"这种回答一般会引起面试官的反感,首先,逃避问题的企图太过明显。其次,任何企业都不喜欢一个浑浑噩噩混日子的员工,没有职业规划,就很难有明确的发展方向。

也有人会笼统地回答:"我希望自己做到管理层。"这个回答同样不能让人满意。面试官是想了解你的计划能力,同时还可以考察你的目标是否能跟企业的发展结合起来。

因此,对这个问题,可以这样回答:对我来说,最重要的是自己所做的工作是否适合我,这份工作应该让我能够发挥专长。从现在起的5年之内,我希望能够在一个合适的职位上待几年,最好有一次晋升。或者是在企业内横向调动,我希望从事的工作能对我目前的技能水平形成挑战,从而能促使我提升自己。

总之,对这个问题的回答不需要过分具体,因为求职者不可能精确地预言未来,但是要适当表现出你的上进心,并且要符合企业的发展。

问:"你的优势和弱点分别是什么?"

回答这个问题千万不要过于谦虚,不要这样回答:从长处来说,我实在找不出什么特别突出的方面,至于弱点,我想,如果某个项目时间拖得太久,我可能会感到厌倦。或者过于自负。我认为我的技能是非常广泛的,弱点嘛,几乎没有。

回答这个问题并不是要深入剖析你自己,而是重点讲述你和工作相关的优点,以及那些跟工作关系不大的缺点,千万别弄反了,不然这份工作肯定与你无缘了。

如果可以的话,你甚至可以讲一个从个人角度来看是弱点,而在工作角度上看却是优点的方面,例如,我做事喜欢追求完美。当然,不要在说这句话的时

上篇 这些事别等到面试以后才知道

候让面试官听起来觉得假,让他得出你很油滑的结论来就得不偿失了。这个问题的关键并不在于你是否能认真地看待自己的长处,也不在于你是否能正确认识自己的弱点,而是你是否适合这个工作,这才是面试官想要知道的内容。

合理的回答可以是这样的:从长处来说,我相信我最大的优点是有一个理性的头脑和对工作的持续热情。我最大的弱点是,对那些做事拖拉的人,可能缺乏足够的耐心。不过我相信自己能处理好跟同事之间的关系的。

这样回答,首先,确实表明了求职者的最大长处。其次,所表达的弱点实际上对于工作来讲不见得有害,而且还表明了自己能够团结好同事。

问:"你对薪水的要求是多少?"

这是必不可少的问题,考官需要通过这个问题了解你对整个行业的了解,以及对自身的定位。聪明的做法是:不作正面回答。强调你最感兴趣的是这个机遇和挑战并存的工作,避免讨论经济上的报酬。如果需要一个数字,则要给出一个这个行业的平均水平即可,不要狮子大开口,也不要妄自菲薄,表现得极不自信。

问:"你还有什么问题吗?"

假如你心里想着终于结束了,长长吐了口气,笑笑说"没有了",那就是犯了一个大错误。这往往被理解为你对该公司、对这份工作没有太深厚的兴趣。

你最好回答"有"。你要通过发问,了解更多关于这家公司、这次面试、这份工作的信息。尽量不要急切地打听拿多少工资、一周几个工作日这类问题,对所有求职者而言,在被录用之前提出与工作无关的问题,就犯了一个战略性的错误。因为,那些问题可以在录用后再商量。

求职者在提问中要表现出对应聘的岗位的兴趣,如果能够在自己对应聘部门情况分析的基础上提出问题,那么,被录用的机会将大大增加。

对于刚刚走出校门的大学生来说,对职场不熟悉,因此,面对面试官的提问,有时真的会防不胜防,被打个措手不及,由平时的伶牙俐齿变成了瞠目结舌。

实际上,面试官的提问并没有那么可怕,虽然很多问题貌似平淡或者尖锐，但万变不离其宗，面试官提出的所有问题都有其清晰明确的目的。只要应聘者做好准备，掌握基本的方法技巧，保持镇定和平和的心态，就可以灵活地应对各种提问。

面对尴尬的问题怎么办

面试是对应聘者的综合考察，因此，求职者不能指望面试官的每一个问题都是和风细雨似的，你跟面试官的交流也不总是如沐春风，有时候他们会故意"刁难"这些刚刚踏入社会的年轻人，问他们一些非常尴尬的问题。

面对一些单位在面试时提出的非常刁钻、令人尴尬的问题，很多求职者倍感头疼。求职已进入紧要关头，某个问题的答案可能直接决定自己的饭碗。面对自己喜欢的工作职位和令人尴尬的问题，究竟要如何作出判断取舍呢？是反唇相讥、拂袖而去，还是不管如何地如实作答抑或巧妙周旋呢？

上海某高校法学专业的应届毕业生小吴面试了当地一家大型IT企业的销售职位。面试一开始时话题比较常规，早有准备的小吴还算应付的来。谁知道面试进行了大半，面试官突然提出："小伙子，讲个笑话听听。"

小吴听后大脑差点短路，头一回听说在面试的时候要讲笑话。不过小吴还算有些急智，他飞快地在脑海中搜寻，说了一个"冷笑话"。

"冷笑话"的内容是这样的：龟兔赛跑，兔子很快跑到前面去了。乌龟看到一只蜗牛爬得很慢很慢，就对它说：你上来，我背你吧。然后，蜗牛就上去了。过了一会儿，乌龟又看到一只蚂蚁，对它说：你也上来吧。

于是蚂蚁也上来了。蚂蚁上来以后，看到上面的蜗牛，对它说了句：你好。你们知道蜗牛说什么吗？蜗牛说：你抓紧点，这乌龟好快。

笑话说完了，"笑果"却没出来，几位面试官的表情都波澜不惊，其中一个人问小吴："很好笑吗？"小吴不知道该怎么回答，不过他最终还是通过了面试。

上篇　这些事别等到面试以后才知道

其实这种非常规的问题其实只是考官想要考察一下应聘者的反应能力和心理素质罢了，还不算太尴尬的问题。有些苛刻的面试官问出的问题，恐怕真的会让许多人手足无措。

某商学院的大四女生小邢学的是国际经济与贸易。她在面试时遇到的问题有好几个涉及了"个人问题"。比如，"你有没有男朋友？""男朋友在哪里工作？""你打算什么时候结婚要小孩？"小邢为了稳妥起见，只是说打算30岁再要小孩。面试官又反问30岁会不会太晚，会不会对健康有影响，面试一度陷入了进行不下去的窘境。

其实，求职者不必纠结于这类问题的表面，有些问题看似"过分"，但其实面试官要考察的不是问题本身的答案，而是你的个人能力、性格等方面的东西。

比如，有的面试官会对女性求职者提出这样的问题：你的三围数字是什么？能握一下手让我感受一下你的求职热情吗？握手还不够，能够拥抱一下吗？

也许，只有在应聘模特的时候才需要回答三围的问题及身体接触的问题，那么求职者该如何破解这种僵局呢？

面对这样的问题，应聘者必须要问自己一个为什么：面试官是个有经验的职场人员，为什么问这些不合适的问题？面试官考察的就是应聘者是否能镇静和宽容、是否会拒绝。要拒绝，但不是生硬的拒绝，而是艺术性地"乾坤大挪移"。

有些人遇到这样的问题，也许会冷冰冰地说："对不起，这是我的个人隐私。"这种直接性的拒绝不礼貌。面试官之所以问你这个问题，是因为在实际工作中，你可能会遇到这种尴尬情况。很多工作岗位也许会遇到别人问一些敏感问题，有时候既不能说谎又不能很不礼貌地拒绝回答。

有些人则选择闪避问题："哦，我很久没量过了。我自己也不知道呀。"这样的处理方式比较恰当，但仅仅算是及格，因为很明显你是在敷衍对方，不算是很聪明的做法。

这时候，最明智的回答是把话题自然地引导到其他方面："我的身材不算很好,不过还算标准吧。我相信您这是关心我的健康情况,非常感激,其实对于保持身心健康,我还是有些心得的,比如,我经常跑步,有时候也会打打球。您也喜欢运动吗?您最喜欢什么运动呢?……"说话的时候,语速可以稍快,免得对方揪住尴尬的问题不放。

求职者一定要切记:面试官提出这类问题只有一个目的,那就是让你在高压下能够保持平和的心态,自然地回答问题,语言可以和缓,态度一定要坚定,恪守好自己的原则,不恼怒,但也不让步,这样的态度就可以帮你拿到高分了。

再比如:你认为家庭与事业之间存在着难以调和的矛盾吗?

这是一个老问题,也是一个老难题。招聘单位自然非常希望你以事业为重,但家庭如果不能幸福美满肯定也会影响到工作效率,人只有无后顾之忧,才能集中精力干工作。但是家庭跟工作之间看似又有些矛盾,精力是有限的,用在家庭上面的时间多了,用在工作的上自然少了。不过,直接回答存在或不存在都是不合适的。建议你这样回答:"我以为无论在工作上还是在家庭中,我的最大目标都是要使自己活得有价值。我会通过工作来证实自己的能力,同时也会处理好家庭关系,使家人成为我工作上的坚强后盾。"

问题:面对上司或客户的非分之想,你会怎么办?

女性求职者往往会被问及这类问题。回答此类问题,最好委婉一些,不要说自己会严辞拒绝。可以这样回答:"你们提出这个问题,这说明贵单位的领导都是光明磊落的人。因此,在本公司我是不需要担心的。如果客户中有这样的情况,我相信自己会用合适的方式处理好,既不让客户难堪,也不会对公司造成负面影响。"这样的回答没有明确地说怎么办,但实际上却又表明了自己的态度。

问题:有些敬业的人认为,为了事业不要孩子,你认同这种观点吗?

这个问题主要是考验求职者在平衡工作与生育关系问题上所抱的态

上篇　这些事别等到面试以后才知道

度,一般也是女性遇到的居多,因为男士很少有专职带孩子的。当然,为了事业晚婚、晚育是用人单位所期望的,但如果你把自己表述成是一个为了事业可以牺牲一切的人,面试官是不会欣赏这么偏执的人的。

可以这样回答:"我暂时还不考虑生育等问题,在此之前我需要拥有一份稳定的工作,打好养育孩子的经济基础。"

某宾馆招聘服务生,3名男性求职者前来面试。

面试官问:"假如你无意推开房门,看见女房客正在淋浴,她尖叫起来,你该怎么办?"

A先生答:"我会说声'对不起',然后赶紧离开是非之地。"

B先生答:"我会说声'对不起,小姐。我是无意的'。然后从容地关门退出。"

C先生答:"我会说声'对不起,先生'。然后自然地走开。"

结果,C先生被录用了。

为什么C先生的答案让面试官认可呢?因为他的这种故意误会的说法,表现出了自己的机智和灵活的应变能力,这正是一个服务生应该具备的职业素质。

这类尴尬的问题有很多,总之,应对这样的问题,一定要把握好面试官的真实意图,他们无非是想从这些问题的回答中揣测求职者的心态、应变能力、表现方式罢了。回答时要坚持自己的原则,保持礼貌镇定,像太极拳一样,用四两拨千斤的方式来战胜"面试官"。

面试前一天,请清点这些细节

对于大学生来讲,由于缺乏社会经验,找工作的时候会出现许多波折。要想提高成功率,面试前的准备工作就显得尤为重要,优秀的求职者总是非常重视面试前的准备工作,"不打无准备之仗"。可以说,充分的面试准备工作已是你面试取得成功的一半。

有时候,面试还没有开始,很多人的信心大厦就已经垮掉了。面试是很关键的一环,但是,求职者也没必要无限地夸大它、畏惧它,甚至把面试当成难以逾越的大山。其实,只要我们做好充分准备,提前清点一下细节,面试就不会出现太大的问题。

小德曾经历过一次很失败的面试。头一天参加面试之前,他曾经在脑海中反复预演了面试的整个过程,包括从进门开始,一直到面试结束离开。他自认为已经无懈可击了之后,才美美地进入了梦想。

第二天上午,他去那家单位面试,当面试官问他是否带了简历的时候,他不由得暗自佩服起自己的智慧来,幸好自己多带了一份简历来。于是,他从容地从包里拿出简历递给面试官。

没想到面试官看了简历以后显得很不高兴,面试官问道:"你应聘的是我们这个公司的发行人员的岗位吗?"

当时小德就愣了,他想,我不是应聘你们公司,那我来这里干嘛呀?于是说:"我当然是希望能够顺利进入贵公司做发行工作了,这有什么疑问吗?"

面试官冷冷地看着他,同时把简历递给他:"你看,这是你的简历吧,上面是怎么写的?"

小德疑惑地接过了那份简历,看了一眼之后脑袋"轰"地一声,一下子心慌意乱起来,原来,那份简历是他应聘另一家公司的某个岗位使用的,简历的内容跟现在要应聘的工作根本不相干。可能是自己早晨走得匆忙,拿错了,小德不由得懊悔不已,早知道还不如不准备这份备用简历呢。

小德急忙向面试官解释,面试官对他的印象可想而知,结果小德自己也慌了,回答问题时磕磕巴巴,完全没有预演的那样顺利。整个面试下来,小德的汗水把衬衣都打湿了。

结果可想而知,小德黯然出局。很显然,一个连简历都弄错了的人,很难

上篇　这些事别等到面试以后才知道

让人认可他的诚意和责任心。

参加面试前,一定要检查一下各方面的资料是否准确和齐全,即使曾经给用人单位递交过相关资料,自己也还要带一份,以备不时之需。个人简历则一定要检查一下,因为有时候求职者面对不同的招聘岗位会做一些侧重点不同的简历。千万不要出现像例子中小德那样的失误,简历内容不符合自己要应聘的岗位,这样的失误将直接导致求职失败。

对外企来说,个人简历和自荐信最好中英文各制作一份。另外,求职者可以向学校辅导人员或父母、朋友与亲戚咨询一下要应聘的行业的资料,了解所要面试单位的大致发展情况,准备一些相关素材、数据等,以便达到知己知彼的目的。

尽管很多刚跨出校门的求职者对于职场来说还是一个个需要历练的新丁,但是只要过了面试这一关,用人单位就会给你学习锻炼的机会,生涩的新手也会慢慢成长为合格的职场人士。只要通过了面试关,就取得了进入职场大门的钥匙,就可以站在起跑线上参加角逐了。从这个意义上来讲,面试时的临门一脚非常重要。

那么,面试的前一天,我们需要做好哪些准备呢?

1. 上文提到的各类材料的充分准备

2. 演练一遍面试的基本步骤

因为我们已经提前了解了面试的基本步骤,因此,在面试前一天,你可以模拟一下,可以找一些同学朋友帮忙,就面试中可能会出现的问题及场景从头到尾演练一遍。然后总结改进一下,这样有助于提高自己的自信心。

3. 准备好自己的问题

面试将要结束时的提问比回答常常更考验一个人的水平。所以,你要精心准备好自己的问题。不要提一些有关报酬之类的低级问题,而要适当表现出自己对这个岗位有较深认识、彰显自己专业水平的问题,这样会让对方对你刮目相看。

4. 睡一个好觉

面试前,很多人由于紧张而睡不好觉,其实这是完全没有必要的。面试前在心理上对各种因素不要过分夸大,要学会给自己减压,面试前的晚上给自己一个优质的睡眠,精神饱满地参加面试,也是求职成功的一个隐形条件。

5. 面试前一天演练一遍形象

面试前一天,可以完全按照面试的要求对自己进行一次全面的形象包装。从发型着装开始,一直到自己的表情步态,这个工作可以对着镜子进行。

某单位要招聘一名资料录入人员,这个工作任务不重,有许多女孩子前来应聘。

招聘人员请这些女孩子们依次递上自己的简历,然而他并不去翻看里面的内容,只在每一份简历后面用铅笔做上不同的标记。然后吩咐助手把打了对号的简历上的求职者安排到面试中去,而那些打了叉的求职者直接淘汰。

助手很不理解,问他为什么不看内容就决定了谁去参加面试呢?难道仅仅凭着随手画的记号作为录用标准吗?

这位招聘人员微微一笑,告诉他,其实说穿了很简单,在这些女孩们递交简历的时候,他趁机观察了她们的指甲。资料录入工作需要成天敲键盘,那些指甲留得又尖又长,或者涂得花花绿绿的女孩子,怎么适合做这样的工作?这样的女孩子的电脑操作基本功值得怀疑。因此,他是不会把时间浪费在这样的求职者身上的。

应聘者除了那一份白纸黑字的简历外,还有一份比文字更具有说服力的东西,那就是细节彰显的职业素质或者敬业精神。有时候,招聘人员决定一个求职者的去留,不需要过多的考量,他们不过是花费了几秒钟观察了一个细节罢了。因此,面试前的准备,需要清点好细节。

上篇 这些事别等到面试以后才知道

第5章
面试的成功由搜集"情报"的能力决定

《孙子兵法》云：知己知彼，百战不殆。要想在面试中取得成功，不仅要有自信，还要有搜集"情报"的能力，把应聘需要的信息掌握在手中。如此，才能运筹帷幄，决胜于千里之外，在与面试官的"斗争"中获得胜利。

忠诚地与企业共同成长

面试官在为企业招聘人才的时候，一个重要的期望就是对方能够忠诚，从而与企业共同成长。真正的人才应该能够跟企业一起奔跑，不会朝三暮四，也不会掉队，也只有这样，才能实现企业和个人的双赢。

俗话说，铁打的营盘流水的兵，每一个企业总会有不称职的员工被淘汰，总会有新鲜的血液补充进来，也会有令人惋惜的人才会流失。人才是一个单位或者团队最宝贵的财富，如果个人的职业发展规划能够跟企业的发展相结合，那么个人就能更快地成长，相应地也会为企业作出更多的贡献。

1999年底，李彦宏带着120万美元投资金从美国硅谷回国创业，他在搜索引擎方面是技术权威，因此，他决定要做中文搜索引擎。取自辛弃疾的名句："众里寻他千百度，蓦然回首，那人却在灯火阑珊处。"他用"百度"作为自己公司的名字。

2005年8月5日，百度公司的股票在美国纳斯达克正式上市发行，发行

85

价为27美元，开盘价是66美元。之后一路狂飙，到交易首日收盘时，百度公司股价定格为122.5美元，市值达到39.58亿美元，股价涨幅达到了353.85%！创造了美国股市213年以来外国企业首日涨幅的最高纪录，并成为美国历史上上市当日收益最多的十大股票之一。

百度此次上市，瞬间造就了8个亿万富翁、51个千万富翁、240个百万富翁。而此时，百度员工的平均年龄只有23岁，百度上演了一幕不折不扣的"造富"神话。

很多人为这个传奇激动不已，很多人羡慕那些"幸运儿"，然而对于当初应聘百度并一直默默付出的员工们来说，他们或许并没有想到与公司6年的不离不弃、风雨同舟会带自己带来如此巨大的财富。

他们与公司一起成长，用自己的付出和忠诚跟企业一起度过了风风雨雨，最终也一起收获了美丽的彩虹。

也许有人会说，现在是市场经济，什么都可以明码标价，还需要忠诚吗？忠诚在任何时代都不会过时，忠诚是我们中华民族的优良传统，不论是"精忠报国"的岳飞，还是"过五关斩六将"的关云长，都为我们津津乐道。

在职场上，我们同样要对企业忠诚，工作不仅仅是为了薪水，更是为了实现自己的价值，对企业不够忠诚的人，实际上是贬低了自己，为了利益而出卖企业的人，则如同吃里扒外的汉奸，更会为人们所不齿。

当然，员工的忠诚度跟企业也有关系，如果企业对员工毫无感情，只是把员工当做赚钱的工具，那么也很难得到员工的忠诚。日本企业中鲜有"跳槽者"，而且"工作狂"居多。它们的员工为何对企业如此忠诚敬业？其实，并不是他们天生爱工作，而在于他们从进入这些企业的第一天起，就享受到企业给予的培养和关怀。只有这样，员工才会有动力用忠诚回报企业，从而实现与企业的共同成长。

有一位铁匠，铸铁技术很高。有一天，几个木匠来到铁匠铺中要求铁匠

上篇 这些事别等到面试以后才知道

为他们每人做一把最好的锤子,因为他们几个人打算到邻村的一个包工头儿那里去做木匠活。几把铁锤很快做好了,木匠们试了试果然十分好使,于是付过钱之后兴冲冲地走了。

几天之后,那位包工头亲自找上门来向铁匠订做锤子,而且要求做得比前几天来过的那几位木匠手中的铁锤更好。铁匠告诉他,以自己目前的技术已经不可能做出比他们手中更好的铁锤了。

包工头一再表示可以加钱,请他做得更好,铁匠说:"不论为谁造锤子,我都是尽自己的所能做到了最好,无论你给我多少钱,现在我都不可能做得更好了。"

听到铁匠的话,包工头说:"你真是一个忠诚于自己职业的人,我决定以后把所有的工具都在这里订做。"

忠诚于自己的职业,忠诚于自己的企业,是一个人必须要有的素质。对于职业的忠诚并不仅仅是为了从中获取某种利益,而且是将自己的工作当成一种使命。在职场上,忠诚是一种责任感,只有怀抱这种责任,才能更好地工作,才能得到企业提供的更多机会。

不忠诚于企业的人,必定缺乏全力以赴的动力,对企业没有归属感的人,就像无根的浮萍,没有成功的种子生根发芽所必须的肥沃土壤。就像希腊神话中的巨人安泰一样,离开了他的力量源泉——大地母亲的怀抱,就被对手轻易地杀死了。而一个不忠诚于企业的人一旦得不到公司提供的合适的发展平台,也同样无法在职场上取得胜利。

忠诚,是企业和个人成长的伙伴,一个忠诚于企业的人,必然能够处处以企业利益为重,工作上也会兢兢业业、脚踏实地,一个努力耕耘、辛勤付出的人,不需要担心回报,企业只要发展了,自然不会忘记那些为之奋斗的"功臣"。

对于刚刚参加工作的年轻人来说,往往急于成功,恨不得一步登天,一旦短时间内没有达到自己的心理预期,往往就会变得消极,工作热情也会变淡,甚至有些人会频繁跳槽。面试官最不喜欢的就是这种人,如果想要求职成功,想要在以后的工作中成长更快,就要展示出自己对企业的忠诚,只有这样,才能与企业共同成长,也才能在企业的发展中获得更多的成功机会。

面试时不要对薪资问题很敏感

各类企业都很关注员工的薪酬问题,但迄今为止,企业仍然能听到员工对薪酬的抱怨,而员工对薪酬的满意度也未达到企业的要求,在这个问题上,仿佛企业和员工是一对天敌。因此,求职者在跟面试官谈论这个问题的时候,一定要慎之又慎,掌握好技巧。

薪金问题是每一个求职者在求职中遇到的一个敏感又不可回避的问题。坐在考官面前谈薪金,求职者常是战战兢兢,既怕委屈了自己,把自己"卖"低了,又怕不小心摸到了"高压线"而失去了机会……

首先,求职者应该明白,薪酬并非单单指每个月发到你手中的钞票,它是泛指员工获得一切形式的报酬,如薪资、福利、保险等一切间接或直接的报酬,它所表现的形式是不同的:有形和无形的、精神和物质的、内在和外在的、货币与非货币的,等等。企业如果制定合理的薪酬,就能吸引人才能为企业创造更大的价值。然而,企业的薪酬制度却是求职者无法改变的。

小韩应聘北京一家公司的企划岗位。面试进行得比较顺利,最后考官问:"你期望的月薪最低标准是多少?"小韩一开始没有直接回答,而是说:"我希望贵公司能根据我的专业能力、工作经验、工作态度以及工作业绩来决定应付给我的薪水。我相信贵公司一定有一个完善的薪金制度。"

"那从现在开始的两年时间内,你的薪金目标是每月多少钱?"考官继续追问道。小韩笑了笑说:"我的学历和考试成绩您都看过了,我对自己还是比较自信的,相信不会让公司失望的。对于薪水方面我曾经认真调查过,结合

上篇　这些事别等到面试以后才知道

北京地区本行业的平均工资水平,我希望我的月薪可以在4000元到5000元之间。"面试官笑了笑说:"月薪4000元基本是符合北京地区工资水平的,不过对于一个刚毕业的大学生来讲,5000元的要求又略有些偏高。因为,毕竟你的工作经验还有些欠缺,对工作也需要一个适应期。不过这还要综合你的工作能力考虑,还是可以商量的。"

于是,考官决定录用他。

小韩在回答考官月薪标准这一问题的时候,用4000元到5000元这样一个较大的区间来回答。这个回答既表明了自己的立场,又让考官觉得可以接受,还为自己留出了讨价还价的空间,实在是明智之举。

如果他直接提出是4000元,恐怕有些低,不免有不自信之嫌,如果直接提出5000元,又让人觉得过高,有些孟浪。所以,首先了解该公司所在地区的大致薪金标准,然后尽可能提供一个你期望的薪金范围,而不是具体的薪金数,这更容易让考官接受。

含蓄表达是个不错的选择,但如果招聘者一定要你说出期望薪金的数额,不妨用概数来回答,这样既可以表达自己大致的薪金要求,也不至于因把握不准而招致考官的不满。

同时,还要注意,对于不同类型的企业,回答薪资问题时还可以采用不同的方式。比如某个行业平均工资水平在4000元,对待国企、事业单位就跟对待私企不同。

一家外贸公司招聘一名业务员,在面试时考官直接对前来求职的姜梅说:"你应聘我公司的那个职位,按照我们公司的薪金制度,基本工资每月只有1500元,有问题吗?"

姜梅一愣,因为按照她先前的调查了解,薪水明显偏低了。不过她没有表现出不高兴,而是笑了笑说:"这个薪金确实不算太高,据我所知,贵公司对做得好的业务员待遇是非常优厚的。除了1500元的底薪,每月奖金最高大概在500元左右,每年还可以发16个月的工资。除此之外还有千分之七的提成。我本人拥有研究生学历,又有3年的工作经验,而且拥有一定数量的客户资源,我认为自己完全符合这个薪资标准,我希望自己能享受到这样的待遇。如果那样的话,我非常愿意从事这项工作。"

考官笑了笑说:"看来你是有备而来啊,我们的薪金制度的确是这样,之所以提出一个比较低的水平,只是想看看你能不能说服我,你知道,一个好的业务员也一定是一个谈判高手。你是鄙公司非常欢迎的人才,待遇不是问题,欢迎你的加盟。"

姜梅在前来面试之前已经了解了该公司的薪金制度,算是知道对方的情况,而对自身的情况更是了如指掌:自己有研究生学历、丰富的工作经验和客户资源。这自然是自己与用人单位讨价还价的重要筹码,虽然这个要求看似不低,但实际上也是符合公司规定和姜梅自身情况的,对于这样一个出色的人才,公司又怎能不喜爱?姜梅得到满意的薪金也就在情理之中了。

总之,在谈到薪资这个敏感话题时,一定要知己知彼,含蓄表达。既不能狮子大开口,高估自己会显得自己好高骛远、没有诚意。也不能妄自菲薄,给自己定一个偏低的"价码",显得自己没有的才能和公司的要求相差甚远。

大企业的人品和能力测验

面试不仅是面谈,面试更是公司通过观察、提问和完成任务达到对面试者测量、评价目的的一种方式。因此,你不能把注意力完全放在面试官跟你的谈话内容上,而是要记住:很多时候,面试官是"醉翁之意不在酒"。

任何公司都需要有思想、有主见、有创造性、人品好的员工,面试时很可能会故意出一些看似与这些方面无关的题目来考验面试者的能力和人品。因此,学识和经验虽然重要,但是在不知不觉中表现出来的素养更为关键。

上篇　这些事别等到面试以后才知道

因为,面试官们更相信这些面试者们潜意识里的东西。

在面试中,应聘者不要纠结于如何找到某个问题的正确答案,面对这种人品或者能力测验,只要把你最真实的一面表现出来就好了,当然是好的一面,如果把你偶尔情绪失控时的不良状态展现给面试官,那就会导致面试失败。

北京一家网站招聘网络编辑时,表情严肃的面试官既不看简历和材料,也不问专业知识,而只给应聘的大学生出了一道题:各位乘坐的轮船触礁,15分钟内要转移到荒岛,船上有火柴、航海图、指南针、香烟等15样东西,大家现场讨论一下,哪些要优先带走。

"大伙儿一听就傻了,关键是,谁也不知道他考察的是什么?"某高校的硕士毕业生小言说。和其余几位求职者一样,此前她已经在网上找到了针对这家网站的"面经",近两年问的比较多的是"比较国内几大门户网站的新闻操作特色"或者"谈谈你的实习经历"这种常规的面试题目。现在因为这道类似脑筋急转弯的"群面"题,这些深谙应试之道的求职们一个个失去了镇定,结果,一半人失去了参加"二面"的机会。

面试官后来对通过的学生们说,能从上千份简历中被选出参加面试,说明他们的专业能力已经得到初步认可。采用这种"群面"的方式,考察的是专业能力之外的理解、沟通、表达等方面的能力,以及思维方式甚至为人处世等。其实,考官才不关心"携带物品的先后顺序"呢。

里奇·谢里登是一家位于密歇根州安娜堡的软件设计和开发公司门洛创新的首席执行官,他曾说:"传统面试的本质就是两个人面对面坐着并互相欺骗。"因为很多求职者在面试前都通过网络或者其他手段,搜罗了许多"面经",很多问题都备好了标准答案。对于这样的求职者,普通的问题很难考察其实际能力。不过,道高一丈,魔高一丈,面试官们又想出来形形色色的"怪题"来。

有一家公司同时通知了十几个毕业生参加面试,请他们在一间会议室里等候。半个小时以后，大家开始焦急并有些沉不住气了。这时，一个衣着朴素的老大爷走进来给大家倒水，然后转身走了。

人事经理随后走进来，宣布面试结束，请其中两位同学留下继续面谈。其余的人不解地质问人事经理："还没有面试怎么就结束了？！"

人事经理很平静地说："我们挑选毕业生，人品第一重要。尊老爱幼是我们中华民族的传统美德，但是刚才那位老先生进来倒水时，只有这两位同学站了起来并道了谢，其他人却无动于衷。刚才那位老先生就是最终的面试官，他是我们的董事长！"

记住，对任何一个人都不要等闲对待，对任何一件事都不要掉以轻心，哪怕是地上一根不起眼的针，都可能是面试官设下的"诱饵"。任何一个HR都希望自己是慧眼如炬的"伯乐"，希望自己能为企业找到适合的人才。同时，他们还必须为企业把好关，不能把"害群之马"误放进来。

因此，对于企业的人品和能力测试，面试者应该做到心中有数，时时刻刻提醒自己，在拿到聘请函之前，万万不可掉以轻心，当心无心之下失去了宝贵的机会，一失足成千古恨。其实，只要把任何事情都当做面试官对你的考验，就能保持警惕之心，从容应对了。

面试要注意的"三大纪律"与"八项注意"

第一，学会察言观色

面试官也是人，也有他自己的性格特点，专业的面试官当然不会全凭个人的好恶来决定应聘者的去留，但是，如果面试者能够把握对方的性格特点，投其所好，无疑会给自己增加一定的分数。

比如，很多应聘者都知道不要主动谈论薪水，但当被面试官问到这个敏感的问题时，说多少才算妥当？不同的企业文化以及面试官的不同性格，对

上篇 这些事别等到面试以后才知道

同一个应聘者的回答,会有不同的评判。比如该行业平均工资是4000元,考生同样回答3000元,有的面试官会觉得你很踏实、实事求是。还有的面试官会觉得你欲望不高,没有上进心。

因此,跟各种各样的人交流,面对不同的面试官,要学会察言观色,了解他们的心理和性格,这样在面试时就能快速判断面试官是什么样的人,从而调整自己的应聘策略。

第二,不要把自我介绍当成背简历

自我介绍通常是面试过程的第一个环节,找过工作的人对此并不陌生,第一次找工作的人通过对各种"面经"的学习,一般也掌握了一些技巧。如果把这个环节做好,就能够迅速引起面试官的兴趣,良好的开端是成功的一半,这对接下来的面试是很有帮助的。

大学毕业生吴天听到面试官要求他做自我介绍时,就非常流利地说出自己的姓名、年龄、院校、专业等信息。这些内容他在面试前反复演练过,因此说得非常顺溜。

不过,这种回答却让面试官直摇头:"刚才你说的这些,你的简历上都写着呢。我希望你能让我知道你是怎样看待自己的。"

自我介绍不是照简历上的基本信息背一遍,而是要让面试官知道你对自己的评价。自我介绍考察的是应聘者的语言组织能力,以及对自己的定位是否清晰、对自己的认识够不够深刻。要像明星一样,一出场就星光四射,让人看到自己的亮点。

"我是华东师大通信专业的研究生王杰,我将用3个关键词来介绍自己。"王杰的这句话,立刻让对面疲惫的面试官抬起头来,端正身子认真起来。

王杰的3个关键词是"沟通"、"踏实勤奋"、"上进",并分别举了几个实例,这些实例完美地诠释了他对自己的评价。这让面试官听得频频点头,面试官对他的第一印象非常好,果然,接下来的时间里,面试官基本没有怎么"为难"他,仅仅是走了一个过场,就让他进入了下一关。

在做面试自我介绍时,很多人其实还没有往下进行,就在这一关被面试官在内心里淘汰了。很多求职者认为自己很优秀,但却为何失败了呢?其实,面试官想得很简单,一个连自己都认识不清的人,又怎么能给自己一个正确的定位,适应岗位的要求呢?

第三,不要把自己标榜得太完美

金无足赤,人无完人,作为一个刚毕业的大学生来讲,你不可能没有一点缺点。有缺点的人才是一个真实的人,不要把自己标榜得太完美,不食人间烟火的神仙是不存在于职场的。

对于面试官问到自己的优点,可以挑出应聘岗位所需要的优点,最多说3个即可,多于3个,就会让人觉得太自负。不要让对方觉得你来了之后什么都能干,面试官会想:你什么都能干?那要我干什么?你必须让人觉得你有抱负,但也要脚踏实地。你觉得自己最适合干什么,就老实告诉面试官,如果说出"服从需要"之类的空话,效果将会适得其反。

而被问到缺点时,要不要如实告诉面试官呢?也要如实相告。不要回答说自己没什么缺点,一个人最可悲的就是不知道自己的缺点,而最可贵的是发现自己的缺点,并做出努力的改正。如实相告会让面试官觉得你是诚实的,做人没问题。在回答缺点这个问题上,千万不要撒谎,因为面试官都有"火眼金睛",他们会通过应聘者的眼神、肢体语言等看出来。

面试八项注意

1. 提前三五分钟到。守时的意思是:不要迟到,也不要太早。如果很早到了,可以在外面等候。

2. 面试前适当整理一下自己。比如化化淡妆,检查一下领带。

3. 握手要适度。伸手不要过于生硬,握手不要有气无力,要表现出你热

上篇 这些事别等到面试以后才知道

情而不谄媚的态度。

4. 表情要自然。你不用感到不自在,面试官没有想象中那么可怕。

5. 谈及自己的经历时,不要过于夸张。尽可能突出个人的优势和能力,但注意不要掺杂过多水分。低调、沉稳,就是面试官愿意看到的素质。

6. 保持适度距离,不要套近乎。对过于自信或过分轻松的人,招聘者都会反感。

7. 不宜滔滔不绝。说得越多,露出的破绽就越多,就像高手过招,以不变应万变即可。

8. 结束面试时,别忘了表达愿望。结束之前的问题要有含金量,不要一锤子砸烂了前面好不容易建立起来的优势。好的问题是:以你的个人经验,你认为新员工要学些什么?会遇到哪些困难?在公司里,我的发展机会如何?能否简单介绍一下公司文化?

在握手告别之前,记得向招聘者表达你希望能够被聘用的愿望,这一点非常重要。

如何跟外籍面试官打交道

在面对外国老板的"拷问"时,许多人都会发憷,心理压力大增。其实,求职者首先要明白一点,外国人并不比中国考官"难缠",只要不给自己太大压力,在回答问题时能够从容不迫、简明扼要、恰当中肯就可以了。当然,你还要提前下点功夫,最好能摸清老外的"口味",这样就会大大增加你的录取机会。

面试外企,跟老外打交道,准备工作尤其重要。在面试之前,你需要对所应聘的公司做一个非常有深度和广度的了解。比如对公司总部所在地、公司规模以及在全球的活动概况等要事先了解。对你要应聘的国内分工也要好好研究,包括设立时间、规模业绩等,做好情报工作,必要的时候还可以设法从该公司的学长那里取经。总之,获得第一手的情报工作最重要,堡垒往往都是从内部攻破的。

在面试前还要了解该公司的文化,比如,有些公司对员工的要求非常宽松,员工的上班时间自由,穿着打扮也很随意。那么,你就可以穿T恤加牛仔去面试,当然,这一点千万要打听清楚,不要适得其反,总之,要投其所好。

在面试时,要准备好你所有的证书材料,譬如与专业能力相关的资格证书,或参加培训的资料,最好和应征职务有直接关联,不但可证明自己在这一方面所做的努力,也表示具有这个潜能。

自我介绍应简洁明了,给面试人留下思路清晰、反应快捷、逻辑性强的印象。自我介绍时间不宜太长,话不宜太多,不要一谈起自己就口若悬河、滔滔不绝,以免言多语失。另外,在自我介绍时应避免过多地使用"I"(我),不要每个句子一开头就冒出一个"I",给人留下自我标榜、以自我为中心的印象。

问题:Can you sell yourself in two minutes? Go for it.(你能在两分钟内自我推荐吗?大胆试试吧!)

回答:With my qualifications and experience, I feel I am hardworking, responsible and diligent in any project I undertake. Your organization could benefit from my analytical and interpersonal skills.(依我的资格和经验,我觉得我对所从事的每一个项目都很努力、负责、勤勉。我的分析能力和与人相处的技巧,对贵单位必有价值。)

要善于把面试变成跟考官的互动活动,千万别唱独角戏,把面试当成你一个人的"秀"。例如,面试人说:Would you please say something about yourself?(请你谈谈自己的情况好吗?)应聘者则说:Do you want me to talk about my personal life or to say something about the job?(你想让我谈谈我个人的生活呢?还是与这份工作有关的问题?)这样,就变成了两个人的互动。

谈吐要自信,回答问题时口齿要清晰、语调适中。内容要有条理、避免重

上篇　这些事别等到面试以后才知道

复。要进行自我肯定,让面试人充分了解你的优点与潜能。同一件事情,如果是不同的表达方式,产生的效果也不同。

比如说,跳槽通常被认为是不好的,但是你可以把跳槽的理由说得很动听。

问题:Why did you leave your last job?(你为什么离职呢?)

回答:Well, I am hoping to get an offer of a better position. If opportunity knocks, I will take it.(我希望能获得一份更好的工作,如果机会来临,我会抓住。)

回答:Because I'm capable of more responsibilities, so I decided to change my job.(因为我有能力承担更多的责任,所以我决定改变我的工作。)

回答:Because I want to change my working environment, I'd like to find a job which is more challenging.(因为我想改变我的工作环境,我想找到一个更具有挑战性的工作。)

这样就把自己的专业能力强的优势凸显出来了,而且把自己喜欢挑战的一面展示给对方,同时还不着痕迹地抬高了对方:你们公司比原先的好,人往高处走嘛。

注意,谈话的时候语气要中肯,不要言过其实,让人觉得你虚伪,也不要涉及和自己无关的事情,另外,凡和此次应聘不相关的内容,也要尽量避免提及。

适时展现你有利于应聘岗位的长处,然后顺理成章地得出结论:I think your company needs a staff like me.(我想,贵单位需要像我这样的人才。)这种句式的好处在于,你能够让面试官认为你是站在他们的立场上说话,在替他们考虑,这样他们就更容易接受你。

陈述自己的任职资格时,可以这么开头:I'm qualified for the job because……(我能胜任这项工作,是因为……)接着陈述理由。外国公司的面试官喜欢用事实说话,为了证明你的能力,你可以把过去的经历联系起来,证明你有这样的能力或者潜力。

问题:How do you rate yourself as a professional?(你如何评估自己是位专业人员呢?)

回答:With my strong academic background, I am capable and competent.(凭借我良好的学术背景,我可以胜任自己的工作,而且我认为自己很有竞争力。)

问题:What make you think you would be a success in this position?(你如何知道你能胜任这份工作?)

回答:My graduate school training combined with my internship should qualify me for this particular job. I am sure I will be successful.(我在研究所的训练,加上实习工作,使我适合这份工作。我相信我能成功。)

回答:I have been raising funds for the University Games, to Coca-Cola, pulled a very successful sponsorship:5000 dollars.(我曾经为大学运动会去可口可乐筹款,非常成功地拉到了5000美元赞助。)当面试人在审视你究竟能不能胜任此职时,此时的参照标准已不再是他心目中的标准,而是你列举的理由。

适当表示你对对方的尊重,不论面试官是中国人还是外国人,尊重对方总是没错的。就某个问题发表完见解之后,你还可以附带加上一句:I'd like to hear your opinion.(我很想听听你的意见。)这句话表明了你对面试人的尊敬,很容易使他(她)产生亲切感。

当面试人在试探你的应聘诚意时,你应该及时表态,拿出你的诚意来:

问题:Do you work well under stress or pressure?(你能承受工作上的压力吗?)

回答:Yes, I think so.

回答:The trait is needed in my current(or previous) position and I know I

上篇 这些事别等到面试以后才知道

can handle it well.(这种特点就是我目前(先前)工作所需要的,我知道我能应付自如。)

回答:So far as that is concerned, you must have understood my determination.(谈到这里,您一定已经明白我的决心。)

同时,你还可以问些与工作内容相关的问题,这更能表现你对这份工作的兴趣。如:What other responsibilities do you think this job will include?(您觉得这份工作所包含的职责还有哪些?)

总之,跟那些金发碧眼的老外打交道,同样需要沉着冷静,在做好准备的前提下用你的智慧跟对方"斗智斗勇",展现你的专业、能力品德和智慧,从而成功地拿到他们手中的聘请函。

准备就业必须知道的 5+4 个关键内容

除了常规的求职准备,毕业生求职还要注意一些事情。

一、打扮

很少有企业会在招聘启事上特别说明"此职位要求应聘者相貌端庄",除非是那些特殊的岗位,比如招聘空姐之类的。但事实上,大部分企业都把"相貌端庄"作为第一招聘条件,即使你从事的是幕后工作。因为你代表的是企业形象,企业都希望员工给自己争光,男员工英俊潇洒,女员工端庄漂亮,至少在跟人打交道的时候不会吓跑对方。而且,注重仪表的人自然表示他对自己的工作充满热情、心态积极向上。你的穿着打扮是否有品位,是每个求职者必须揽镜自问的问题。

二、简历

你发出去的简历是千人一面,还是各领风骚?有人发出几百份简历,面试机会却寥寥无几,有人却是发一份中一份,"海投"如何做到"有的放矢"?

你可以问一下自己:你的每一份简历,都是根据所申请职位量身制作的吗?每一份简历上,都出现了应聘单位的名字或者产品吗?

即使你是在人头汹涌的招聘会现场,你也可以快速浏览一下招聘企业的宣传板,挑选一两句能够和你简历相关的信息。例如,如果你看到某公司招聘文员的要求是"打字速度30字/分钟",你不妨在简历上写一句"本人打字的速度是贵公司要求的两倍:60字/分钟,希望有机会为您打字!"

即使你在发送简历之前草草地上一下招聘单位的网站,把企业的slogan(企业标语)拷贝到自己简历的页眉上,你的成功概率也会立刻增加。如果你能在简历上描述自己对其产品和服务的认知,你的简历将再次获得加分。这些事,你做了吗?

三、人脉

你是谁并不重要,重要的是你认识谁,你认识的人决定你的未来。中国人常说"物以类聚,人以群分"。在现实生活中,你和一位赌徒在一起,就会认识更多的赌徒;和一位白领在一起,就会认识更多的白领;和一位商界精英在一起,就会认识更多的商界精英。因此,你不能再像过去那样漫无目的地到处参加社交活动,并不是认识的人越多越好。从找工作的时候开始,就跟你的人脉圈分享各种有用信息,互相交流经验,不断积累、拓展,最终打造精华人脉。

比如,你可以把自己的求职情况每周向自己的"人脉网"做一个汇报。别忘了叮嘱一句,告诉对方不需要特意回复自己的邮件。

在"求职途径"排行榜上,名列榜首的绝对不是校园招聘或者网上招聘,而是内部推荐。据统计,它的成功率高达50%。很多大公司为鼓励员工推荐优秀人才来就职,都设立了明文的物质激励条款,例如耐克公司对介绍自己朋友来任职的员工奖励一双耐克鞋,新东方对优秀教师的推荐人奖励1000元。那么,你认识多少个在大公司上班的朋友?他们有可能把你的简历直接

上篇　这些事别等到面试以后才知道

推荐给招聘方吗？

如果你和师兄、师姐以及研究生的大师哥、大师姐建立友谊，他们就是你就业时的宝贵资源。很多男生一律把交友的目光锁定在"小师妹"身上，往往毫不理会高自己两级的师姐。反省一下吧，亲密的师妹只有一个，但是友好的师姐却可以有一群。

四、信息

善于查找职位资讯，比如各大学校的BBS、招聘网站、前程无忧以及中华英才网，现在很多综合类网站有时候也有不错的资源可以利用，比如58、赶集网，等等。在这个社会，信息非常关键。

学会分析研究招聘单位与岗位，对招聘单位和岗位了解得越多，你的胜算就越高。还可以提前进行针对性的模拟面试。

五、行头

求职必备的五个行头是：一个专业的电子邮箱地址、一个稳定的电话号码、一身得体的套装、一只公文包、一个求职笔记本。

个性化太强或卡通味道太浓的电子邮箱，电子邮箱都不适合求职使用。你需要一个规规矩矩的电子邮箱地址。稳定的手机号码可以使你的人脉随时能找到你，可以使你潜在的机会来临时顺利通知你。套装就不必说了，人靠衣裳马靠鞍。公文包也是专业的表现，千万别拿个学生气十足的包，极不专业。一个求职笔记本，可以把你的每一个求职步骤记录其中，这是改进自己的好方法。而且，可能你投简历的单位比较多，也避免混淆。

在求职的过程中，许多求职者只留意面试时的礼仪，而忽略了面试的善后工作。以下4点也是需要求职者注意的。

一、写感谢信

感谢信的开头应提及自己的姓名及简单情况，并对招聘人员表示感谢，这样可以加深招聘人员对自己的印象，增加求职成功的可能性。

二、耐心等待

一般情况下，招聘单位最后确定录用人选可能需要一定的时间。求职者一定要耐心等候消息，不要着急着打听结果。如果在主考官许诺的时间到来时还没有收到对方的答复，就可以写信或打电话给招聘单位，询问面试结果。

三、稳定情绪

在面试结束后，要注意调整自己的心情，全身心投入第二家单位的面试，不要影响了后续的求职工作。

四、做好两手准备

要有一颗红心，做好两手准备。如果面试失败，千万不要气馁，关键是必须总结经验教训，以便"东山再起"。失败只是人生路上的一段小插曲，要重振精神，争取下一次获得成功。

下 篇

这些事别等到上班以后才知道
——老板不会教的500强企业工作习惯

下篇告诉你工作的"技能"是可以教的,但"工作习惯"老板不会直接告诉你,也无法传授,如果在上班以后还无法体会,或者总是得等老板开口了才明白,你将付出高额的代价,这也将阻碍你的职业生涯发展。

Zhi Lai Zhi Wang

第6章
你带什么心态来工作

在踏上工作岗位以后,你是为了养家糊口的五斗米而折腰,还是为了自己将来的职业梦想而奋斗?工作就像种地,播下什么样的种子,就收获什么样的果实。什么样的心态,决定了你将来拥有什么样的成就。

你要的不该是钱多事少的工作

"我到底为了什么工作?"相信很多人都问过自己这个问题。工作是为了衣食富足、衣锦还乡吗?工作是为了给自己找一个饭碗吗?这其实都是工作的"附加功能",工作,不仅仅是人们解决温饱的一个生活手段,更是实现梦想的桥梁。

不一样的心态就会产生不一样的择业观,在工作中的表现也会有所不同。有的求职者奔着工作轻松而且薪水高的职位去,这当然无可厚非,薪水高一点没什么不好。不过,我们不应该刻意去追求钱多事少的工作。年轻人做工作如果是整天喝茶、看报、玩游戏、等着发工资,那么这样暮气沉沉的岗位就是"火坑",会葬送了你大好的青春年华。

一位手艺高超的木匠给人盖了十几年的房子,平日里他工作就兢兢业业,他盖的房子结实、漂亮,获得了人们的一致好评。

后来,他年纪有些大了,就觉得这样干下去也没什么"出息"。他总觉得

下篇　这些事别等到上班以后才知道

自己干得多而回报少,他羡慕那些钱多事少的人,因此不快乐,后来,他便心生厌倦了,决定还乡定居。

老板看到自己最欣赏的工人要走,非常不舍,但任凭他怎么挽留,木匠还是去意已决,铁了心要走,也许,他下定决心要跟这种钱少事多的日子说再见了吧。

老板见挽留不住这位木匠,于是,他请木匠给他帮个忙,建造最后一所房子,就算是对木匠的职业善始善终好了。木匠碍于面子,勉强答应了下来,但他心里却不以为然,他想,反正自己准备洗手不干了,以前干了这么久也没挣多少钱,还是个穷打工的,最后这座房子就给他糊弄一下算了,干完了赶紧回家。他这样想了,也这样做了。

于是,造房子的时候,他马马虎虎,完全没有发挥平时的水平。为了干得快一点,他甚至还偷工减料,该用4个钉子的地方只用两个,虽然缩短了工时,但是盖出来的房子全无往日的质量水准,只是外行人从表面上看不出来罢了。

等到房子盖好后,老板非常高兴,他把房子的钥匙交到了木匠的手上,诚恳地说:"你为我工作了这么多年,一直兢兢业业,开始的时候咱们效益不好,给你的工资也不高,我一直觉得对你有所亏欠,现在,这所房子归你了,这就是我送给你的退休礼物。"

木匠听到这些话,羞愧不已,自己只是觉得工作量大、报酬少,心理失衡,结果造出了这么一座"烂房子"。要是自己不一味偷懒耍滑,兢兢业业地工作,那么,最终自己获得的就会是一座完美的房子。

一个踌躇满志的年轻人,追求的不应该是简单的物欲享受,找工作的标准也不应该是钱多事少责任轻。工作不仅仅是给别人打工,不是付出的少、得到的多就是占了便宜。曾经有人说,毁掉一个年轻人职场前途的办法很简单,就是一个月给他发两万元的工资只让他干两千元钱的活儿。

你带着什么样的心态来工作,就决定着你将来能做出什么样的成就。如果你追求的是钱多事少的安逸生活,就意味着放弃搏击风雨的豪迈,就如同雄鹰磨损了自己的利爪,拔掉了自己翱翔天际所必需的羽翼,这样的心态,必将使你成为一个在职场上毫无建树的人。

要想成为一个站在高处的职场成功人士,就不能抱着贪图安逸的心态去工作。工作不仅是为了谋生,更是为了实现自己的人生价值,实现自己的理想。成功的道路总是崎岖不平,成功的顶点总在荆棘之后的某处,要想成就职场人生,就要把目光放长远,不要盯着钱多事少的岗位。生活是需要经济基础的,但是不要本末倒置,饮鸩止渴的工作心态只会让你碌碌无为,泯然众人矣。

有个小男孩乐乐在一个社区给邓太太打理花园。

工作了一周之后,乐乐给邓太太打电话问她:"我是做园艺工作的,您需不需要我帮您打理一下花园?"邓太太回答说:"谢谢,不过我已经请了一位小伙子做这个工作了。"

乐乐又说:"我会做得更好,比如,我会帮您拔掉草丛中的杂草。"

邓太太回答:"我雇用的小伙子已经做了。"

"那么,我还会帮您把草场中间的小径打扫干净。"乐乐不屈不挠。

邓太太说:"真的谢谢你,我请的那个小伙子也已做了,他已经很棒了,我不需要其他人了。"

乐乐做了最后的努力:"我一周只要100元钱,您看怎么样?"

"哦,确实挺划算的,不过,现在的小伙子一个月也只要100元钱。"邓太太笑了。

挂了电话以后,乐乐开心地笑了:"看来我做得还不错嘛,不过不能懈怠,要更加努力哦。"

做工作时,钱多事少的心态是非常消极和不利的,它极大地弱化了人们的工作激情和主动性,这样非常不利于个人的成长进步。或许有人不解,难

下篇 这些事别等到上班以后才知道

道非得干得多、得到得少才是正确的心态吗?要知道,任何岗位,工作付出和报酬都是成正比的,哪怕你暂时付出了很多,但是薪水却比较低,请你相信,这种状况不会持续很久的。不要急功近利,只要你做出了切实的成绩,老板青睐的目光总会注意到你的。

刚刚踏入职场的年轻人,切记不要紧盯着薪水,作为一个新丁,你要学习的东西很多,薪水暂时不是那么诱人也不要轻易放松自己,你在工作中收获的不仅仅是薪水,还有看不到的经验和工作能力。而这些,是你今后走向成功最重要的因素,金钱可以失去,但是这些经验和技能只会更丰富,而这些,才是最宝贵的收获。

因此,在工作中,我们要的不是钱多事少,而应该为自己的梦想付出得再多些,最终,我们收获的将是比薪水更令人满足的丰硕果实。

在职场中混日子会打破饭碗

许多年轻人刚参加工作时热情很高、踌躇满志、扎实肯干。可是过了三五年之后,很多人就已经暮气沉沉,失去了当初的锐气,有些人就开始混日子。这个时候,新的年轻人又已经崭露头角,于是那些人成了边缘人,日子就过得更平淡如水了,这样下去,很可能会打破自己手上的饭碗。

当一个人开始混日子,他就没有了工作的激情和动力,在工作中也绝不肯再"浪费"一分力气,而是盘算着拿多少钱的薪水就出多少钱的工,没了长远的目标。这样下去,就成了一个企业中的"鸡肋",如果遇到公司经营状况不好或者遇到一个眼里揉不进沙子的老板,那么,离卷铺盖走人的日子就不远了。

一分耕耘一分收获,职场中那些拥有强烈责任心、积极主动地工作、不混日子的人才能得到更多,机会总是愿意给予付出的人更多回报。那些混日子的人,不要再眼巴巴地羡慕别人的成就,也不要再不忿地抱怨命运不公,

在你混日子的时候，想想如何才能端稳手中的饭碗吧。

今年29岁的小李在某公司工作已经7年了，就像婚姻中人们常说的"七年之痒"，如今的他，自己身上早就没有了年轻时的锐气和激情，在同事中常常以"橡皮人"自居。

小李的生活状态一直还比较稳定，一年的收入能有五六万，由于房子买得早，房贷的负担也不是很重。他的日子平淡如水，每个月都计算着发工资和奖金的日子，对于领导和同事对自己的评价以及在单位里的业绩他已经漠不关心了。

而立之年的小李看似懂得了很多生活哲理，他常说："人一辈子那么拼命干嘛？要那么多追求有什么用啊。工作就那么回事情，单位又不是我家开的，干到哪算哪呗，该混就混。"

单位的领导曾经督促过他，希望他能够参加一些培训，为自己充充电，更好地为单位作贡献，发挥老员工的带头作用。对此，小李总是嗤之以鼻，他现在压根就没有这个心思了。小李现在最关心的已经不再是工作，"只要每个月的工资、奖金按时发给我就好了，别的都无所谓。我也算是老员工了，单位总不能随随便便把我开了吧。"小李总是这样安慰自己。

小李单位里的领导都很年轻，离退休也还远，而那些比他小的新人也已经开始崭露头角。小李逐渐成了被忽略的边缘人。

金融危机爆发后，对小李所在的单位影响很大，因为他们原先的主要客户都集中在欧美。这时候，单位领导找到了小李，明确告诉他因为他的工作表现和公司的经营状况，要把他辞退，3个月之内还可以给他发一半的工资作为他的生活费用。

于是，小李无奈地离开了公司，成了失业人员。

职业生涯就像体育比赛，有初赛、复赛、决赛。初赛就是大家都从校园里出来进入职场的时候。其实这时候人们的差别并不大，对职场都是懵懵懂

下篇 这些事别等到上班以后才知道

懂,没有经验,有的只是一腔热情。这时候,往往努力一些就能够崭露头角。

然后是复赛,所有没有被淘汰的人其实都算是通过了初赛,逐渐融入了职场。只不过,这个时候有的人开始懈怠,有的人却更加积极努力。人们的差距越来越大。这一阶段,要想领先没有什么好的办法。经过几年的锻炼,其实大家的才能都差不多,能不能赢,关键是看有没有毅力把干劲保持下去。如果能够坚忍不拔地持续下去,而不是放松自己混日子,那么未来的决赛中你很可能拔得头筹。而那些停下来睡大觉、混日子的人,则会被落在后面,甚至淘汰,根本连参加决赛的资格都没有。

其实,只要坚持不懈地努力,每个进入决赛的人都是成功者。

某家医院在同一天为两个患不同病症的儿童做手术。

负责送这两个儿童做手术的护士已经工作好几年了,她已经失去了往日的敬业精神,总是能偷懒就偷懒,每天盯着时间等下班。

这次,由于两个孩子的手术时间只相差十几分钟,这个护士懒得跑两趟,便把两个患儿放在同一辆手推车上,推到了手术室。

进入手术室后,这个护士也没有核对患儿的信息,就随意把两个儿童放到了两个不同的手术台上。

结果,非常不幸地,两个患儿的位置被弄反了。要实施扁桃体肥大摘除手术的患儿失去了胆囊,另一位扁桃体正常的儿童却留下了咽部残疾。

这位护士自然是丢了饭碗,吃了官司。可惜,那两个无辜的孩子却留下了终身残疾。

很多人工作时间久了,就容易怠惰起来,这是人的通病。还有些人自以为成熟了、圆滑了,认为企业又不是自己开的,何必每天那么累死累活的呢?于是"聪明"地选择了混日子。

这类人错误地认为:我这样混日子也没什么损失啊,还落得舒适,何必傻乎乎地当老黄牛呢?于是,他们就得过且过地混日子,没有了当初的工作热情,也失去了前进的动力。时间长了,就被埋没在职场的茫茫人海中了,很可能还会丢掉自己的饭碗。

因此,在工作中,千万不要有混日子的想法,既然你选择了自己喜欢的职业,就兢兢业业把它做好。工作是老板给的,但事业是给自己做的,我们要用敬业的精神给自己打造一只金饭碗,而避免混日子打破自己的饭碗。

想清楚,高薪是你的终极目标吗

现代社会是一个经济社会,有些人常说有钱能使鬼推磨,好像钱就是一个人一生追求的终极目标一样。很多职场人士也以追求高薪为己任,好像自己工作就是为了一切向钱看。但是,在你追求高薪的路上身心疲惫的时候,你有没有静下心来想清楚,你工作的终极目标真的仅仅是拿到高薪吗?提高自己、实现自己的价值不是更值得关注的吗?

在职场中,确实有不少人特别看重工资和福利待遇,而且他们喜欢相互攀比,觉得薪水低了在别人面前就抬不起头来,似乎薪水成了他们衡量一切的标准,薪水成了衡量职场成功与否的分水岭,高者沾沾自喜,低者垂头丧气。其实,高薪只是实现人生价值的一个附加值而已,决不是一个人职业生涯的终极目标。

对于某些暂时没有拿到高薪的职场人士,他们或许从此就心存怨言,对工作失去了信心,全然没了刚参加工作时的热情。对工作不再积极主动,而是采取一种应付的态度,能少做就少做,能躲避就躲避,敷衍了事。从此,高薪就更成了泡影,如此恶性循环下去,一些失败的职场人士便出炉了。

李阳大学毕业初期,对干哪行并没有什么特别的想法,对于自己的职业规划也是一片迷茫。本着先就业再择业的指导思想,李阳首先进了一家门槛比较低的公司,做了一份不需要多高的学历就能胜任的前台服务生的工作。

下篇　这些事别等到上班以后才知道

才干了一个月，李阳就对这份工作很不满了，因为这份工作非常累，最关键的是工资很低。他从自己的同学那儿打听到，对于刚参加工作的毕业生来说，他们的工资都不算高，但是相比他们，李阳的薪水简直少得可怜。

于是，李阳决心一个月后跳槽。在下一次求职的时候，李阳决定不再那么"盲目"，他对那些招聘信息按照薪水由多到少进行了排序，他认为自己的工作方向应该"向钱看"。不过，高薪的工作虽然有很多，但是大多数他都不符合条件。无奈，他的第二份工作也是属于薪水的中下游水平。

但是，李阳的"雄心壮志"并未因此消沉，他依旧在骑驴找马，在工作的同时一直寻找"高薪"的机会，结果，工作3年换了5个岗位，而薪水却没有什么质的变化，每次换工作，多出来的几百块钱还不够在新地方"联络感情"的呢，而且，他在哪个单位都待不长，这些感情投资随着他的频繁跳槽，也都成了"沉没成本"了。

李阳现在发现，自己找工作的方向好像不对。自己成了追逐米粒的小鸡，每次，只要去别的公司能赚到比原先那家公司更多的钱，他都会欣然前往。但这样做的结果却不怎么样，折腾来折腾去，虽然他也赚到了一些小钱，可是静下心来想想，自己在哪个领域都不精通，使得自己在职场上毫无竞争力，而距离真正的高薪还是很远。

在职场上，像李阳这样的人还不少，有些人对自己的工作没有明确的认识，一切都围绕着"高薪"这个目标转，为了很小的工资差距，很多人频繁跳槽，几年过去，原先跟自己同事过的工资待遇差不多的人都有了很大的提高，而自己还是当初的水平，自然离"高薪"的梦想越来越远了。

只注重薪水而不注重提高自己的人，是不会有什么发展的。经验、能力、敬业精神都比金钱重要，如果总是为自己到底能拿多少工资而大伤脑筋，又怎么能看到工资背后的收获呢？这样的人更不会意识到从工作中获得的技能和经验，会对自己的未来产生重要的影响。盲目追求高薪的人，永远不会

懂得自己真正需要什么、自己的终极目标是什么。

美国心理学家亚当斯曾提出了一个"公平理论"。在这个理论中,他阐述道:"大多数职工的工作动机不仅受自己所得的绝对报酬的影响,而且还受相对报酬的影响。人们总是喜欢把自己的付出和自己的所得作一个比较,如果觉得付出和得到的一样,就会感觉很合理、很公平;如果付出远远小于所得,很容易就会产生不合理、不公平的感觉。"

或许,你正是这种"公平理论"心理的"受害者",这种所谓的公平,其实并不能帮助你取得"高薪",而且,单单追求"高薪"的人,反而更不容易达成目标。当你还在为自己的薪水不够诱惑力而悲春叹秋时,要问问自己,高薪是不是工作的终极目标。

蒙泽毕业后一直找不到工作,看着自己的同学纷纷走上了工作岗位,他度日如年。在长达半年的求职之后,蒙泽终于被一家公司聘用。

蒙泽知道求职的艰难,因此十分珍惜这份工作,在工资方面他也没有提任何条件,完全跟那些没有上过大学的新手一个标准。虽然薪水低,但是蒙泽对自己的要求却很高,没有给多少钱就干多少活的想法。他一直兢兢业业,每天总是第一个来,最后一个走,从不偷懒耍滑。

就这样过了半年之后,公司经理主动找到蒙泽给他提高了薪水。蒙泽的付出获得了回报,他的干劲更足了。由于他扎实肯干、喜欢钻研,很快就成了公司的业务骨干,很多老员工的业绩都没有他好。

蒙泽安心地在这家公司干着,3年以后,公司扩大规模,蒙泽众望所归地成了分公司的负责人。薪水嘛,自然也比当初翻了几番,成了本行业的"高薪"一族。

其实,薪水只是我们工作报酬的一部分,它决不是全部。要想拿到高薪,反而不能只盯着薪水,工作中要多问自己"我做得够不够好?""我是不是专家型的员工?""我为公司创造了多少价值?"其实,如果回答了这些问题,那

下篇　这些事别等到上班以后才知道

么你的薪水在一个什么层次上也就很明显了。

一个人，如果对工作尽职尽责，能够为公司创造巨大价值，那么，取得高薪自然就是水到渠成的事，但是，如果你把追求高薪当成目标，而不关注工作本身，不注重自己的工作做得够不够好，那就是本末倒置。没有卓越的工作业绩，高薪只能是空中楼阁。

对于有志于在职场中闯出一片新天地的人来说，高薪不是你的终极目标，你只需要不断地提高自己，只问耕耘不问收获。在梦想的田野上只管播下敬业的种子，等到开花结果的季节，高薪也会成为不期而遇的额外收获。

忠诚是职场的通行证

忠诚是我们中华民族的传统美德；忠诚是刘关张桃园三结义的生死与共；忠诚是诸葛亮鞠躬尽瘁、死而后已的尽心辅佐；忠诚是许三多对战友的不抛弃、不放弃……

我们在职场上行走，同样需要忠诚。或许有些人会纳闷地问：不是说职场如战场，充满了阴谋阳谋、尔虞我诈吗？请每一个有志于在职场上有所建树的人记住，小胜或许可以依靠智慧手段，而大胜则必须靠德。

李嘉诚曾经说："做事先做人，一个人无论成就多大的事业，人品永远是第一位的，而人品的第一要素就是忠诚。"可以说，忠诚是职场的通行证。

罗梓程曾经担任一家精密仪器制造公司的工程师，他对工作一直兢兢业业，但是，由于他所在的这家公司资金不是很雄厚，因而时刻面临着一家中德合资企业的压力，处境很艰难。

有一天，那家合资公司的技术部经理邀请罗梓程共进晚餐。饭桌上，这位经理向罗梓程委婉地暗示，只要他把公司里最近的实验数据拿一份出来，就给他一些好处。

没想到一向温和的罗梓程听到这话之后非常愤怒："不要再说了！我决不会出卖自己的良心做这种见不得人的事，你这是对我人格的侮辱！"

这位经理见了罗梓程的这种反应，拍了拍罗梓程的肩膀："好了，不要生气了，这事就当我没说过好了。"

不久以后，罗梓程所在的公司承受不住竞争的压力，被那家中德合资企业给兼并了。罗梓程的处境也随之很尴尬了，原先他是公司技术部门的负责人，但是新公司里没有好职位给他。罗梓程于是只好从一个普通的岗位干起。

半年之后，德方的董事长来公司视察，竟然点名要跟罗梓程详谈，罗梓程很纳闷：自己从没有跟这位大老板有过交往呀。

罗梓程疑惑地来到办公室，这位德国总裁以出乎意料的热情接待了他，并且非常正式地告知罗梓程，他想要聘请罗梓程做公司的技术部经理。

罗梓程非常惊讶，自己怎么会有这样的好运呢？他是从别的公司被兼并过来的，这家公司又不缺技术人员，为什么选中自己呢？

总裁告诉他，公司原来的技术部经理调回德国总部，临走的时候他特别推荐了罗梓程接替他的工作，并对罗梓程的忠诚赞不绝口。

罗梓程明白了，正是自己一直恪守的忠诚为自己带来了这个重要的机遇。

有些人在职场上过于浮躁，只要看到别的行业或公司的人员混得比自己风光，就得陇望蜀、蠢蠢欲动，迫不及待地跳槽，甚至为了一些蝇头小利而不惜出卖自己公司的商业机密，上演职场无间道。这些不忠诚的人，在职场中最终会害人害己，不得善终。

有些员工认为，选择了对工作和老板忠诚就意味着放弃了个人利益，选择了忠诚就意味着奉献与舍弃了回报。他们会问："忠诚能给我带来什么实惠？忠诚多少钱一斤？"其实，这种认识是很狭隘的，也是很可悲的。忠诚是一个人基本的职业操守，是无价的。付出忠诚的人，也一定会收获丰厚的回报。

社会需要忠诚，企业需要忠诚，老板也需要忠诚。一名合格的员工，一定

下篇　这些事别等到上班以后才知道

要恪守自己的职业道德,忠诚不仅关系到公司的利益和声誉,甚至影响企业的生死存亡。任何老板,都不会喜欢自己身边有一个"卧底"存在的。

在某些时候,员工为了企业的利益说"不",也是一种忠诚。

有一位老板,经营着一家乡镇企业,事业干得红红火火。由于当地林业比较发达,水果产量比较丰富。因此,这位老板准备上一个果汁生产项目。但他公司里的一位年轻经理,在对市场各方面做了详细调研后,认为这类产品在市场上已经饱和了,目前这个项目并不合适,并极力游说老板放弃这个诱人的想法。

这位老板赞同了,没有上这个项目。两年后邻县的一家企业上了这个项目,因为打不开销路,已经濒临破产了。这位老板对年轻经理非常感激,从此对他更加器重了。

这种说"不"的勇气不正是缘于对企业和老板的忠诚吗?

忠诚不仅仅意味着听话顺从。那些平时唯唯诺诺、对上司百依百顺的员工,难免怀着"事不关己,高高挂起"的心态,这不是忠诚。在自己的岗位上发挥自己的能力,做出有利于企业发展的工作才算是忠诚。这样的员工,即使老板暂时不能理解你,也终会明白你的良苦用心。

如果说智慧和经验是金子,那么比金子更珍贵的则是忠诚。在职场上,忠诚的人能够抵御各种诱惑,能够维护企业的整体利益。忠诚的人无论能力大小,老板都会给予重用,这样的人走到哪里都会受欢迎。在现代社会,忠诚正是人们所欠缺的,却也是最珍贵的职业素质。

有些员工在公司陷入困境后,立即选择跳槽。这样的员工无论走到哪里,都很难获得老板的器重,永远不会有大的发展。而如果这时候能够不抛弃、不放弃,积极帮老板出谋划策,共渡难关,那么你的行为一定会得到老板的赏识,在公司走出困境后,一旦出现加薪与晋升机会,老板第一个想到的人就会是你。

忠诚的员工，会把自己的个人职业理想跟企业的发展结合在一起，发挥主人翁的精神，兢兢业业、尽职尽责。也只有忠诚，才能为自己赢得老板的信任和尊重，从而获得更多的机遇，一步步地实现自己的职场理想。

不要只看到人家好运，而要看到人家努力

现代职场是一个"神话"时代，很多名不见经传的人一夜成名，看到他们身上笼罩的光环，许多人由羡慕到妒忌，一波三折，甚至心理失衡起来。除了对别人的成功产生酸葡萄心理，有些人还常常不忿：为什么人家的命那么好呢？我怎么就怀才不遇，没人赏识呢？

成功者光鲜的表面夺目耀眼，春风得意马蹄疾，的确让你羡慕，然而在他们成功的背后所付出的努力、遭遇的艰辛与痛苦，你可曾领略体会？他们在荆棘密布的道路上蹒跚而行的身影何其悲壮孤独，成功，又岂能是好运二字所能抒写？

安德鲁·卡耐基从小就很努力，当时没有自来水，于是，他每天一大早就去排队打水，晚上回来总要帮缝鞋的母亲穿针引线，同时还温习着当天在学校学到的知识。

后来，由于工业革命的影响，他爸爸的纺织厂倒闭了，他也上不起学了。10岁的时候他就辍学进入了一家纺织厂做童工，每个月只能赚区区7美元。

安德鲁·卡耐基非常懂事，他为了挣到更多的钱来补贴家用，于是，他又找了一份烧锅炉的工作，不烧锅炉的时候他就在油池里浸纱管。这份又脏又累的工作能够给他带来每个月10美元的收入。

年轻的安德鲁·卡耐基不想在这肮脏闷热的工厂里度过默默无闻的一生，他渴望能有更广阔的天空让他翱翔。为了更好地发展，无论他下班后多么疲惫，他都坚持学习。当时，他参加了每周3次的复式会计课，这样的话可

下篇 这些事别等到上班以后才知道

以在晚上下班后去上课,从而不需要另外请假。

后来安德鲁·卡耐基到了匹兹堡市的大卫电报公司,做了一名送电报的信差。在这期间,他更加努力,他每天都会提前来到公司,先把每一间房屋都打扫干净,然后到电报房去学习打电报,经过苦练,他成了一名优秀的电报员。

由于安德鲁·卡耐基娴熟的收发报技术,他被宾夕法尼亚州铁路公司聘为职员。在宾夕法尼亚铁路公司工作的10余年中,由于卡耐基的聪明勤勉,他晋升很快,24岁就升任该公司西部管区主任,年薪1500美元,他还逐步掌握了现代化大企业的管理技巧。

就这样,凭着坚持不懈的努力,他一步步走向了更广阔的舞台,他创办了自己的钢铁公司,他曾经说:"如果把我的厂房设备、材料全部拿走,但只要保住我的全班人马,几年以后,我仍将是一个钢铁大王。"他的努力,使他成为当时世界上最成功的人士之一。

安德鲁·卡耐基从一个不名一文的穷移民小子,成为举世瞩目的"钢铁大王",靠的是冥冥之中那看不见摸不着的神秘运气吗?很显然,他从小经历的一系列打击和窘迫的生活环境,都不是什么好运。他之所以成功,只不过靠着自己的努力罢了。他没有幻想着一步登天,而是脚踏实地地一点点去进步,毫无投机取巧地去努力,最终成就了自己的传奇一生。

成功之花,人们往往只看到它现实的明艳,然而当初,它的嫩芽却浸透了奋斗的泪泉,洒满了牺牲的血雨。成功的人,"好运"背后,是把你美滋滋地在海边漫步、享受生活的时间用在伏案工作上;是在你抽烟、喝茶、看报、娱乐的时候专注地做好手头的每一件事。成功没有偶然,在抱怨上天没有给你好运的时候,请你反思自己有没有努力。

丁宁在一家公司担任行政助理,其实就是做一些整理材料的杂务。许多人都觉得这样的工作枯燥无味,但是丁宁还是很认真地对待工作,非常努力地把一切都安排得井井有条。

除了做好自己的本职工作，丁宁还主动从这些资料中梳理出对公司有用的信息，并且分门别类地整理好，然后运用她学习过的有关财务方面的知识，想方设法地为公司开源节流。后来，她经过一段时间的分析整理，做了一份非常详细的资料，为公司的财务方面提出了许多好的建议。

老板看了丁宁的材料后，大吃一惊，没想到自己身边一个打杂的还有这样的才能。老板对她的建议非常赞赏，并吩咐财务部门马上施行，老板从此对她刮目相看，仅仅半年之后，就让她去了一个部门担任经理。

丁宁的机会不是上天给的，而是靠自己努力争取来的。她只是在工作的时候多做了那么一点而已，正是这一点的努力，使她表现出了与众不同。从而改变了自己的职场轨迹，向着成功迈出了大大的一步。

每个人都是带着美好的梦想进入职场的，都希望自己能够在人生的舞台上成为主角，星光灿烂、一路坦途，没有人愿意做一辈子默默无闻的龙套人员。然而，要想得到更好的发展，不能指望老天的眷顾，在职场上行走得快慢与否，关键是要看自己够不够努力。

"吃得苦中苦，方为人上人。"成功没有捷径可走，我们要做自己的主人，不靠虚无缥缈的运气，命运就掌握在自己的手中。理想和现实之间，往往只隔着一道"汗水"，要想在人才济济的职场上出人头地，就要踏踏实实地付出努力。

"安逸"是一种可怕的想法

年少的时候，人们都怀有各种美妙的梦想，有人想做风光无限的电视主持人，有人想当鲁迅一样的大文豪，还有人想穿上绿军装，成为一名守卫祖国的勇敢战士……年少时的梦想总是那么绚丽多彩、那么令人向往。然而，现实有时候很残酷，很多人离梦想越来越远，有人成为普普通通的邮递员，整天风里来雨里去；有人成为某单位办公室的一员，一年年老去，而级别还在裹足不前；

下篇　这些事别等到上班以后才知道

还有人成为自由职业者,每天为了解决明天的温饱而奔波往返……

就这样,随着时光远去,随着现实生活压力的到来,梦想已经渐行渐远,许多人对自己的人生目标已经模糊不清了,再也没有青春年少时的豪情壮语和昂扬斗志了。不论他们的职业做得如何,他们都渐渐地满足了这种"安定"的日子,他们的生活已经变得波澜不惊,已经把安逸当成了一种习惯。安逸,是一种可怕的想法。人们如果安于现状,不思进取,习惯了没有激情和干劲的日子,就会逐渐变得麻木,在职场道路上将会被越拉越远,最终连成功的影子都看不到了。

大学毕业后,丁磊回到宁波老家,在市电信局工作。电信局旱涝保收,待遇很不错,一般人看来,这是打着灯笼也找不着的安逸工作,是一个铁饭碗。但是丁磊有一种难尽其才的苦恼,他不想就这样安安稳稳地待到退休,就这样过一辈子。

1995年,丁磊不顾家人的强烈反对,从电信局辞职,一心想出去闯一闯。他这样描述自己的行为:"这是我第一次开除自己。人的一生总会面临很多机遇,但抓住机遇是要付出代价的。有没有勇气迈出第一步,往往是人生的分水岭。"他去了广州。

初到广州,丁磊身上带的钱不多,他得省着花,那时,他最大的愿望就是希望能找到一份工作,哪怕钱少一点,但总比漂泊着强。乐观和勤劳,使他在广州逐渐站住了脚跟。

在当时丁磊是国内最早的一批上网用户,1997年5月,丁磊创办了网易公司,从此走上了辉煌之旅。在2003年的《福布斯》"中国百富榜"中,丁磊以持有网易公司58.5%的股份(当前市值约合人民币76亿元),位居第一名。

从创业到现在,丁磊一直非常勤奋,他每天工作16个小时以上,其中有10个小时是在网上,他的邮箱有数十个,每天都要收到上百封电子邮件。巨大的成功并没有使他停下矫健的步伐,他没有追求安逸的生活,依然在为自己的梦想奋斗。

丁磊认为，虽然每个人的天赋有差别，但作为一个年轻人首先要有理想和目标。尤其是年轻人，无论工作单位怎么变动，重要的是要怀抱理想，而且绝不放弃努力。

生活中，很多人在工作了一段时间后，就渐渐消磨了自己的热情。很多怀揣职场理想的人在热火朝天干了一阵之后，或者是生活水平提高了，或者是几年后境况改变不大，因而放慢了自己追求理想的脚步。从此，过起了或舒服或无奈的安稳日子来。试想，如果丁磊安于电信局的铁饭碗，那么还能有网易的华丽篇章吗？

其实，不论是屈服于现实的无奈，还是安于物质上的享受，都是一种贪图安逸的心态。这个世界上，除了自己，没有人能打败你，哪怕工作暂时不如意，你仍然可以戴着生活的脚镣跳出华丽的舞蹈。如果工作暂时不错，那么也不要沉溺其中，要牢记逆水行舟，不进则退的道理。

天道酬勤，成功往往青睐那些勤勤恳恳工作的人，它不喜欢睡在树桩旁等待兔子的懒汉。韦尔奇说过这样一句话："勤奋就是财富，勤劳就是财富。"安逸和勤奋是一对死敌，我国宋代欧阳修在《伶官传序》中说："忧劳可以兴国，逸豫可以亡身。"作为职场人士，勤奋可以使我们成为精英，业精于勤荒于嬉，而贪图安逸、不思进取则会被淘汰。

有一位大师某次授课之后问自己的弟子："你们可知我为什么念佛要敲木鱼？"

弟子们都不解，敲木鱼是从前传下来的，谁也没想过究竟为何。

大师说："名为敲鱼，实则敲人。"

弟子们又问："那为什么不敲别的动物呢？敲鸡不行吗？"

大师笑着说："鱼儿整日四处游动，连睡觉都睁着眼，它们是世间最勤快的动物，这么至勤的鱼儿尚且要时时敲打，何况懒惰的人呢？"

19世纪末，美国康奈尔大学曾进行过一次著名的"青蛙实验"：把一只青

下篇 这些事别等到上班以后才知道

蛙直接放在装有沸水的锅里,青蛙会马上跳出来。但把一只青蛙放在装满温水的锅中,并慢慢加热时,青蛙刚开始会舒适地在水中游来游去,直至发现水太热时,已失去力量跳不出来了。

贪求安逸是人类与生俱来的弱点,但人不同于动物,人不仅仅靠着本能生存,人还有最强大的精神力量。人可以克服自己的惰性,远离安逸,为了自己的理想而勤奋地努力。勤奋是使成功降临到每个人身上的信使。

职场上,天外有天,人外有人,而且今天是一个信息时代,你今天的优势很可能明天就成为明日黄花。如果安于现状,躺在以前的功劳簿上,不再进取,那么就很可能被别人超越。职场如逆水行舟,不进则退,如果没有危机感,就会像温水中的青蛙一样,想要再奋力拼搏的时候,已经大势远去。

在职场中,没有长处就等着被淘汰

2005年初,李世石九段在第二届丰田杯世界围棋王座战中以2:1击败常昊九段获得冠军。当时的决胜局,李世石是在劣势下因常昊出现失误而幸运地拿到了这个冠军。记者问李世石:能否指出常昊九段的长处与短处?李世石:这次决赛常昊九段的负担太大了。他的短处那就是'没有长处'。没有长处,到了需要一举致胜的时候拿不下来,没有长处就是最大的短处。

没有长处就是最大的短处!这句话多么令人警醒,在职场上,团队就像一个木桶,每一个成员都是组成这个木桶的木板。没有长处的人处境最危险,因为那意味着你是一个可有可无的人,要裁员,非你莫属!在一个团队里,没有长处的人就是制约整个团队发展的"短板",因为短板的存在,制约着团队这个木桶的装水量,所以,短板人员迟早要被淘汰。

德国有一家电视台拿出令人心动的奖金来征集"10秒钟惊险镜头",消息传出之后,人们都非常关注,电视台也收到了海量的作品。在诸多参赛作品中，一个关于扳道工的故事短片通过了众多苛刻的评委们毫无异议的推荐，从而夺得了冠军。

几个星期以后，在冠军短片播出的那天晚上，可以毫不夸张地说，观众们在那10秒钟的镜头之后足足肃静了10分钟。

镜头并不复杂，短片讲述了这样一个故事：在一个火车站，一列火车正在驶来，一位扳道工正走向自己的岗位，准备去扳动道岔。这时在铁轨的另一头，也有一列火车从相对的方向徐徐进站。

扳道工轻松地走着，就在这时，他无意中回过头一看，却发现自己的儿子正在铁轨的一端玩耍，而这条铁轨上进站的火车正呼啸而至。

人们看到这里不禁屏住呼吸：是抢救儿子，还是扳动道轨避免一场灾难？这位扳道工在如此短暂的时间里该如何选择呢？人们静静地期待着。

那一刻，扳道工果断地用威严的语气朝儿子喊了声"卧倒！"与此同时，他迅速冲到自己的岗位上扳动了道岔。

就在这一眨眼的工夫，两辆火车都进入了预定的轨道。车上的旅客丝毫没有感觉到异常，他们谁都不知道就在刚才，成千上万人曾经命悬一线。他们也不知道，一个小生命正卧倒在铁轨中间。

火车轰鸣着驶过，这段时间对于扳道工来说却显得无比漫长，但是，火车过去以后，扳道工奔过去抱起了孩子，他欣喜地发现孩子却丝毫未伤。这一幕刚好被一个从此经过的年轻记者摄入镜头中。

后来，通过记者的采访，人们才知道，那个扳道工只是一个普普通通的工人，他唯一的优点就是忠于职守，在他工作的几十年里从来没有出过差错。不过最让人吃惊的不是这个，而是那位卧倒的孩子——扳道工的儿子，竟然是一个弱智儿童。

这位扳道工父亲曾反复告诉儿子："你长大后能干的工作太少了，你必须得有一样是出色的。"儿子傻乎乎的，他不能理解父亲的话。但在生命攸关

下篇　这些事别等到上班以后才知道

的那一秒钟,他却立刻"卧倒"了,这是他在跟父亲玩打仗游戏时,能够听得懂,并做得最出色的动作。

这对感动了观众的父子,可以说是芸芸众生中的两个很普通的人。父亲是普通工人,但是他有一个长处,那就是忠于职守,因此,在面对自己的孩子和成千上万的乘客的时候,他选择了忠于自己的岗位,扳动了道岔,避免了灾难的发生。而这个弱智儿子更是难能可贵,尽管他会做的动作不多,但是卧倒的动作却做得很出色,在紧要关头,他执行了父亲的命令,把这个动作做得异常完美,挽救了自己的生命。

很多人慨叹,世间千里马常有,而伯乐不常有,觉得自己怀才不遇。还有人被裁掉之后耿耿于怀,逢人就诉说自己在这个公司服务了多少年,没有功劳也有苦劳,好像老板是个多么冷酷的"周扒皮"一样,活脱脱一个现代祥林嫂。其实,怨天尤人毫无用处,在职场上,没有长处,不能给公司带来最大效益,被淘汰是必然的事情。

其实,大多数人就像是沙滩上众多沙粒中的一粒,极其普通,没有耀人耳目的光芒。这类人,要么得不到重用,一直默默无闻;要么在公司需要裁员的时候成为悲壮的牺牲品。之所以如此,大抵是因为他们不是珍珠,也不是能日行千里的宝马。

古时候,有一位远近闻名的老裁缝,谁都说他的衣服做得好,从平民百姓到王公贵族都喜欢找他做衣服。很多人想要向他学习绝活,但是直到老裁缝临终的时候他才公开了做衣服的秘诀。

老裁缝说,量尺寸和缝制的方法基本都一样,学起来也不难,为什么做出来的衣服穿在身上却千差万别呢?老裁缝的绝活就在这其中,他会根据不同的人来量体裁衣,使每个人的衣服都是最合身的。

例如,身为高官或家境富裕而又性情骄横的人,平时多挺胸昂首、目中无人。给这种人做衣服,就一定要前襟比后襟长,衣服做起来要前面专门加长,而且也要用上好的绸缎。而如果给那些家境贫寒或者性格软弱的人做衣服,就要后襟比前襟长,布料要尽量便宜些。而给那些家境中等、性格平和的普通人做衣服时,就要按实际身材尺寸,无须额外加减。如果只顾量了尺寸就做,那他们穿了之后就会总觉得不合适。

说起来很简单,但是老裁缝的绝活就是如此。

一个人的长处不一定是非常高端复杂的技能,有时候,也许仅仅是瓦匠师傅抹得灰均匀一点;仅仅是某个球星擅长边路突破;仅仅是某个公交车师傅开得更稳一些……但正是这些跟别人不太一样的地方,为他们带来了职业上的成功。

而那些碌碌无为的人,那些看似能为企业的发展作出贡献的人才们,因为毫无出奇之处,所以,在职场的竞争中终究没有优势可言。

可以不满意,但不能不重视

大学生在走出大学校门的时候,毕竟还是比较理想化的,总觉得未来是美好的,前途是光明的。但是,职场的现实会给人们讲述生动的一课,并不是每一次雨后都有彩虹,并不是每一次付出都有回报,也并不是每一个美梦都能成真。

很多时候,我们要无奈地面对工作中的许多问题,我们可以不满意,但不可以不重视。没有完美的工作岗位,任何工作都会出现各种各样的状况。在面对这种情况时,我们应该在梦想和现实之间找到平衡点,即使自己内心里不赞同、不舒服也要把工作做好。这样才是一个合格的职场人员。

李华到广州一家机械装备公司做业务员,因为他还在试用阶段,所以没有机会获得更多拓展业务的机会。他每天的工作就是待在外边做市场调查,一直到很晚才回来。回来后,又及时而认真地把自己一天以来所调查到的东西整理归纳,然后分类整理好,并写出当天的总结报告。尽管对自己的"大材

下篇 这些事别等到上班以后才知道

小用"很不满意,但是李华为了这份工作,还是认真地干着。

后来,公司老总得知,西部地区某小城市需要他们公司的机械设备产品,就选派人员前往。公司的所有人都知道这个任务不是什么肥差,西部的条件艰苦不说,还很难做出成绩。于是,其他业务员纷纷推辞,用各种各样的借口逃避这个"苦役"。

这件事情传到了李华的耳中,他觉得相对于目前手头上这些枯燥的工作来讲,出去锻炼一下也不是什么坏事。于是,他主动揽下这项任务。

到了当地,李华才发现情况比自己预想的还要糟糕,在这样一个人生地不熟的僻远地区做业务,那简直就是受罪。他每天早出晚归,有时候一天要跑十几个地方,还要遭受很多人的白眼。李华非常无奈,曾经几次想过放弃,但是,后来他想,在职场发展,这些事情是迟早要面对、要解决的,因此,他咬牙坚持了下来。

辛辛苦苦干了一个月,李华才勉强和一家企业签订了初步的合作协议。

回到公司以后,老板并没有责怪李华,反而对李华的工作给予高度肯定,认为他作为一个刚走出校门的大学生,能够不怕工作艰苦,踏实肯干、责任心强,是难能可贵的。老板的认可让李华感觉到自己的付出没有白费,于是,他更加努力地工作,并且很快就成为部门经理。

存在即是合理的,在职场上,不要指望有十全十美的事情。像人们常说的位高权重而责任轻、数钱数到手发酸的好事只有梦里才能出现。绝大多数人的真实情况是工资不突出,业绩不突出,只有腰间盘突出。对待工作中的不满意、不如意我们应该调整好自己的心态,工作是我们的责任,哪怕有些事情我们不喜欢,我们也要把它们做好。

有些人常常为自己的现状长吁短叹,很多人埋怨自己仅仅是缺少一个机会。"给我一个支点,我可以撬动地球。"事实是,那个使你一步登天的支点不会从天上掉下来,你平时对待工作的态度、你平时所做的点点滴滴,都影响着你未来的发展。

如果对于那些不喜欢的工作就敷衍应付，那么就不可能做出完美的业绩。那么当升职加薪的机遇来临时，老板会把它给你吗？当人生的重要转折来临时，你却只能做好喜欢的事情，谁又能保证机遇带给你的工作都是你喜欢的呢？

程宣是一名从法国留学归来的"海龟"，回国后他很快被一家大型国企招纳，这是一家非常让人羡慕的企业。

该企业和法国的一家公司在西部某市有一个合资项目，领导准备让他过去担任一个部门的主管。结果程宣一听就很不满意，他觉得把他安排到那种"落后"的地方去，是一种发配。相比西部，他更愿意待在大城市的总部，开始的时候，领导考虑到他的感受，同意了。

后来，领导又安排他到某部门，由于他工作时间不长，因此，在新的部门里职务并不高，这下程宣又不满意了，他觉得自己是一个喝过"洋墨水"的高级人才，公司应该为他提供更广阔的发展平台。

最后，领导们实在伺候不好这位"大爷"，直接把他辞退了。

有些人对自己的期望值过高，或者对自己认识不足，因而，一旦公司对他的工作安排不合心意，这样的人就会心理失衡，轻则消极怠工，重则跳槽走人。殊不知，任何一个岗位都会遇到不顺心的事情，即使是公司的老板，也不见得他所做的工作都是非常愉快的。不能摆正自己的心态，对个人的发展是没有好处的。

生命是一株常开不败的花，在职场生涯之中，不仅仅都是和风细雨、温暖如春，有时候也会遇到阴霾遮住阳光。我们不能做温室中的幼苗，抵抗不住风吹雨打，那些工作中的不满意，其实更能锻炼我们坚强的意志和处理问题的能力。对待这些，我们虽然不满意，但是不能不重视，把它做好，才能使我们成长得更高更壮，才能拥抱更广阔的蓝天。

第7章 人生的决定，别让别人帮你做

人生就像走路一样，关键的时候只有几步，但这几步有时候是要跑的。职场亦是如此，是默默无闻、得过且过地度过一生，还是奋力拼搏，实现高远的梦想？如何才能成就卓越的职场人生，站在风景独好的高处呢？除了你自己，谁都不能帮你决定。

学会给自己一个明确的奋斗方向

用自己的双手撑起的天空才最晴朗，当我们告别大学校园迈入职场时，我们将从一个躲在父母和老师羽翼下的雏鸟变成一个需要自己觅食的独立青年，那么，告别校园的我们将怎样面对这个社会交给我们的第一份考卷呢？

也许我们会想，在这个时候，生存会成为我们最大的难题，但是，人生的最终价值在于觉醒和思考的能力，而不只在于生存，在这一个相当迷茫的时期，我们首先要把握好的是自己的人生方向，不要在现实的洪流中迷失了自己，这就要求我们有一个远大的人生理想，让它成为我们的指航灯，给自己一个奋斗的方向，这样，我们才不会湮没入海中，碌碌无为地过完一生。

1929年，迪伊·霍克出生在美国犹他州，和亿万个出生在这一天的新生命一样，他是一个平凡的人。但是平凡的他却从小表现出来了他的不平凡之处。他是个叛逆的小孩，厌倦学校和教会带给自己的束缚，拒不接受传统思想，

14岁时，又是叛逆作祟，他想出去工作，于是他逃出学校的樊篱。可年龄又不够成了他实现理想的第一道障碍，这时，他却没有轻易退缩，他伪造洗礼证书，宣称自己已满16岁，成功混进了一家罐头厂干起了倒污水的工作。

36岁那年，他有了3个孩子，生活十分窘迫，走投无路的他不得已去了美国国家商业银行，当了一名实习生，干的也只是打杂的工作，经常被各部任人差遣和使唤。

这种生活，他熬了16年，他受尽了磨难，却没实现自己的梦想。可是，即使人们都否定他，但倔强的他不断告诫自己，要为自己的理想而活，这一辈子一定要找到一次出彩的机会，要不断地为这个目标去奋斗。

1967年，他已经43岁，可就在这时，他的人生出现了第一次转机，不按常规出牌的他取得了信用卡业务的初步成功。1991年他入选"企业名人堂"，成为享此殊荣的30位在世者的其中一位，并于1992年被美国《金钱》杂志评为"过去25年间最能改变人们生活方式的八大人物"之一。他的名字也成为了一个不朽的传奇。

人的生命似洪水奔流，不遇着岛屿和暗礁，就难以激起美丽的浪花，只要理想的灯塔不倒，就会为我们指明前进的方向。迪伊·霍克抱着出彩的梦想不懈奋斗，终于为自己的人生添加了浓墨重彩的一笔。也许有人会说他是大器晚成，耗费了自己的大好时光，但是，实现了人生目标才是得到了自我的真正实现，才会得到精神上的真正满足，才是人生真正的成功。迪伊·霍克，这位几十年抱着信念挣扎在人生底层的超常思维大师，耗尽他大半生的时光，终于为他平凡的生命画出了一道世上最绚丽的弧线。

那么，作为刚出校园的年轻人，怎样才能让自己的理想成为自己的指航灯，朝着自己的梦想去努力奋斗呢？

首先，要知道自己的宏伟蓝图，这样才能确立奋斗目标。一个没有目标的人就像大海中失去风帆的船，他是不会成功地到达理想的彼岸的。机遇和

下篇　这些事别等到上班以后才知道

目标是成功的首要因素,有追求才会有机遇,机遇只会垂青于有准备的人。你的目标可以是长远的终极目标,也可以是阶段性的目标,但必须是你自己通过努力能够达到的目标,如果在现实和理想之间我们搭上一个无法攀越的天梯,那样只会让我们生出挫败感,在灰心丧气中沉沦,也容易导致我们放弃自己的终极目标。

其次,在有了目标掌舵的情况下我们要树立信心,要相信,我的理想不是空中花园,它是一个现实存在的东西,有了存在才会有希望,有了希望我们才有前进的动力,有了动力我们才会努力地向我们的目标靠近。所以,自信是我们工作,学习的精神原动力,永远也不要消极地认定什么事情是不可能的,在一定的意义上讲,世界上没有不可能做到的事,只有你想不到的事。就像发明飞机的莱特兄弟,就是因为想飞的梦想才促使他们去研究、去发明,最终他们将理想变成了现实,让天空不再只是飞鸟的天堂。所以你必须先要认为你能,然后去尝试,再尝试,你就会发现我的确能。

再次,有了信心后我们还需要磨炼意志,增强毅力。滴水穿石,在这个过程中,没有鲜花与掌声,只有困难与挫折和寂寞,想获得成功,单靠一时的热情是不行的,只有拥有坚强的毅力,我们才能一步步地向理想的高峰中攀爬,不达目标绝不回头,在向着目标进发的途中,我是对一条道走到黑是比较赞同的。

最后,我们还要从失败中汲取教训。人的一生不可能不遭遇失败,但失败是成功之母,每次失败都是一趟人生课堂。我们要具有良好的心态,坚定的信念、明确目标,并积极去实践,执著追求,我相信,总有一天理想之花会为我们开放。

居里夫人说:"如果能追随理想而生活,本着正直自由的精神,勇往直前的毅力,诚实而不自欺的思想而行,则定能臻于至善至美的境地。"亲爱的朋友们,在逆境中,理想是动力,在顺境中,理想是风帆。没有理想,奋斗就没有目标,生活就缺少希望,如同盲人行路。所以,刚出校园的我们,在还没有被现实磨去斗志的时候,一定要树立远大的理想,让理想为我们指明奋斗的方向,不要让自己随波逐流,努力地、丰盛地活出自我,也让自己的一生有一次出彩的机会。

小事比大事重要

在南美洲亚马逊河流域热带雨林中,一只娇小美丽的蝴蝶轻轻地扇动几下翅膀,几周以后,就会在遥远的美国德克萨斯州引起一场龙卷风。在职场上,很多时候,那些看似不起眼的、无关大局的小事,往往能决定最后的结果。

或许你会讲出很多名言来讲人应该胸怀大志,而不应该拘于小节。但是,在职场上,那些信奉大礼、不辞小让的人,最终都会自食苦果。很多时候,"细节决定成败"不是一个噱头,而是经过无数实践检验的真理。

小事成就大事。老子曾说:"天下难事,必作于易;天下大事,必作于细。"泰山不拒细壤,故能成其高;江海不择细流,故能成其深。大事业都是从一点点小事干出来的,从来没有人能一口吃个胖子。因此,在工作中,对小事敷衍了事,是不负责任的态度,也是心浮气躁的表现,抱着这种态度工作的人,终究是成不了大事的。相反,那些重视小事,能够把小事做好的人,也必将会成就一番作为。

学习机械制造的方圆毕业后到了一家精工机械厂工作。过了一段时间之后,他发现工人们在生产过程中,对剩余的一些边角料总是随手乱扔。下班后,负责清扫卫生的员工就把这些东西当做垃圾处理掉了,非常可惜。

于是,方圆每次下班后,都把别人丢弃的那些边角料收集起来,利用一台闲置的机床加工成一些小零件,其实这些小零件也值不了多少钱,通常都是几毛钱一个。

有一天,方圆又在利用这些边角料加工小零件。这时,车间里过来了一个穿着普通的大爷。那位大爷好奇地看着方圆的工作,问他:"不是下班了

下篇　这些事别等到上班以后才知道

吗?你怎么还在这呀?"

方圆笑笑说:"我就住在后面的宿舍啊,离吃饭还有一个小时呢,我半个小时就弄好了。什么也不耽误。"那位大爷又问:"这不都是些废料吗?你变废为宝恐怕公司也不会给你发奖金吧。呵呵。""我不是为了奖金啊!"方圆被大爷的幽默逗笑了,"这些边角料扔了不是很可惜吗?领导操心大事,咱就操心这样的小事呗。""呵呵,小伙子不错。"那位大爷乐呵呵地走了。

又过了几天,方圆正在"变废为宝"的时候,老板突然出现了,老板问:"别人都下班休息了,你怎么没下班,还在这里忙活什么啊?"

方圆说:"老板,我可没有干私活呀。""哈哈,你怕什么呀,我知道你是在为公司干活,你不是说领导操心大事,你操心小事吗?""啊?你怎么知道的?我是跟一个老大爷开玩笑的。"方圆尴尬地说。"哦,那是我们公司的出资人。"老板不动神色地说。

半年后,老板宣布要提拔一位员工担任车间主任,大家纷纷猜测这个人选将会是谁。但结果却让人大跌眼镜,资历尚浅的方圆担任了这个职务。

老板对方圆说:"能够为公司的小事操心,说明你有大责任感,公司怎么能不给你点大事干呢?"

很多人都想干大事,渴望着不鸣则已,一鸣惊人。但是,职场上能够让你一鸣惊人的事情真的不是很多。很多人对于日常工作中的小事不屑一顾,做得马马虎虎,这样,等做大事的机会来了,老板却又因为你做不好小事而不敢用你,你只会眼睁睁地看着机会溜走。

海尔总裁张瑞敏说:"把每一件简单的事情做好就是不简单,把每一件平凡的工作做好就是不平凡。"要想实现自己做大事的梦想,就要从现在开始,从自己身边的每一件小事做起。

汪峰是某名牌大学的毕业生,毕业后到了一家事业单位工作,大家都很羡慕。不过,汪峰的工作都是按部就班的,感到非常枯燥。而且作为刚毕业的学生,单位领导总是安排汪峰做一些简单的辅助性工作。对此,汪峰一直心理不平衡,非常轻视这些小事,做起来也非常不认真。

一次,他们单位在筹备一个重要会议,晚上员工们都在加班加点,汪峰负责会议相关文件的装订和发放工作。当所有已经分好的文件交给汪峰装订的时候,他这才发现钉书钉没有了。于是他漫不经心地打开抽屉去拿,可是里面也没有。这时,汪峰才开始有点慌张,马上翻箱倒柜地在整个单位里找,但是这种平时随处可见的小玩意儿现在却踪迹全无。

汪峰彻底地慌了,赶紧出门去买,当时已经是凌晨2点,根本找不到买的地方。在几乎找遍了全城之后,汪峰敲开了一家商店的门,买下了足够多的钉书钉。

后来领导只对他说了一句话:"这么小的事你都做不好,还能指望你做什么重要的工作?小伙子,做工作不要眼高手低!"

西方有一句名言:"罗马不是一天建成的。"因此,我们要想成就一番事业,不能急功近利,幻想着一口吃个胖子,而要从一些细节小事做起,不断地积累。小事虽小,我们却不能忽视,聚沙成塔,水滴石穿,只有做好每一件小事,才能最终成就大事。

对于职场新人,哪怕一开始领导安排你做整理报纸文件、接听电话等小事,也要打起十分的精神对待,把每一件工作做好。工作虽然有大小,但是责任却不分轻重。如果你能重视工作岗位上的每一件小事,它就能为你汇成一条河流,帮你把职业理想变成现实。

弱者等时机,强者造时机

一个优秀的员工,工作一定要有主动性,要知道,天上不会掉馅饼,机会不是等来的,而是自己创造的。那些职场上的弱者,总是习惯了被动地等待,

下篇 这些事别等到上班以后才知道

而那些强者则喜欢主动出击,为自己创造成功的条件。

就如同哥伦布发现新大陆一样,只有那些一往无前的勇士才会得到幸运女神的青睐。而那些安于现状、坐等机遇来敲门的人,则往往会错过转瞬即逝的发展机遇。对那些一心想要实现美好梦想的人来说,只有真正地、积极主动地去努力,才能在机遇到来的一瞬间抓住它,从而实现人生的飞跃。

郑文是河南新乡的一位小伙子,当年高考的时候他仅仅差了几分,与梦想的大学失之交臂。因为家庭条件不好,他毅然离开家乡,来到北京打工。

在北京,只有高中文凭的他要找一个好工作非常难,他先后干过许多工作,从发传单到端盘子,从快递员到推销员,郑文一边打工,一边努力地学习各种技能知识,他非常渴望自己能在这个城市里混出个样子来。

在朋友的帮助下,他进了一家广告公司做起了文案策划,这总算是个文化活儿,比起他以前端盘子之类的工作不知道好了多少,因此,郑文更加努力。

他刚来到这家公司的时候,工资不高,工作也很辛苦。但郑文很知足,也很珍惜,他总是能多干一点就多干一点。为了能学到更多的东西,他做完了每天的额定工作量之后,还会主动加班,几乎天天如此。在别的同事休闲娱乐的时候,郑文总能给自己找些工作去做。

比如,有时候某个客户需要郑文做一个策划方案,他总是在规定的时间里把工作做得很完美,甚至,有时候他会再做一个备用方案以供客人选择。而这,都是他牺牲了休息时间加班加点干出来的。

郑文的勤奋让许多客户都非常意外,也非常感动,对他连连称赞,这些客户也成了公司的老客户,他们还不断介绍朋友们过来。一时间,公司的领导们都知道有个叫郑文的小伙子在客户中"人气"很高。

有一次,周末休息期间,有一位老客户找到公司老板要求赶做一份策划,他们说周一就要用,时间非常紧。可是,老板打了好几个老员工的电话,都被他们用各种理由推掉了。无奈之下,老板又打给了郑文,在此之前,郑文已经整整一个月没有过过周末了。郑文接到电话后，二话没说就来到公司，投入了工作中。

周一之前，郑文将一份完美的策划书交给了客户，客户非常满意。结果，周一的时候，老板出人意料地宣布，提拔郑文为策划部的负责人。老板说："郑文虽然来的时间不长，但是关键时刻能爆发出强大的战斗力。"

郑文创造机会的方法其实很简单，那就是努力和敬业。他主动地去做额外的工作，即使加班也不抱怨，这样的员工相信哪个老板都喜欢，因此，老板主动给他提供了一个更广阔的发展平台。反观那些老员工，尽管经验比郑文丰富，或许能力也比郑文突出，但是，他们只是被动地等待工作，甚至还推脱加班，其实只是在错过机遇罢了。

在工作中，那些积极主动的强者看上去都比较"傻"。除了"分内"的工作，他们总是去尽量多干点事。这样的"傻子"好像不知道自己付出的多而得到的少，其实，这样的员工才是真正的智者。积极主动地多做工作，就意味着锻炼能力的机会多，就意味着成功的机遇更多。

20世纪80年代初，华卫阳通过4年刻苦努力的学习，以优异的成绩取得了学士学位。大学毕业的他，选择了去西部发展。

当时，他被分配到化工部兰州化工机械研究院工作，从事化工装备技术研究开发。在这个岗位上，华卫阳先后获得了一项国家重大装备科技进步奖、一项省科技进步奖和3项研究院科技进步奖。

通过10年的奋斗，华卫阳成了研究院下属一家研究所的副所长，可谓事业有成。但他并没有安于现状，没有躺在过去的成绩单上睡觉。1993年，他毅然登上了飞往新西兰的飞机，开始在新西兰寻求发展空间。

在这个举目无亲的陌生世界，华卫阳的全部家当就是两只旅行箱。为了生存，华卫阳在一家餐馆找到了一份打杂的活，总算解决了吃住这些基本的生存问题。

后来，华卫阳又在一家铝合金公司找到了一份当技术工人的工作，在这

下篇 这些事别等到上班以后才知道

家公司里,华卫阳主动地参与了很多工作,而且都做得非常出色,还不到半年,他就坐上了经理的交椅。

在这个位置上,他仍然没有消极等待。5年之后他辞职去读博士学位,获得了博士学位之后,他又叩开了新西兰皇家科学院的大门,戴上了新西兰皇家科学院科学家的桂冠。

从1993年到2000年,华卫阳在国外从零开始,取得了令人瞩目的成就。他的成功,完全是靠着自己的不懈努力,主动地为自己的发展寻找机会、创造机会。开始的时候,他跟很多人一样,可是过了7年,有些人还在刷盘子,而他已经站在了成功的顶峰。

身在职场,要想在工作中有所作为,就不要消极等待,机遇更喜欢那些主动出击的强者勇士。只有那些积极主动的人,在机遇来临的时候才能迅速反应,从而获得宝贵的发展机会。

从零开始做人脉

人们一旦走出校门,进入职场,面对的就是一个全新的世界。在这个世界上,人脉相当重要。就像阿基米德说的那样:"给我一个支点,我可以撬动整个地球。"而人脉就是可以影响你命运的支点。

一个人,结识什么样的人就会影响他成为什么样的人,在什么样的圈子里,就决定了你的视野有多宽,前程有多大。如果遇到了"贵人",很可能可以帮你实现跨越式发展,从而少奋斗10年、20年,这不是神话传说,而是职场上每天都在演绎的事实。

也许有人认为,要做人脉就需要认识更多的人,认识的人越多,就越有可能从中碰到"有用的人",这种认识虽然不错,但是有些片面,因为,认识人也要筛选一下,不能良莠不分,否则,不仅找不到你的"支点",还可能为自己增添几块"绊脚石"。因此,你要结合自己的职业理想来决定打造什么样的人脉圈子。

林子方毕业后进入一家知名民营企业做人力资源管理工作。虽然薪水不高,但他勤勤肯肯地工作,在平时的工作和生活中,他特别注意处理人际关系,积累自己的人脉。由于工作原因,他经常参加专业培训,因此,在这样的培训会上,他结识了很多人,各行各业的人都有。培训结束后,他还跟他们保持着友好的关系。

通过一年时间的磨炼,林子方被提升为部门经理,这样,他结识的"圈子"就更大了。很多人都想和这位"路子宽"的人做朋友,因为他们希望通过认识林子方来扩展自己的人脉圈。于是,就像滚雪球一样,林子方的朋友越来越多,人脉资源也不断拓展、不断壮大。

这个时候,各种机会不断向他招手,开始有一些公司邀请他加盟。但是林子方没有盲目行动,他觉得,以他目前的资历以及能力还不太可能在大公司中成为骨干或者不可替代的人才。要想更好地发展,自己必须还要不断地提升。

后来,他应朋友的邀请来到了北京,同时做了两份工作,一份是为某电视台一个频道做编导,另一份工作是他的老本行,是在一家培训公司做培训师。林子方选择这两份工作的目的很明确,就是可以不断结识不同的人,不断结识一些比较成功的人士。这样的工作不但更好地锻炼了林子方的能力,还为他带来了很多拓展人脉的机会。

机会是属于有心人的,在一次电视台组织的酒会上,林子方结识了一位美国老板,两人谈得非常投机。这位老板又经过侧面了解,看中了林子方的才能,盛情邀请他加入一家国际知名的咨询公司。

于是,林子方踏上了大洋彼岸的土地,实现了他职业生涯中的一次重要飞跃。

在当下社会,如果仅仅靠专业技能是很难成为不可替代的人才的。因为,现代资讯非常发达,人们的学习意识也非常强,那些新知识、新技术转眼

下篇 这些事别等到上班以后才知道

就成为人们的基本技能。就像以前会操作计算机的人很少,而现在几乎没有哪个幼儿园的小朋友不能敲打几下的,非常普及。

而人脉资源则不同,拥有了良好的人脉,就意味着在你的面前敞开了或者将来会敞开很多大门,你有了很多机会。专业方面的暂时"领先",明天就可以被别人"学去",甚至被别人"赶超",但是人脉方面的资源是别人拿不走的。

当然,打造良好的人脉资源不是厚着脸皮去认识别人,而是要使自己成为一支"潜力股",让别人觉得你有结交的"价值"。如果自己没有让他人结交的价值,而非要去拓展什么人脉,只能自取其辱。所以,要让自己成为"别人愿意结识的人"。

27岁的杨小姐,在某公司文员的职位上已经待了3年,文员的工作平时很不起眼,无非是接接电话、整理一下资料。但是,这位杨小姐做得却有些不一样,杨小姐接的每一个电话都能使对方记住自己。她是怎么做到得呢?

其实很简单,她懂得花心思针对不同的客户提供妥当的服务。比如,有客户打电话要找公司的某个业务人员,而此人又不在的时候,杨小姐会非常耐心地请客户等一下,待她打听到业务员的具体行踪后会主动告知客户,或者请业务员跟该客户联系。

再比如,有些客户询问发货日期等事情,本来这不是杨小姐的工作范围,但是她仍然会找到相关人员,然后把详细的资料发给客户。这样的做法,赢得了客户们的一致好评,以至于很多事情他们都直接跟杨小姐沟通,好像杨小姐能解决一切问题一样。"有事就找杨小姐"成了他们的共同观点。一来二去,客户大多而成了杨小姐的朋友。

结果,3年下来,杨小姐成了公司的"招牌",老板也知道杨小姐成了客户们的"红人",为了留住她,老板提拔杨小姐做了公关部的专员。

事情还没有结束,有一位很有实力的客户,自己经营了一个钟表代理公司,销售很多世界名表。这位老板非常欣赏杨小姐,力邀她加盟,并且提供了很好的职位和薪酬。为了表示诚意,在她还没有来现在这个公司正式上班的时候,公司就送给她一只市价20万的名表当做福利。

最终,杨小姐去了这家公司,从一个办公室文员华丽转身,成为大公司的销售总监。

说到底,杨小姐的这次升职看似很偶然,其实是人脉起的作用。她把客户群发展成了自己的人脉圈子,从而为自己赢来了机遇,顺利实现了职业道路上的飞跃。

在职场,很多有能力、有经验的人士,因为不重视人脉的经营,总是把自己局限在一个狭小的圈子里,从而在职场人际关系中总是处于"不起眼"的尴尬位置,既引不起别人的注意,也白白浪费了自己的才能。

结识什么样的人,就意味着你以后能得到什么样的机遇。因此,要想在职场上实现跨越式的发展,就要在刚刚进入职场的时候有意识地拓展自己的人脉资源。从零开始做人脉,将会使你收获到意想不到的好处。

成功应该复制,不该回味

许多人在走上工作岗位之前都受过良好的正规教育,毫无疑问,一所名牌大学的学位证书会对你非常有帮助,尤其是那些一流大学的文凭,甚至是更高的硕士、博士学位,它们能帮你敲开许多公司的大门。在学业上,无疑你是非常成功的,但是,进入职场以后,一切都是从头开始。

初入职场,你就像当初那个懵懵懂懂的小学生,背着书包头一次跨进学校的大门。这个世界既神秘又陌生,你怀揣着期望与志忑,梦想就要从这里起飞。在学校里,你美好的梦想得到了完美的诠释,那么在职场这片新的天地,你又该如何开启自己的成功之旅呢?

杨平的学业之路可谓一帆风顺,高考之后,他进入当地一所大学的信息

下篇 这些事别等到上班以后才知道

专业就读,大学毕业后,又顺利地考上了外地一家名校的研究生。毕业后,也顺利地进入了一家世界500强企业在上海的分部工作。

进入这家公司后,虽然福利待遇很不错,但是杨平还是觉得很不满足,因为,他的工作是最基层的程序员。每天都枯燥地写着一行一行的程序,这样的工作日复一日地进行着,杨平觉得自己有些大材小用了,心里非常不平衡。

于是,当初的新鲜感没了,工作热情也逐渐冷淡了。才过了半年时间,杨平对待工作就不那么认真了,而是稍有空隙便偷懒耍滑、敷衍了事。他常常跟自己的同事说自己在学校里的时候多么出色、获得过多少次奖学金或者别的什么荣誉,有时候还拿出自己的毕业论文来请那些同事点评,整日沉浸在昔日的成功里不能自拔。

就这样,两年过去了,杨平周围一些学历和能力均不如他的人同事纷纷被提拔到重要的职位上,薪水待遇也提高了很多。而不甘平庸的杨平,由于整日回味着昔日的辉煌,却在工作上敷衍应付而一直在原地踏步。

后来,一位已经升职的同事跟他聊天的时候,杨平又旧事重提,讲起了自己以前的辉煌。这位同事很诚恳地对他说:"既然你在学校里那么成功,为什么就不能把那种积极向上的精神用到工作中呢?职场是个注重业绩的地方,只要你好好干,以后肯定很有前途。"

同事的话给了杨平很大的震动,他开始反思自己,发现自己在工作的两年期间,基本上都是在"往后看",只顾着回味从前,而没有"向前看",没有把当初学习时候的劲头用在工作上。于是,杨平开始了转变,对待工作,他再也不得过且过了,他拿出了备战高考的劲头,每一天都很努力,也很充实。

果然,杨平的付出很快得到了回报,一年以后,他就升职了。而他并没有止步不前,而是继续以饱满的热情投入到了新的工作中。

职场和学校是两个环境,许多在学校里表现优异的学生,在进入职场后都遇到了严重的阻碍,他们太过于喜欢追忆往日的成功,沉浸在昨日的喝彩声中不能自拔,而没有把职场看成一个新的起点,一个从零开始的起点。要知道,在这个新的环境里,成功应该去复制,而不该回味。

反观那些原先在学校里表现不怎么样的学生,或许因为不会有心理失衡这种状况,也没有往日的成功可供回味,反而更能用心工作,取得不俗成绩,最后成为职场上的大赢家。不论以前成功与否,只要抱着积极努力的工作心态,就能改变平庸的职场命运。

为数不少的年轻人在参加工作之前,大都对自己抱有很高的期望值,回首自己学业上的成功,信心十足,认为以自己的学识和才干,应该可以从事很好的工作,成为老板眼中的"焦点"。然而事实上,刚刚踏入社会的年轻人,由于缺乏工作经验,往往不会被委以重任,作为新丁,薪水待遇不会太丰厚,这都是职场的必经阶段,千万不要为此影响了工作热情。

尽管田原的大学成绩很不错,但是由于经济原因,他还是选择了就业,没有继续深造。本科毕业的田原被学校推荐到海洋研究所做了一名普通的实验员。这个研究所的大部分工作人员都有硕士或博士学位,还有很多从国外进修回来的海归,这让田原压力很大。

不过,那些高学历的人才对工作的热情明显不是很高,有些人就是上班的时间来应付一下,而把精力放在了自己从事的"第三产业"上面。

田原跟他们相比,既没有经验上的优势,也没有专业上的优势,他只能勤勤恳恳地埋头苦干。时间一长,领导们有什么事情都找田原,觉得他比那些高学历的人才好用多了。所长还帮田原联系了一所大学,让他业余时间进修更高的学位。

后来,田原成了新人中的第一个主任研究员。

田原尽管也有着成功的过去,但是相比那些高学历的同事们来说没有什么优势,因此,他把自己当成了一个"小学生",一切从头开始,在职场这所特殊的学校里开始了勤奋努力,最终取得了不错的成绩。

年轻人在刚进入职场时,工资待遇都不高,而且都是做最基础的工作。

下篇 这些事别等到上班以后才知道

其实,这并不是坏事,千万不要整日回味过去,而要把以前获取成功的干劲拿出来,在新的岗位上更好地锻炼自己,为今后的职业生涯打好坚实的基础,把曾经的成功复制到今后的职场上来。

劳而无功,可能是选错了方向

很多人在职场上打拼了多年却没有多少成就,尽管大家都觉得他们是聪明、有才能的人,也有的人刚进职场时跟他人一样,是个什么都不懂的"菜鸟",但是短短几年过去,就脱颖而出,成了小有成就的成功人士了。

对于那些罪没少受、活没少干的人来说,最难接受的就是劳而无功了。其实,这种状况的出现,很多时候并不是你的能力问题,而是你的方向问题。选择一条最适合你发展的职业道路,能够使你取得事半功倍的成就。

谭盾从中央音乐学院作曲系毕业后,想去美国哥伦比亚大学学习。但他刚到美国的时候,生活非常窘迫,为了生存,只能依靠在街头拉小提琴赚钱来养活自己。

在美国,街头卖艺的人非常多,这个行业的竞争也很激烈。因为,在街头拉琴与摆地摊做生意一样,必须得有一个好的地盘才能够赚到钱,在地段差的地方拉琴显然很难填饱肚子。谭盾与一位黑人琴手联手争到了一个好地盘,那是一家银行的门口,人流量很大,收入还不错。

一段时间之后,谭盾赚了一些钱,暂时不用为生存发愁了,于是他和黑人朋友告了别,决定到音乐学府进修。在学校里,他无法像在街头拉琴时那样赚很多钱,可他要走的路决不是成为一个出色的街头艺人。

10年之后,谭盾无意中路过自己曾经"演出"的那家银行门口,他发现昔日的黑人朋友还在那里拉琴赚钱,脸上依然是满足和陶醉的神情。

黑人琴手看到老朋友谭盾突然出现时,非常高兴地跟他握手,并热情地说:"好久不见了,朋友!你现在在哪里拉琴?"谭盾回答了一个很有名的音乐厅的名字,黑人琴手问道:"那家音乐厅的门口也很好赚钱吗?"

谭盾淡淡地说:"还好了,生意不错……"黑人琴手不知道,10年后的谭盾早已不是那个街头卖艺的路边歌手了,他已经成了一位音乐家。

1997年,谭盾被《纽约时报》评为"本年度国际乐坛最重要的10位音乐家之一",同年又被德国权威音乐杂志《歌剧世界》评为"本年度最佳作曲家";1999年,他因歌剧《马可波罗》获得当今世界最权威的、无数音乐家梦想的格莱美作曲大奖,此后又为电影《卧虎藏龙》作曲获得2001年奥斯卡金像奖"最佳原创配乐奖";2008年,他为北京奥运会创作了一首《拥抱爱的梦想》。

那个黑人琴手只是努力地拉琴,走着那条"收入不错"的街头艺人的道路,"垄断"了银行门前那块赚钱的地盘,或许他觉得自己的成就已经不错了。但是很显然,10年的努力付出之后,他的境况基本没有什么质的变化。而谭盾却走了一条深造的道路,同样的10年之后,他成了享誉世界的音乐家,每个音乐厅都以他的表演为荣,他已经不需要去抢地盘卖艺了。谭盾的例子告诉我们,同样的勤奋付出,方向比努力更重要!

条条大路通罗马,似乎不管我们选择哪条途径、采取何种形式,都能到达最终的目的地一样。其实,对于个人来讲,适合自己发展或者最能发挥自己优势的道路往往并不多。打个比方来说,爱因斯坦是人类最伟大的科学家之一,但是如果让他去做领航员,恐怕一定会迷路,众所周知,那不是他的强项,他是一个路痴,连公交车都不会坐。同样,如果让刘翔去扔铁饼,恐怕世界冠军的桂冠他是很难戴上的。

在职场上同样如此,只有找到最合适的道路,才能取得最大的成功。不少人常常面临左右为难、摇摆不定的职业取向,有些人恨不得分身有术,既能干这个,又能干那个,其实我们可以用排除法来确定自己的方向:综合我们的兴趣和优势等因素,问自己,什么样的道路才是最适合自己的?找到这条路并坚定地走下去。

下篇 这些事别等到上班以后才知道

马克·吐温曾经迷恋于经商活动。他45岁的时候投资开发打字机,结果到了60岁还没见到产品的影子,这次投资赔了他用辛辛苦苦写作赚来的19万美元。

这次发财梦破灭以后,马克·吐温还没有意识到自己不是经商的料,他看到出版商赚钱,就开办了一家出版公司。

他的公司在苦苦支撑了10年之后,终于倒闭,这一次他背上9万多美元的债务,他竟然欠了96个人的钱。

经过这些失败的打击之后,马克·吐温痛定思痛,终于认识到自己的长处在于写作而非经营,他终于走上了自己该走的那条道路。

他顺利地用写作赚来的钱还清了债务,在文学创作上取得了辉煌的成就,成了一名享誉全球的作家。

很多人在工作中犯这种迷茫的错误,他们不知道哪条路适合自己,也不去花时间用心地考虑这个问题。在经过了许多努力却徒劳无功的时候,他们不是静心反思,而是继续沿袭老路或者是盲目跳槽。

很多人在跳槽之后,又开始重复劳而无功的情形。这种没有明确方向的行动纯粹是瞎折腾,只会使自己离目标越来越远。因此,找到适合自己行走的职业路径,把握好努力方向是非常重要的。只有这样,在职业发展的征途上,我们的路才会越走越宽,我们的前途才会越来越光明。

放弃是需要智慧的决定

在印度丛林里,当地人用一种奇特的方法捕捉猴子:在一个固定的小木盒里面装上猴子爱吃的坚果,然后在盒子上开一个小洞,刚好能让猴子的前爪伸进去,猴子一旦抓住坚果,爪子就抽不出来了,只能束手就擒。

我们也许会嘲笑猴子的愚蠢:为什么不松开爪子,放下坚果逃命呢?其实不仅仅只有猴子愚蠢,又有多少人拥有放弃的智慧呢?我们都知道有舍才能有得,但真正需要我们作出放弃的决定的时候,不仅仅需要勇气,还需要很高的智慧。

鲜花离开了温室,才能开放得更加灿烂;雏鹰放弃了安逸的巢穴,才能更好地拥抱蓝天。在职场上,只有学会放弃,才能获得更多,塞翁失马,焉知非福。很多时候,智慧地放弃一株歪脖子树,可以让你拥有整片大森林。

晓雯是个不相信爱情的女孩子,高中毕业后谈过一次失败的恋爱,从此就再也不相信感情。在事业上,她也偏执地守着自己的想法,想要一个人闯出一片天地来。最初的几年,她在家乡经营一个服装摊点,当时生意还不错,最好时每年能赚四五万元。

后来,做服装生意的人越来越多,晓雯的生意越来越不好做了。又坚持了几年,她不得不收起了服装摊,来到北京发展。

在北京,晓雯找了一份不起眼的工作,月收入1000元左右,她住的是地下室,吃的是方便面,生活非常艰难。有位开了一家大超市的老乡请晓雯到他那里工作,每个月可以赚3000多,而且工作也轻松,但是晓雯因为这位老乡热情地给她介绍对象而拒绝了这个工作机会。

如今,已经30岁的晓雯仍然收入微薄、孑然一身。

同样在北京发展的杜晓,也30岁了,但看上去像个刚毕业不久的大学生。她曾经幸福地结过婚,不过后来发现那是一段失败的婚姻,现在单身,也很幸福。她一直在学习英语,在3年前放弃了安稳的工作,进了一家外企工作,现在的年薪是20万人民币。而且,她马上又要升职了。

同样是女人,晓雯因为固守着对爱情的偏见,结果30岁还没有结婚、还没恋爱、还没交友,孤独到如今,甚至还影响着自己的工作,过着窘迫的生活。而杜晓却可以从失败的婚姻中走出来,放弃那不堪回首的过去,给自己一个新的未来。

晓雯的眼里,或许还残留着自信与奋斗的光芒,但其实她的生活已经很

下篇 这些事别等到上班以后才知道

糟糕了。如果她不能改变曾经那些过于"执著"的想法，丢弃那些不必要的顾虑，正确地认识职业发展和爱情，她可能永远都走不出人生的困境。不懂得放弃自己的偏执，就是给自己戴上了沉重的枷锁，束缚了自己美好的未来。

诗人泰戈尔说过：当鸟翼系上了黄金时，就飞不远了。人的一生，经常要面对很多选择，不懂得放弃，就是拒绝打开其他大门的机会。放弃是需要智慧的决定，放弃比争取要困难得多。人的一生，明确什么该放弃、什么需要保留或争取是非常重要的，或许，这种选择会改变一个人的人生轨迹。有时候，勇敢与果断地放弃，能够使你在下一秒钟与成功惊喜邂逅。

人生的成功并不意味着把一切都抓在手中，甚至在事情根本不可行的时候还不撞南墙不回头。每个人都有放弃的权利，每个人也要拥有放弃的智慧，没必要偏执地攥着手中的坚果不顾危险，也不要为了一棵歪脖子树而放弃了整片大森林。

一次战争结束之后，一个农夫和一个商人到街上去碰运气，看能不能找到一些财物。

一开始，他们发现了一大堆烧焦的羊毛，非常开心，两个人就各自分了一半背在身上。继续往前走，他们又发现了一些布匹。于是，农夫将身上沉重的羊毛扔掉，选了些自己扛得动的较好的布匹。商人笑话这位农夫傻，到手的羊毛都给丢掉了，于是这位商人将农夫丢下的羊毛和剩余的布匹统统捡起来背在自己身上，重负使他气喘吁吁、步履维艰。

走了不远，他们又发现了一些银质的餐具。于是，农夫又将布匹扔掉，捡了些较好的银器背上，而商人舍不得丢弃沉重的羊毛和布匹，可惜他已经无法弯腰了，眼睁睁地看着农夫拾剩下的餐具却捡不到。

这时候，天降大雨，商人的羊毛和布匹被雨水淋湿了，他艰难地走着，最后摔倒在泥泞中；而农夫却一身轻松地回家了，他变卖了银餐具，生活得颇为富足。

放弃其实就是一种别样的争取。如果自己现在拥有的东西已成为负担，或者自己所做的事情与理想背道而驰，那么还不如轻松地放弃，为自己打开另一扇成功的大门。而当你选择了放弃时，你可能会突然发现，自己可以轻装向前，选择放弃，你就会有更多的时间和精力去争取其他的机会，才有可能收获更多，才可以更快地实现自己的理想。

有舍才有得，放弃也是争取之道，放弃是一种以退为进、以守为攻的大智慧，放弃是为了获得更多。如果我们不懂得这个道理，继续抱着该放弃的东西不放，就只能是"瞎子点灯白费蜡"，把我们宝贵的时间精力浪费在做无用功上。

在职场上，我们要学会放弃，但也不会轻言放弃，我们需要依靠自己的智慧学会理性地选择。只有放弃那些羁绊我们翅膀的枷锁，才能拥抱更广阔的天空。

该出手时就出手

一天，一位记者采访刚在西雅图一所大学演讲结束的比尔·盖茨。记者问，请用一句话说出，微软为什么领先全球30年？比尔·盖茨认真地想了片刻，说道："第一时间就走在前面，现在，别人都是我的追赶者。"是的，有了想法就第一时间付诸行动，这样才能保持领先。

对于职场中的许多机遇来说，都是转瞬即逝的。向某位客户推销某个产品，如果不及时出手，很可能就被别的业务人员捷足先登了；洽谈某个项目，当你在慢吞吞地准备的时候，行动迅速的竞争对手可能已经跟对方签约了。无论是生活还工作中，因为行动迟缓导致失去宝贵机会的例子俯拾皆是。机遇来临一定要手快，要想在职场上获得成功就要做到该出手时就出手。

职场之路，事事皆为挑战，如果摇摆不定或者行动迟缓，只能让别人走在

下篇　这些事别等到上班以后才知道

你的前面。心动不如行动，临渊羡鱼不如退而结网，现在的职场是"快鱼吃慢鱼"的时代，慢就要被淘汰，如果你今天还是高管，那么明天就可能失去饭碗。

安德烈·格林是美国一家大型连锁企业的区域经理，他做事雷厉风行，决定了的事情总是第一时间着手实施，从不拖拉。他常说："市场上真正赚钱的机会总是稍纵即逝，看到它就要马上抓住它。"

有一天，安德烈·格林和往常一样，坐在办公室里浏览一些商业报纸，他对市场有敏锐的把握能力，经常能从一些不起眼的信息里看到商业机会。这次，他发现了一条非常重要的时讯：墨西哥可能发生了大面积猪瘟。

美国的食品检验检疫制度是非常严格的，只要某地区发现瘟疫，他们会封锁整个地区，不让有问题的食品流通，必须由专门人员就地销毁。

安德烈·格林随即便想到：加利福尼亚和德克萨斯州临近墨西哥，如果墨西哥真的出现了猪瘟，那么很可能会传过来，而这两个州是美国肉食生产的主要基地，一旦这两个地方出现疫情，肉价一定会飞速上涨，这是一个不错的商机。

想到这里，安德烈·格林连忙让他手下的一名员工到墨西哥进行实地调查。果然，墨西哥真的爆发了猪瘟。安德烈·格林立刻决定并组织他的部门行动起来，他们公司大量地收购德克萨斯州和佛罗里达州的生猪和肉牛，然后把这些猪和牛运送到美国东部的几个州喂养起来。

一周以后，瘟疫就蔓延到了美国西部的几个州，加利福尼亚和德克萨斯州首当其冲。美国政府下令禁止这几个州的生猪和肉牛外销，就地销毁，以控制疫情。

此举导致了美国国内市场的肉类产品供应紧张，猪肉和牛肉的价格很快上涨，而安德烈·格林则乘机出售早先采购的猪肉和牛肉，乘机大大赚了一笔。

很多时候，人们不是缺少创意和眼光，而是缺少立即行动的勇气。看到了机遇，有些人或许会犹豫，被条件是否成熟、我这样做有什么风险等种种想法困扰着自己,从而坐失良机。等到看到别人出手成功了,自己再懊悔,等到下一次机会来了,仍然是故伎重演,还是不能及时出手。其实,所有的事情都不可能有100%的把握,机遇往往与风险并存,过于小心谨慎,很难会有大作为。

王石在改革开放之后第一时间下海做贸易。当时他听说深圳某饲料厂家因为解决不了国内运输问题而从国外进口玉米。

于是,王石感到自己的机会来了,他在铁路系统工作过,觉得自己能开展这项业务。可是接下这个业务之后,王石却发现并不容易,从货源到转运,从过磅到货场和车皮计划都非常困难。不仅仅是辛苦,关键是一算账,整个运输费用比货值还高。

于是,王石又跑到海运局,准备走海运,可惜,他的那点货还不够压仓的,对方根本不理他。王石继续想办法,他终于说服一家联运单位,搭载着他的几十吨玉米,顺利运抵深圳。

王石的第一批货没赚钱。但是,他打开了一条运输通道,一年之后,王石在此项业务中净赚了300万,掘到了"第一桶金"。

世界上从来都不缺少空想家,但成功永远青睐于实干者。对于例子中的这个商业机会,王石没有犹豫,而是第一时间付诸行动,尽管在第一笔业务中费尽力气却没有赚到钱,但是他终于打开了财富的大门,为自己找到了一条发展通道。他曾说:"梦想一旦被付诸行动,就会变得神圣。"

2010年底,万达集团斥资20亿元开发建设的六星级三亚海棠湾康莱德酒店、五星级万达三亚海棠湾希尔顿逸林度假酒店双双开业,这一年的最后两个月万达集团一口气就在广州、福州、合肥等地开出了6座广场。

万达集团的扩张步伐让人咋舌:一年开了15座万达广场、7家五星级酒店,这简直就是火箭般的速度。

万达集团老总王健林算了一笔账,假设一个万达广场投资20亿元,若贷款五成,早开业一年就能早有一两个亿的利润进账,而晚开业一年财务上

下篇 这些事别等到上班以后才知道

就需要多出一块很大的利息支出。快,不仅能缩短建设期,也能节省采购成本。也许,这就是万达制胜的秘诀。

英国海军上将佩恩有一句名言:一个人,正如一个时钟,是以他的行动来定其价值的。再好的想法,再美的梦想,如果不能付诸行动,就会成为空中楼阁,想到了就马上出手去做,这样才能及时把握机遇,创造未来。如果总是缩手缩脚,就只能跟在别人的后面捡些残羹冷炙。因此,不论是企业还是个人,要想在竞争中领先一步,就要果断行动,该出手时就出手。

气魄大者成就大

雄鹰的志向在高远的蓝天,所以它才能搏击长空自由翱翔;鲸鱼的志向在宽广的大海,所以它才能遨游五洋,徜徉于波浪;人类正是因为有了对太空的无限向往,才有了神舟上天,嫦娥奔月。气魄大方能成就大,只有志向高远,才有卓越的成就。

在职场上,许多人一辈子忙忙碌碌,天天操劳,却最终碌碌无为。究其原因,有些人并不是因为缺乏才能和天分,而是缺乏"野心",不敢为自己制定一个高远的奋斗目标,因此缺乏成功所必需的动力。风物长宜放眼量,只有给自己定下高远的理想,才能成就自己的最高价值。反之,不管一个人有多么超群的能力,如果没有一个高远的目标,也不能激发出他的潜力,最终他能达到的高度也是有限的。

斯瓦伯出生在美国一个小乡村,那是一个穷乡僻壤的地方,因为家境贫寒,所以没怎么受过正规教育。15岁那年,一贫如洗的他无奈地做了马夫,然而,他却从来没有停止过追逐梦想的脚步。

3年后,斯瓦伯来到了钢铁大王卡耐基属下的一个建筑工地打工。工地上的工作又累又苦,其他工人都在抱怨工作太辛苦、薪水太低,但是斯瓦伯却不一样,他任劳任怨地工作,他把这份工作当成了追求梦想的新起点,他知道,要想摆脱这份低级的工作,就必须先把它做好。

在结束了一天辛苦的工作之后,他还抓紧一切时间自学建筑方面的知识,孜孜不倦地提高着自己的能力,充实着自己的大脑。

公司经理在工地上视察时注意到了这个上进的小伙子,他决定提拔斯瓦伯做技师。

在技师的岗位上,斯瓦伯更加上进,他要通过自己的努力追求获得更多的机会。

斯瓦伯就这样追求着他的目标,终于厚积薄发,在人才济济的竞争者中脱颖而出,受到了老板的赏识。后来,年仅25岁就做了这家钢铁公司的总经理,承担起重任。27岁时,斯瓦伯成了卡耐基集团内最大钢厂的厂长,承担起重任,并逐渐成为卡耐基钢铁公司的灵魂人物,仅仅又过了几年,他就成为卡耐基钢铁公司的董事长。

再后来,斯瓦伯终于建立了自己的大型钢铁公司——伯利恒钢铁公司。斯瓦伯从一个草根出身的"丑小鸭",伴随着对梦想的不懈追求,终于一步步成长为"白天鹅"。

站得高才可望得远,只有拥有远大理想,才能成就最高价值。气魄大方可成就大,在工作中,给自己设定一个高目标,就等于给了自己更大的动力,就会促进自己潜力的开发,加快自己实现梦想的脚步。

法国著名作家维克多·雨果说过:"比陆地更广阔的是海洋,比海洋更广阔的是天空,比天空更广阔的则是人们的梦想。"梦想有多大,舞台就有多大,只有把目光凝定在辽远的梦想处,才能不断学习进步,不断超越自己,最终达到梦想的高度,反之,胸无大志的人,即使有才智,也不会有很大的动力,最终会在得过且过、当一天和尚撞一天钟的日子中,听任年华老去。

1949年,罗杰·史密斯还是一个24岁的年轻人,在他求职的时候,他的

下篇　这些事别等到上班以后才知道

父亲曾说："通用汽车公司是一家经营良好的公司。"他听从了父亲的建议，于是充满自信地走进美国通用汽车公司，应聘会计工作。

当时财务部只有一个空缺，而且，那份工作十分辛苦，并且因为会计工作的特殊性，一个新手很可能难以胜任。但罗杰·史密斯当时只有一个念头，就是不论如何也要进入通用汽车公司。而且，他绝不满足于只做一个普通的职员。

当面试官在雇用这位年轻人之后，曾对他的同事说："我刚刚雇用了一个想成为通用汽车公司董事长的人！"人们都把这当成了玩笑话。

罗杰刚进公司的第一位朋友阿特·韦斯特说："合作的一个月中，罗杰正经地告诉我，他将来要成为通用的总裁。"

他在说出豪言壮语之后，开始了他的理想之旅。凭其出众的才干和对职业的长远规划，数十年如一日，孜孜不倦地工作，一步一步地接近了梦想。

在1981年，谁也没想到，当年这位雄心勃勃的年轻人，真的成了通用汽车的董事长。

罗杰·史密斯在作为一个新人进入公司的时候，就给自己设定了远大目标，他的梦想是成为公司的董事长。正是这个在云端里若隐若现的目标，激励他几十年未曾放松对自己的要求，给了自己长久的动力，最终如愿以偿。

山高人为峰，世界上没有人们征服不了的高峰，只要你的心中存在梦想，只要你的眼睛盯在高处，只要你的眼睛看着远处的高山，就会忽略脚下的疲惫，一步步、踏踏实实地去攀登，你最终就会登上人生的顶峰。

职场就像一座大舞台，如果你想成为主角，就会按照主角的剧本去演绎，如果仅仅满足于跑龙套，那么你的剧本就是简单的，台词就是苍白的。而那些载满荣誉的鲜花和热烈的掌声，都是献给勇于攀登的成功主角的，那么，你是要做一个气魄大、理想高的主角，还是要做一个默默无闻、庸庸碌碌的龙套呢？

第8章
千万别把自己太当回事

在没有拿到玫瑰花之前,不要着急表达爱情;在没有长成参天大树的时候,不要标榜自己能够接受暴风雨的洗礼。作为一个职场新人,要走的路还很长,要过的坎儿还很多。要想更快地追逐梦想,就要低调一点,千万别把自己太当回事儿。

路都是自己走出来的

不是每一朵鲜花都能表达爱情,只有玫瑰才能做到;不是每一棵树都能成为栋梁,只有那些直立粗壮的才能撑起大厦;不是每一匹马都能长途跋涉,只有千里马才能日行千里;也不是每一个人都能登上成功的顶峰,只有那些脚踏实地、不畏艰险的人才能拥抱胜利。

刚刚进入职场的年轻人,不要太把自己当回儿事,在你未收到玫瑰花之前,不要急慌慌地炫耀爱情的美满;在你还没有长成参天大树的时候,先默默地磨炼稚嫩的双肩;在成为千里马之前,先迎着风雨好好锻炼。记住,你没有什么了不起,路都是自己走出来的,没有人能随随便便成功。

初入职场,把领导对你的鼓励放在心底,把同事对你的赞赏化成动力,不要为此飘飘然、陶醉不已。在《邹忌讽齐王纳谏》中,邹忌暮寝而思之曰:"吾妻之美我者,私我也;妾之美我者,畏我也;客之美我者,欲有求于我也。"古人告

下篇　这些事别等到上班以后才知道

诉我们，即使作为一个真正的成功人士，对于别人的赞美也就是姑妄听之罢了，千万不要当真。更何况，你现在不过是一个干什么都不行的职场"菜鸟"呢？

布思·塔金顿是20世纪美国著名小说家和剧作家，他的作品《伟大的安伯森斯》和《爱丽丝·亚当斯》均获得普利策奖。

在塔金顿声名最鼎盛时期，他曾经遇到过这样一件事情。

有一次他作为特邀贵宾，参加了一个红十字会举办的艺术家作品展览会。其间，有两个可爱的十六七岁的女孩虔诚地向他索要签名。"我没带自来水笔，用铅笔可以吗？"塔金顿其实知道她们不会拒绝，他只是想表现一下一个"著名作家"谦和地对待普通读者的大家风范。

"当然可以。"小女孩们果然爽快地答应了，看得出她们很兴奋，这使塔金顿倍感欣慰。

一个小女孩将她非常精致的笔记本递给塔金顿，他用铅笔潇洒自如地写上了几句鼓励的话，并签上了名字。女孩看过签名后，眉头皱了起来，她仔细看了看塔金顿的模样，问道："你不是罗伯特·查波斯啊？""不是，"他非常自负地告诉她们，"我是布思·塔金顿，《爱丽丝·亚当斯》的作者，两次普利策奖获得者。"

他静静地等待着小女孩们非常崇拜地发出惊呼，没想到，沉默了一会儿之后，小女孩把头转向另外一个小女孩，耸耸肩说道："艾玛，把你的橡皮借给我用用。原来我认错人了，这人是个自大的无名小卒。"

那一刻，塔金顿所有的自负和骄傲瞬间化为泡影，从此以后，他都时时刻刻告诫自己：无论自己多么出色，都别太把自己当回事。在自己成为人尽皆知的文豪之前，还是踏踏实实地努力吧。

在现实生活中，哪怕你是一个再普通不过的人，也有着被恭维、被赞誉、被羡慕的时候，这个时候，请你保持清醒的头脑，不要真的把自己当成不可一世的成功人士。你才刚刚迈出了万里长征的第一步，要抵达胜利的终点，还有漫漫征途需要你一步步去走。只有等到抵达成功的目的地之后才能获得内心的那份满足。

曾经有人问著名的登山家乔治·马洛里："你为什么要攀登？""因为山在那里。"他这样回答。是的，我们在职场上行走也是如此，路是自己一步步走出来的，在通往成功的崎岖山路上，我们只不过是一个个孤独的探索者，即使在历尽荆棘磨炼之后，成功也还是一个未知数。所以，我们不必把自己当成什么救世主孤芳自赏，只管坚定地前行就好，等到我们走到成功的转角处，自有美丽的风景出现在眼前。

英国著名戏剧家萧伯纳应邀到俄国访问时，曾经从宾馆里溜到大街上与一位小女孩玩起了游戏。

小女孩和萧伯纳都很高兴，分手时，萧伯纳对小女孩说："回去告诉你妈妈，今天同你玩耍的是英国戏剧家萧伯纳。"

萧伯纳本来以为以他在世界上的名气足以让小女孩感到兴奋，谁知小女孩望了他一眼，也学着他的口气说："你也回去告诉你妈妈，今天同你玩耍的是小女孩喀秋莎。"

这个回答让萧伯纳大吃一惊，他立刻意识到自己的矫情和浅薄的自大，意识到一个人无论名气多大，也并不是走到哪里都有人认识你，你其实没有什么了不起的。

后来，他对朋友说："萧伯纳又怎么样？！在小女孩眼中，我与她就毫无两样。"

当别人夸你或者自我感觉良好的时候，一定要及时提醒自己，泰然处之，要有"宠辱不惊，看庭前花开花谢，去留无意，望天上云卷云舒"的心境。不要盲目自大，路都是自己走出来的，在工作中，没有出色的业绩，就没有骄傲的资本。即使某一阶段的成绩不错，你的前方依然有很长的路要走。

在职场上，天才和傻子一样稀缺，大部分人的天赋都差不多，你没有什么与众不同的，在前进的道路上，只有那些不怕流汗、不怕艰难的人才能走

下篇 这些事别等到上班以后才知道

得更远。因此,我们在职场上所要做的,就是用我们努力的汗水浇灌出鲜艳的花朵,培育出成功的种子。等到春去秋来的收获季节,我们再品尝甘甜的果实,即使聚光灯从未照到我们身上,我们也会拥有最幸福的满足。

敢问成功的路在何方,路就在脚下。

做人要低调,做事要踏实

在人的一生中,能够安身立命的事不外乎两件:一件是做人,一件是做事。同样,要想做一个职场达人,也要从这两方面着手。做人,要有低调的心态;做事,要有踏实的行动。唯有如此,才能欣赏职场上多姿多彩的美丽风景,才能品味工作带来的喜悦。

低调做人是一种境界,曲高者,其和必寡;木秀于林,风必摧之。枪打出头鸟,出头的椽子一般都是先烂的,只有保持低调,不张扬、不浮躁,才能真正走好自己的人生之路。低调做人才能拥有一颗平常心,才不致被外界左右,才能够务实地工作。

再红再紫的明星也有谢幕的时候,再美艳动人的容颜也有韶华不再的时候;再显赫的权势也有颓败的时候,因此,任何成就都不足以自吹自擂。哪怕你才华横溢,也无须锋芒毕露,毕竟只要踏踏实实做事,才能取得实实在在的成绩。只要做出了卓越的业绩,就无须自己炫耀,而自有人喝彩。

著名科学家、中国工程院院士袁隆平曾经说,我现在得到的荣誉太多,什么中国工程院院士、"国家特等发明奖"等都来了,还有人说我是"杂交水稻之父",这个我是不敢当的。我是这样想的:越是出名越要谦虚谨慎,越不能翘尾巴,越要谨慎地做人,夹着尾巴做人,不能翘辫子。

他始终保持着实干家的本色,田间地头就是他的实验室。攻关早期,10年间有7个春节在海南试验基地度过。如今虽年过70,但仍坚持下田观察,每天两次，不论日晒雨淋，从不间断。有一次，省里的领导来看望他，竟是在试验田里见到了他。

他谦逊豁达，不以权威自居。杂交水稻的成功虽带给了他许多的荣耀和光环，可他却从不摆名人架子，待人坦诚。在研究中心，他经常组织研讨，鼓励大家发表见解，集思广益；他经常接待国内外同行的友好访问，十分珍惜这样的交流机会，常常邀请客人举行学术讲座，以开阔眼界、互通心得。往往在这种时候，他把自己当成学生，虚心地请教问题。

他作风纯朴，不讲究吃穿，办公室的设施也很简单。他捐出百万元做科研基金，自己添置衣服时却挑选便宜的，有一次，他花100元买了7件衬衣回来，还和大家吹嘘可以穿好几年。然而他非常关心农民后代，捐助了多名困难学生。

袁隆平说："我的工作主要在试验田，越是打雷、刮大风、下大雨，越要到田里面去看看，看禾苗倒伏不倒伏，看哪些品种能够经得起几级风。从参加工作到现在，只要田里有稻子，我每天都坚持下试验田。我们搞育种的就是要坚持在第一线，这样才会发现新品种，才会产生灵感。我想，搞科学研究是这样，从事其他任何工作也是一样。还要淡泊名利，踏实做人。现在有少数人搞学术腐败，就是名利心、享乐心太重，急功近利、弄虚作假，到头来害人害己。人还是踏踏实实得好，一个人越是出名就越要谦虚谨慎，越要夹着尾巴做人。骄傲使人落后，这是天经地义的真理。"

如果给你一张报纸，然后重复这样的动作：对折，不停地对折。当你把这张报纸对折了51次的时候，你猜所达到的厚度是多少？一个冰箱那么厚？两层楼那么厚？事实上，这个厚度接近于地球到太阳之间的距离。

我们每一天的踏实工作，就像在折纸，一天、两天或许看不出什么价值，但是当我们的付出积累到了一定的程度，就会厚积薄发，产生惊人的结果。在工作中，我们每迈出一步，都是在缩短现实跟梦想之间的距离，都会使我们离成功更近。所以，放低你的姿态，只管踏踏实实努力、奋力前行，最终你

下篇 这些事别等到上班以后才知道

会叩开成功的大门。

有一位姓吴的维修工人,在一家汽车维修厂工作。开始的时候,他也经常干不好,修车的时候,他返工过,把螺栓拧断过,还给汽车"误诊"过。但是,他每天都认认真真地干活,虚心地学习,一点点地进步。从学徒工开始,他一步步成了合格的修理工,成了整个汽修厂的技术权威。

但是,他没有一点点的骄傲自满情绪,总是很低调。领导有一次夸他:"天上飞的、地上跑的、水里游的,除了航空母舰修不了,只要是烧油的,没咱们吴师傅修不了的!"他连连摆手说:"您过奖了,我这点技术都是跟同事和领导们学来的。关键时候,还得靠他们帮忙。"

有一次,他给一辆车换了正时皮带,结果弄得两天睡不好觉,因为,正时皮带断了是要出大事故的,活塞会把气门顶弯的,直到他亲自给车主打电话确定没事,他才放下心来。他的踏实认真,赢得了司机朋友们的一致好评。

鉴于吴师傅的表现,汽修厂的老板请他做了负责技术的厂长。

工作业绩总是做出来的,不是自己吹出来的,也不是别人夸出来的,离开了实实在在的耕耘,就得不到硕果累累的收获。踏实做事不仅仅是为了每个月的薪水,更是为了自己在职场上能够更上一层楼。例子中的吴师傅就是如此,他低调做人,踏实做事,最终赢得了人们的赞赏,也获得了更多的发展机会。

踏实地工作需要坚忍不拔的意志,只要认定目标,哪怕中间隔着千重巨浪、万重沟壑,哪怕每一次进步的幅度小如蜗牛前进,也终会一步步到达成功的彼岸。那些"突然"绽放出耀眼光彩的成功人士,无不是来自水滴石穿及脚踏实地的努力。

因此,在工作中,我们一定要秉承低调做人、踏实做事的原则,默默耕耘,只有这样才能不鸣则已,一鸣惊人,在人间四月芳菲尽的职场上迎来山寺桃花始盛开的惊喜。

别拿鸡毛当令箭

谦逊是使终生受益的美德，一个懂得谦逊的人是一个得道多助的人，要知道，在一个公司里，你没有什么了不起，哪怕你做到高管，做到董事长，也不应该轻视任何人。太过张扬的人会引起别人的反感。

在职场中，要想把工作做好，就要团结团队中的每一个人，更不能拿着鸡毛当令箭，自我感觉良好，认为除了老板你最大。只有谦逊才能赢得同事们的好感，从而使他们真心配合你、帮助你，有助于你工作的开展。

余姗是汉口一家上市公司的办公室职员。几个月前，她的上司调到总公司工作，部门暂时没有任命新的经理。上司耐心地向余姗交接了工作，希望她能暂代管理职位，自己会向总公司推荐她升职。于是，她肩上的担子更重了。

上个月，公司接到通知要做一个项目，每个部门都要填报书面文件，过程非常复杂。可是余姗的经理任命始终没有下达，可是工作还是要做的，于是，总公司指派余姗这位"代理经理"要负责起组织协调的工作。

余姗只好硬着头皮到每间办公室去发通知，但不少部门负责人对这位"代理经理"不是太重视，通知发下去了好久，都没有表格和文件上交上来。还有的部门，余姗拿文件过去时，对方表面上答应得好好：知道了，余经理，我们保证服从指示，圆满完成任务。可是却雷声大，雨点小，等到再一次催促时，对方却大大咧咧地说：不好意思，我给忘了，怎么办啊？大领导，你要不要罚我呀。

余姗虽然很着急，但是她仍然笑笑说："没事，我知道你工作忙，我陪着你现在处理好了。"于是，余姗只好陪着各个部门的同事们一起加班，准备资料。一个个部门都要自己盯到最后，余姗觉得很累。

有好几次，任务进行不下去，余姗曾经很想找总公司的领导出面，或者用命令式的方式下达任务，但这样一来员工们肯定会很反感，员工们最讨厌

下篇 这些事别等到上班以后才知道

拿着鸡毛当令箭的人了。而且,这种做法也会显得自己的工作能力不行。于是,余姗还是坚持用友好的态度请同事们帮忙。渐渐地,余姗感觉到,大家对她的工作表现开始认可,也慢慢地配合她的工作了。

这个项目圆满完成之后,余姗的职务还没有落实到位,她的处境开始尴尬。没想到这时候,她的同事们集体要求总公司任命余姗为正式的经理,这使得余姗在惊讶之余也很感动。

最后,余姗顺理成章地当上了经理,而且获得了下属们的一致拥护。

拿着鸡毛当令箭的人,就像狐假虎威故事里的狐狸一样,拿虎皮当大旗,这样的人最容易引起别人的反感,我们不是常常鄙视那些"狗仗人势"的人吗?真正有能力有内涵的人,反而更低调。工作做出了成绩,这比什么都有说服力。

那些拿着鸡毛当令箭的人,大多自以为能力很强、很了不起,做事比别人强,仿佛自己明天就是总经理、董事长了,因而看不起别人。自信心开始膨胀,往往听不进去别人的意见;做事专横,看不到别人的长处。这种人,最终也做不好工作。

有个年轻人应聘到一家公司,给老板开车,做专职司机。由于他整天在老板身边转来转去,与老板相处得非常好,因此,他感到无比威风,渐渐就以公司的"二把手"自居了。

这个年轻人经常在普通员工面前颐指气使,甚至连部门经理也不放在眼里。时间长了,就连在老板面前他也随意起来,仿佛他才是老板一样,派头大得很。老板性格随和,倒也不说什么。

有一次,老板派他跟销售部的经理去其他公司洽谈业务,身为司机的他本该坐在车上等候部门经理。可是,他觉得车里太闷,就锁上车门,去附近一家麦当劳喝冷饮。经理谈完事,被对方的老板送出来。结果却发现司机不在,在大街上站了一会儿之后,经理觉得很尴尬,就打电话催促他。这个年轻人接到电话后还非常不高兴,对经理说自己是老板的专职司机,不是他的保姆,却没有意识到他的错误。

回到公司,经理把这件事情向老板汇报了。老板找来了年轻人说:"我的公司庙小,供不起大菩萨,请你另谋高就吧!"这个时候,年轻人才明白自己不是什么大人物,不过是一个随时可能被解雇的司机罢了。

在职场上,大多数人都不是不可替代的,而那些少数不可替代的人本身都有"令箭",不需要狐假虎威。因此,如果哪天老板让你做一些"领导"的工作,千万不要以为自己就是领导了,高人一等的感觉也许能让你飘飘然,但是从高处跌落却可能伤筋动骨。

老板吩咐你"领导"同事们做工作,不是让你轻视同事,给团队制造不和谐因素的。即使你真的成了领导,也不过是在团队里的分工不同,不要在普通员工面前不可一世,只有保持谦逊的姿态,你才能得到同事们的拥护和老板的肯定,在职场的道路上顺风顺水。

在职场,当你本身是无职位的"小喽啰",却被老板安排去做一些管理岗位才有权力做的事的时候,千万不要拿着鸡毛当令箭,以一副"你们都要听我的"的嘴脸对待同事们。这样的做法,将会使你永远成不了老虎,而只能做老虎屁股后面的狐狸。

适当放低姿态建人脉

人脉可以撬开机遇的大门,我们每个人都渴望自己拥有一个能力巨大的人脉圈子。有些人在职场上具有像磁石一样的吸引力,各行各业的人才、各个领域的精英都喜欢跟他认识、交朋友,他们的人脉像滚雪球一样越来越大,做什么事情都有人帮助。在羡慕之余,我们不禁想,他们到底有什么魔力或者秘诀呢?

其实很简单,他们只不过是在人际交往中适当地放低姿态,给自己一个合理的定位而已。韩国三星经济研究所旗下 Seri 集团的董事长组织曾在会

下篇　这些事别等到上班以后才知道

员中进行了一项调查：你认为成为董事长需要具备的最重要的品德是什么？最后的结果显示，多数被调查者认为，成为董事长最重要的是处理人际关系的能力。适当放低姿态，有助于我们建立良好的人脉关系。

劳伦是位来自洛杉矶、经验丰富的女商人。她有着时髦的行头，很讲究品位。劳伦拥有一家很大的物流公司，在全国很多城镇都有分公司。她经常去这些分公司视察工作。

在西南部的一个小城镇，当地有一个非常不错的快递公司，劳伦非常希望跟它合作。于是，她就去拜访那家公司的老板怀特。

尽管她提出的合作条件很诱人，而且几乎可以义务地为对方开拓很大的市场，但是她发现：她并不受欢迎。一开始，她怎么也弄不明白原因在哪。

后来，她咨询了一位学者，对方认为，一定是她的穿着和交谈方式让当地出生的那位老板产生了反感，觉得她在装腔作势、高人一等。

于是，劳伦做了一些改变，她不再提合作的事情了。于是她特意穿得很随意，和那位老板一起谈论一些当地的事情，并参加一些社交活动，认识了许多当地的居民。

过了一段时间，奇迹发生了，那位老板怀特主动找到劳伦，要求合作，而且提出的条件比劳伦原来语气的要有利得多。怀特直言不讳地告诉她，以前劳伦用施舍的语气跟他交流，让他很不自在。而现在，他把不再高高在上的劳伦当成了好朋友，自然希望劳伦的生意越做越好。

劳伦主动放低姿态的行为是明智的，尽管她是一位大老板，对方只是一个小公司，但是人都是平等的。"廉者不受嗟来之食"，摆出盛气凌人的架势，不见得对方就吃你这一套。而只有放低姿态真诚地去跟对方做朋友，才能赢得对方的友谊，同时达到双赢的效果。

哈佛商学院的蒂齐亚纳·卡夏罗和杜克大学的索萨·洛沃分析了多种职场关系，最后得出的结论是："大多数人宁愿与讨人喜欢的傻瓜一起工作。也不想和有本事的讨厌鬼共事。"因为有本事的人总是自我感觉良好、高高在上。

结交一个不如自己的人尚且需要放低姿态，可想而知，如果想要建立一个精英人才的人脉圈子，就更需要为自己合理定位了，鼻孔朝天的人注定是没有多少朋友的。

英国女王维多利亚与丈夫阿尔约特相亲相爱，感情和谐。维多利亚作为一国之王，每日花费很多时间忙于公务，而阿尔约特却不太关心政治，对社交缺乏兴趣。因为性格原因，有时候夫妻之间也难免闹点别扭。

有一天晚上，女王维多利亚处理完工作已经是深夜了，当她回到家里的时候，却见卧室的房门已经关闭了，于是就敲起门来。

阿尔约特在卧室内问："门外是谁呀？"

维多利亚回答："我是女王。"

没想到门却没有开，于是维多利亚再敲，阿尔约特又问："门外是谁呀？"

维多利亚回答："我是维多利亚。"

没想到门还是没有开。维多利亚徘徊半晌，再敲。

阿尔约特仍问："门外是谁呀？"

维多利亚回答："你的妻子。"

这时候，卧室的门打开了，阿尔约特热情地用双手把她拉了进去。

维多利亚前两次敲门之所以没有敲开，是由于她对自己的定位不准。她当时是在家里，而不是在王宫里处理政务。她忽视了自己的角色在家中是妻子而不是在宫廷对王公贵族说话的女王，以致造成措辞上的失误。

因此，维多利亚的第一次回答，态度显得高傲，那种高高在上的语气伤了丈夫的心；而第二次回答却缺乏热情，语气平淡，就像跟陌生人作自我介绍一样，因而也没有唤起丈夫的亲昵感，所以两次丈夫都不给开门。

而第三次回答，维多利亚展示了妻子应有的温柔姿态，因而不仅敲开了门，也敲开了丈夫的心扉。这个姿态把握得非常有艺术。

下篇 这些事别等到上班以后才知道

在职场上,我们应学会在恰当的环境中,面对不同的对象,扮演好恰当的角色,采取合适的低姿态,以避免被拒之于门外的尴尬。

当然,适当地放低姿态要把握好一个度,千万不要为了迎合对方而失去了自我,把自己变成一个毫无自尊、阿谀奉承的小丑,这样的姿态不仅得不到对方的尊重和友谊,还会使对方对你产生鄙夷。

放低姿态的一个重要方面就是善于倾听。如果我们学会静心倾听,就会给人谦虚好学、专心稳重的印象。倾听还能使你更好地了解对方,避免不必要的误解。

总之,要想收获好人脉,就要适当地放低自己的姿态,哪怕你在对方饥寒交迫的时候雪中送炭,也不要有任何高人一等的表现。只有这样,才能拥有丰富的人脉资源,最终在"众人拾柴"的支持下燃起熊熊的成功之火。

吾日三省吾身

《论语》中有云:"吾日三省吾身。"苏格拉底认为:"未经自省的生命不值得存在。"自我反省是一种不断提高自己、超越自己的好方法。孔子说:"见贤思齐焉,见不贤而内自省也。"浅显地说就是:见到比自己做得好的就要向他人学习、看齐,见到别人不好的做法则要问问自己有没有同样的毛病,有则改之,无则加勉。

每个人都不是完美无缺的,在职场上,我们都有这样或那样的不足,因此,自省是一个提高自己的方法。但是,往往有很多人做不到这一点,他们总是只看到别人的缺点和自己的优点。其实,我们每一个人都需要不断地进步,因为我们还差得很远。只有做到经常反省,责己重以周,责任轻以约,才能更好地超越自己,成长为优秀的职场人员。

休斯·查姆斯在担任"国家收银机公司"销售经理期间,该公司的财政发生了困难。这件事被销售人员知道了,于是,他们的工作热情大打折扣,业绩开始下滑。到后来,情况越来越差,查姆斯不得不召集全美各地的销售人员开会。

他首先请几位最优秀的销售人员发言,要他们说明销售量为何会下滑。这些销售员似乎每个人都有一段悲惨的故事要向他倾诉:经济不景气,人们都希望等到总统大选揭晓以后再买东西等,而没有一个人反思自身的原因。

当又一个销售员开始列举困难时,查姆斯再也坐不住了,他突然跳到了会议桌上,要求大家肃静。然后他说:"大会停止10分钟,让我把皮鞋擦亮。"

他就那样站在桌子上,叫来附近的黑人小男孩为他擦鞋。在场的销售员都惊呆了,人们纷纷猜测查姆斯是不是急疯了。与此同时,那位黑人小工友不慌不忙地进行着自己的工作,他动作简洁利落,表现出一流的技巧。

皮鞋擦亮以后,查姆斯站在桌子上继续他的演讲:"我希望你们每个人好好看看这位小工友,他拥有在我们整个工厂和办公室内擦鞋的特权。他的前任是个白人小男孩,年纪比他大得多。尽管公司每周补助他5美元,而且工厂内有数千名员工都可以成为他的顾客,但他仍然无法从这个公司赚取足以维持他生活的费用。

"而这位黑人小工友不仅不需要公司补贴薪水,而且每周还可以存下一点儿钱来,事实上,他和他的前任的工作环境完全相同,在同一家工厂内,工作的对象也完全一样。现在我问诸位一个问题:那个白人小男孩拉不到更多的生意,是谁的错?是他的错还是顾客的错?"

那些推销员们不约而同地说:"当然是那个小男孩的错。"

"是的,确实如此,"查姆斯接着说,"你们现在推销的收银机和去年的完全相同,也是同样的地区、同样的对象以及同样的商业条件。但是,你们的销售业绩却大幅下滑,这是谁的错?是你们的错还是顾客的错?"

这次,销售员们认识到了问题出在自己的身上,于是,他们回答:"是我们的错。"

"我很高兴,你们能认识到自己的错误。事实上,你们因为听到了财务危机的传言而不像以前那样努力了。"查姆斯继续说,"其实,只要你们回到自己的销售地区,并保证每人一个月卖出5台收银机,那么,本公司就不会再

下篇　这些事别等到上班以后才知道

发生什么财务危机了。你们愿意这样去做吗？"销售员们都回答愿意。

后来，销售员们果然办到了。

"别人总是有缺陷的，自己才是最好的"似乎是很多人的通病。有些人在工作中犯了错，却只想到寻找各种借口遮掩，却不肯自我反省，总是没有勇气正视自己的不足。其实，只有勇于自我反省，才能不断扬长避短，改进自己、升华自己。

有一位毕业于名牌大学的工程师，他从一个车间学徒工开始，一直勤勤恳恳地干了好几年，期间他也非常好学，经常向同事和老师傅请教，因此进步很快。在这家公司里做了三四年以后，他成了一个有知识也有经验和动手能力强的优秀人才，厂里的领导把他当做重点培养对象，还提拔他做了技术部的副主任。

这位工程师在小有成就之后，自信心开始膨胀、目中无人起来。在他看来，自己在厂里已经是"独孤求败"了，他曾经跟厂长狂妄地说："放眼望去，我在这个行业已经天下无敌了。"

一开始，工厂的领导们还能够容忍，毕竟，他的工作能力非常强。但是，有一次工人们按照他的加工程序操作时，却出了一次事故，不仅产品成了废品，生产设备也差点报废，幸好没有造成人员伤亡。

经检查，原来是工程师的程序中的一个参数失误，他把300写成了3000。本来，发生这样的事故按规定也就是扣点奖金罢了，但是这位自大的工程师拒不承认错误，尽管事实就摆在他的面前，他却一味指责工人粗心大意，并且信誓旦旦地说自己是不会错的。

他的狂妄自大和没有一点担当责任的态度使得工厂的领导们忍无可忍，最终厂长决定让他卷铺盖走人了。

在工作中，失误是在所难免的，因为我们毕竟不是神，无法掌控一切、洞悉一切。大多数情况下，我们都是按照自己的理解来做事，然而，这些行为或许会把我们引向失败或挫折。这个时候，我们就要反省自己，不要讳疾忌医，一个具备反省能力的人一定要具有自我否定精神，要勇于认错、善于改错。

人们的每一次自省，每一次的自我超越，都是像毛毛虫一样的一次"蜕皮"的过程，每一次"蜕皮"都是一次成长而每一次成长，都是一次自我完善，都是向着更完美的自己前进了一步。人只有不断自省、不断剔除自己的弱点和缺陷，才能"化茧成蝶"，完成丑小鸭到白天鹅的华丽转身。

"这又不是我的问题"就是你的大问题

在职场上，很多人在面对某些不太完美的工作结果或者在领导的质疑面前，会说出这样的话："这不是我的问题，真的有客观困难"、"这不是我的责任，是老李搞砸的"、"这不是我干的，你应该找直接负责的小王"……种种说辞，意在证明自己没有责任。

在职场上，"这又不是我的问题"就是你最大的问题。无论是普通职员还是管理层，承担责任不仅是一种基本的职业素养，更是一种聪明的保护自己的手段。没有哪个老板会喜欢逃避责任的人，不承担责任，老板会失去对你的信任，他怎么敢把重任委托给一个没有一点责任感的人呢？

"智者千虑，必有一失。"一个人再聪明、再能干，也总有失误犯错误的时候。出现了失误，当务之急是什么？不是用"这不是我的问题"推脱责任，而应该永远担责，赶紧弥补失误。一个优秀的员工，不需要在责任面前选择逃避，而应该迎着责任前进，勇于担当，带着责任感工作。这种实事求是、光明磊落的工作态度，也必将为你赢得老板的谅解和认可。

某家生产汽车配件的企业最近一个月的业绩明显下滑，老板非常着急，于是召集各部门负责人开总结会分析情况。在会议上，老板让公司的几个负责人讲一讲业绩下滑的原因。

下篇　这些事别等到上班以后才知道

销售经理首先站起来说:"最近销售做得不好,但不是我们部门的问题。主要原因不是我们不努力,而是竞争对手使用了新的生产工艺,他们的产品质量明显比我们的好,而且用的合金强度比我们高,我们的产品不占优势。"

生产部门经理说:"这不是我们的问题,的确,我们的生产工艺是落后了一些,但是我们是有实际困难的。改进工艺需要增加一些机械设备,我们的预算原本就不多,最近还被财务部门削减了不少。依靠这些资金,我们根本无法改变现在落后的生产工艺。"

财务经理说:"我是削减了你们的预算,但是这也不是我们的问题。你们要知道,公司的采购成本最近上升了很多,我们的流动资金都被采购部拿走了,现在公司还面临很大的财务压力呢。"

采购经理忍不住跳了起来:"不错,我们的采购成本是上升了,可是,你们不知道,这其实不是我们的问题。菲律宾的一个锰矿被洪水淹没了,导致了国内合金价格上升。"

大家说:"原来如此啊。这样说,这个月的业绩不好,不是我们的问题啊,哈哈……"

最后,大家得出的结论是:应该由菲律宾的矿山承担责任。

公司的老板面对这种情景,无奈地苦笑道:"不是你们的问题,也就是说你们解决不了了?那我们的损失是不是应该去找洪水要呢?"

时下,职场上有些人就是这样。他们在工作上有成绩时,会争相揽功,甚至为了蝇头小利而争得面红耳赤;但是当工作出现失误,或者公司需要他们解决困难时,却互相推诿扯皮,唯恐与自己有任何瓜葛,常常以"这不能怪我"为借口把责任推得一干二净。这些人不仅存在职业素养问题,其人品问题也值得怀疑。

在职场上,千万不要把"这不是我的问题"挂在嘴上,这是个人责任感缺失的表现。交待给你的工作,你就必须要做好,就必须承担责任。要知道,一个有责任心的人，一个正视自己责任的人，才会被赋予更多的责任，才会获得更多的发展机会，而一味推卸责任、争功诿过的人，则会失去上司对自己的信任与尊重，失去更大的发展平台。

日本著名的首相伊藤博文的人生座右铭就是"永不向人讲'因为'"。勇于承担责任，就是给自己贴上了一个高标准、严要求的标签，这样的人会给别人带来一种踏实可靠的观感。勇于担当责任，同时也意味着在工作中能够认真负责，对这样的人，老板自然会欣赏有加。因此，在职场上，我们应该做一个有责任感的人。

尊重领导，服从领导

尊重领导，是站在领导的角度考虑，给领导一点理解；尊重领导，是对领导工作的支持，是对工作的努力付出；尊重领导，是洋溢在脸上的一抹真诚的微笑，是发自内心里的一种感恩；尊重领导，是对领导安排工作的服从。

作为员工，在我们的心里时时刻刻应该为老板，也为自己多一些感恩。要尊重你的老板、感谢你的老板、理解你的老板，更要服从你的老板。每个人都渴望得到别人的尊重，身处高位的领导也不例外。领导都希望下属尊重他，理解他的工作安排。而那些遵守领导、服从领导的员工，也必然会成为领导心中的"好员工"，在未来有发展机会的时候，他们会首先想到你的。

张林毕业于一所名牌大学，一进公司就表现得非常出色。他对工作充满了热情，经常自觉地加班加点，经常是第一个来，最后一个走。他才华出众，半年时间就攻克了好几个困扰公司很久的技术难题，并在日常的工作中也做出了让人刮目相看的成绩。

很快，他就进入公司老总的视线，被列入重点培养的对象，公司的每一个人都认为他是公司年轻队伍中得到晋升机会最大的一个。

下篇　这些事别等到上班以后才知道

但是，一次盲目自大、不尊重领导的行为影响了他的前途。有一次，公司主管给他安排任务，让他根据车间数据画一份统计图表，要急用。本来这项工作倒是不属于他的职责范围，是由另一个同事负责的，但是恰好那天那位同事有事请假了。

张林心想，这样简单的工作，再怎么也轮不到他这位高才生去做啊，这不是明摆着高射炮打蚊子——大材小用吗？于是他满不在乎地说："我还以为是什么技术难题呢。这样简单的工作也让我干啊！等我忙完了手头上的事情再去做吧。"

他慢腾腾地做着手头的工作，完全不理会主管在办公室里急得如热锅上的蚂蚁。等到主管忍不住过来催时，他的统计工作还没开始呢。于是，主管只好亲自上阵，完成了这份并不困难的工作。

到了年底，公司要进行人事调整，踌躇满志的张林却没有得到公司的晋升。原来主管向高层领导反映张林"浮躁、不服从领导、没有大局观"。

工作中，无论领导分派给你什么样的工作，都要欣然接受，认真地完成，既表现了自己办事的低调，又表现出了对领导的尊重。为了在工作中能有一个愉快的心情，为了以后的前途，一定要处理好与上司的关系，给上司留下一个好印象。

领导的每一句话对下属都有一定的影响力和约束力，所以尊重领导是每一位下属必须做的事情，只有尊重领导，才能得到领导的信任和赏识，才会为自己未来职场成功铺平道路。威灵顿说："执行命令是一个军人的天职，这是我们的责任，并不是侮辱。"军人的第一件事情就是学会服从。服从是一种职业道德，商场如战场，没有服从就没有胜利。

职场中，领导坐在领导的位子上，看问题的眼光跟普通员工是不同的，他们更多的时候要考虑公司的整体利益。作为员工，一定要理解自己的上司，做好上司安排的工作，不要凡事以自我为中心，觉得自己手头的工作是最重要的,觉得自己的做法是最正确的。

在职场中,作为一个下属,尊重领导、服从领导是一个人的本分。面对领导的工作安排,不应该有抵触行为,自作主张、目无领导是非常错误的。因为领导毕竟要着眼于全局,即使你把自己手头的工作做好了,也不一定不会把整个团队的工作搞砸。你觉得不重要的事情,或许恰恰能给公司带来很大的利益。

所以,在职场上,不要轻易用你那浅薄的见识和盲目的自信心否定领导的安排,哪怕你是对的,也要在尊重领导的基础上好好沟通,请领导收回成命。如果领导的安排有其道理,就应该不折不扣地把它做好。

下篇 这些事别等到上班以后才知道

第 9 章
有实力也要会说话

墨子的弟子曾问他："老师，人是说话多好还是说话少好呢？"墨子沉思片刻后说："话不在多少，而在于恰当。田间的青蛙每天都叫个不停，但是人们都不予理睬，而雄鸡每天只是啼鸣两三声，人们就应声而起。"的确如此，在职场上行走，有实力也要会说话才行。

职场新人发言不要太随便

在职场上，或许你会纳闷为什么自己能力不差、业绩不俗却不如别人如鱼得水？为什么累死累活却不得赏识？为什么有些新人在很短的时间内就迅速地爬到了你的上边？难道工作不是凭业绩而是凭嘴皮子？

是的，职场就是这样，不要抱怨老天不公，也不要埋怨领导被表面现象蒙住了眼，在职场上要想发展得更快更好，不仅需要把工作干好，还要会说话。"三寸之舌，强于百万雄兵；一人之辩，重于九鼎之宝。"这就是语言的魅力、口才的价值。

现代职场，口才的妙用日益凸显，不会说话的人会影响自己的发展。要想在职场生涯中得到同事的喜爱、上司的青睐和下属的尊敬，你就必须具备说话技巧，成为句句在理、字字珠玑的说话高手。如果你很会说话，可能会让你少奋斗很多年的。

职来职往有玄机

李刚是一家公司的新员工，才过了几周，他就以幽默的谈吐取得了大家的好感，工作之余他还常常给大家讲笑话，使得办公室里的气氛非常轻松活跃，大家都说公司里来了一个"开心果"。

有一天，几个同事在办公室聊天，其中有一位姓何的小姐32岁了还是单身。这位何小姐的心态平时还不错，但就是接受不了别人对她的未婚之事指指点点。

正好这天她刚配了一副眼镜，于是便拿出来让大家看，大家都说很不错，把何小姐的知性美恰到好处地表现出来了。

这时，李刚想起了一个关于眼镜的笑话，便立刻绘声绘色地说了出来："有一个大龄女青年走进皮鞋店，试穿了好几双鞋子都不满意，于是鞋店老板就蹲下来替她量脚的尺寸。老板是个秃头，谁知这位大龄女青年是个近视眼，刚好没有戴眼镜，她看到店老板光秃秃的头，以为是她自己的膝盖露出来了，于是连忙用裙子盖住，结果她立刻听到店老板叫道：'坏了！又停电了！'"

李刚的笑话讲得很棒，他的惟妙惟肖的语气加上动作，逗得大家笑了起来，当时大家都没在意何小姐的反应。谁知事后竟然从未见到她再戴那副眼镜，而且她碰到李刚后再也不和他打招呼了。

其中的原因不说自明。说者无心，听者有意，在李刚看来，他只联想起一则近视眼的笑话。然而，何小姐则认为：笑我戴眼镜不要紧，还影射我是个大龄女青年，还学得那么像，这不就是说我吗？正好触到了她内心深处的痛。本来李刚是为了博大家一乐，没想到他在无意中伤害了何小姐的自尊心。

在这个例子中，如果李刚稍微注意一下，不要特别强调"大龄女青年"，只说一位小姐的话，也引不起何小姐的联想。他特别强调了大龄女青年，就恰好勾起了何小姐的伤心事，这样引起对方的误解也就在所难免了。

因此，职场新人在进入职场时，一定要秉承少说多做的原则，在熟悉同事之前不要随便发言，因为在你看来无伤大雅的玩笑或者是没有任何特殊

下篇 这些事别等到上班以后才知道

意义的语言都可能对别人存在潜在的"杀伤力"。

在职场中,还要注意一下自己发言的语调。比如对同事、上司称呼时,一定要庄重、饱含感情,不要让对方听着你是在敷衍。打招呼时,最好的语气就是让对方听出你的热情和尊重,比如:"张工好"、"王总早",等等。如果仅仅是例行公事般地打招呼,则显得过于平淡,就如同一盘没有放盐的菜,虽然看着好吃,其实却无法入口。

从前,波兰有位明星,人们都称她为摩契斯卡夫人。一次她到美国演出时,粉丝们蜂拥而来,非常热情,这时,有位观众请求她用波兰语讲台词。

于是她站起来,开始用流畅的波兰语念台词。观众们虽然不了解她台词中的意义,却觉得听起来令人非常愉快。然后,摩契斯卡夫人接着往下念,语调渐渐转为低沉,最后在慷慨激昂、悲怆万分时戛然而止。

此时,台下的观众鸦雀无声,同她一起沉浸在悲伤之中。而这时,台下传来一个男人的笑声,他就是摩契斯卡夫人的丈夫摩契斯卡伯爵。现场只有他听得懂波兰语,其实他的夫人刚刚背诵的是九九乘法表。

摩契斯卡夫人没有生硬地拒绝观众的要求,而是"偷梁换柱"地用乘法表代替了台词。通过语调的变化来调动观众们的感情,竟然取得了惊人的效果。

希腊哲学家苏格拉底曾说:"请开口说话,我才能看清你。"这个例子生动地说明了这一点,即使不明白其意义,也可以使人感动,九九乘法表竟然可以控制观众的情绪。因此,语调的重要性不言而喻。

在职场上,新人发言不要太随便,少说话、多做事是最佳选择。需要说话的时候,哪怕是最基本的称呼也不能随便使用。你的语气之中,只有蕴涵和洋溢着亲切、友善与真诚之情,才有打动人心的功效。诚意需发自内心,过于热情反而会有讨好奉承的嫌疑,也不足取。

当然,不要随便说话也不是提倡新手们当哑巴,一个一声不吭的闷葫芦也是很让同事们和领导抓狂的。对于工作上的事情,完全可以有一说一,当然要注意表达方式，尽量委婉一些。而对于办公室里的小圈子，则不要轻易涉足，免得在不清楚状况的情况下稀里糊涂地做了恶人，或者"冤死鬼"。

会说不一定要多说

曾经有个小国的使者去大国进贡，贡品是3个一模一样的小金人，惟妙惟肖，看得国王兴高采烈。但是小国使者却出了一道题目，让大家颇感为难：这3个金人哪个最有价值？国王请来珠宝匠检查，称重量、看做工，都是一模一样的。泱泱大国，不会连这个小问题都解答不了吧？

最后，有一位老臣说他有办法。于是国王将使者请到大殿，老臣在使者面前将3根稻草分别插入3个小金人的耳朵里。第一根稻草从小金人的另一边耳朵里出来了，而第二根稻草则从小金人的嘴巴里直接掉出来，只有第三根稻草直接进到小金人的肚子里。老臣说：第三个小金人最有价值。使者点头道：答案正确。

这个故事的寓意很简单：老天赐给我们两只耳朵和一个嘴巴，本来就是让我们多听少说的。会说的人不一定要多说，而善于倾听才是成熟者最有价值的品质。

有一位顾客订购了一台功能全面的洗衣机，但几个月过去，他发现洗衣机还没有那种普通的洗衣机好用。于是，他几次打电话到该洗衣机厂的售后服务部门，每次客服人员都会到他家仔细检查一番，但总是发现洗衣机没有任何问题。该顾客等到售后人员走后再用，但总是觉得这台机器有毛病，因此就又要求再修一遍。工作人员不堪其扰，但是本着客户是上帝的原则，还是耐心地向他解释，告诉他洗衣机确实没有问题。

然而这位顾客毫不理会，有一次，他直接跑到售后处，对着工作人员大发脾气，还扬言要在报纸上曝光，请电视台的人去采访，等等。

下篇　这些事别等到上班以后才知道

于是,公司决定派公关部一位干练的"调解员"接见这位愤怒的顾客。顾客向调整员诉说着不满时,调解员只是静静地听,并不时附和着"是的"……顾客滔滔不绝地抱怨了3个多小时。期间,顾客说累了的时候,调解员及时为他倒水,谈话结束后,调解员礼貌地约定明天继续交流。

第二天,那位顾客又开始抱怨,不过,这次,他明显地脾气小了,而且,这次只说了一个小时。

第三天,顾客来了,他不再抱怨,而是礼貌地请这位调解员分析一下为什么只有自己的洗衣机会出现问题。最终,他们的讨论结果是,这位顾客家中的电压不够稳定,只要他不在用电高峰期用洗衣机就没事。

顾客回去之后,按照这个办法一试,洗衣机果然工作正常。于是,他诚恳地对售后人员表达了歉意,也对这位忍受了他两天抱怨的调解员表达了谢意。问题得到了圆满解决,这位顾客也成了该品牌洗衣机的"活广告"。

事例中的那位调解员,其实并不是特别能说会道,他的绝招只有一个,就是面对怒气冲冲的顾客非常认真地倾听,等到对方的怒气消退了,才开始平心静气地帮他解决问题。在真诚而且低姿态的调解员面前,顾客的心态终于缓和了,于是达到了理想的调解效果。

倾听是一门艺术,是尊重别人的表现,是搞好人际关系的需要。倾听是探知他人内心世界的一把钥匙,是获得朋友信任、拓展人脉的一种手段。但在现实中,有向别人倾诉欲望的人很多,但是能够倾听别人倾诉的人却不多,因此,善于倾听的人就显得尤为可贵。

一天晚上,马萨碰巧到一个朋友家参加一次小型聚会。他发现韦奇和一个漂亮女孩坐在一个角落里,那位年轻女士一直在说,而韦奇好像没怎么说话。但是,奇怪的是,那个漂亮女孩似乎特别喜欢跟韦奇说话。马萨稍微观察了一下,也没发现韦奇有什么"绝招"吸引对方,只是有时笑一笑、点一点头,仅此而已。但是,一直到宴会结束,那位漂亮女孩都在愉快地跟韦奇说着话,结束的时候还恋恋不舍。

第二天,马萨见到韦奇时禁不住问道:"昨天晚上我在聚会上看见你和一个迷人的女孩在一起。她好像完全被你吸引住了,你是怎么做到的,教我一招好吧。"

"很简单。"韦奇说,"女主人把女孩介绍给我,我只对她说:'你的皮肤在冬季也晒得这么漂亮,你是怎么做的?你去哪了呢?''夏威夷。'她说,'夏威夷永远都风景如画。''你能对我说说这次愉快的旅行吗?'我说。'当然。'她回答。我们就找了个安静的角落,接下来的两个小时她一直在谈夏威夷。"

韦奇接着说:"今天早晨女孩打电话给我,她说很想再见到我,因为她特别喜欢跟我说话。但说实话,我整个晚上都没说几句话。"

这就是韦奇受欢迎的秘诀,很简单,韦奇只是让对方说,自己只是用心地倾听,适当地表示关注而已。作为一名好的听众,韦奇收获了好的人缘。这个例子告诉我们,用心倾听是一种能力、一种素质,也是成功的人际交往的一个重要因素。

人们都希望别人能分享自己的思想、感情以及经验,希望遇到知音。如果把生活比作是剧院,那么每个人都渴望站在舞台的中央,希望得到别人的关注。因此,学会倾听,学会做一个观众,让别人得到渴望的关注,有助于我们获得融洽的人际关系。在工作中倾听亦是非常重要,说得少而听得多的人,就会对对方的情况了解更多,然后采取相应的措施去解决问题,结果自然是人际关系融洽,工作业绩优秀。

自我感觉良好还不够

许多人从找工作的时候起,就面对这样的困扰:"我感觉自己表现得很好啊,怎么面试官就是有眼无珠呢?""我感觉在客户面前发挥得不错,就是铁石心肠的人也会被我打动,怎么对方连一毛钱的产品都没买呢?"等等。

下篇 这些事别等到上班以后才知道

在工作中,我们常常要面对各种各样的人,要扮演各种各样的角色,周旋在领导、同事、客户之间。有些人自以为练就了"见人说人话,见鬼说鬼话"的高超水平,自我感觉良好,以为这样就能营造和谐的人际关系,做事顺风顺水。其实,自我感觉良好还不够,你必须让对方也感觉良好,才能取得理想的沟通效果。

夏威夷有一位查尔斯先生经营一家海产品公司。他一直想把自己的海产品推销到纽约的一家大饭店去。但是他一连好几年给该饭店的经理威廉打电话,都没有回音。为了拿下这个大客户,查尔斯还去该经理出席的社交聚会同他见面,甚至在该饭店住了下来,面谈的时候查尔斯声情并茂,感觉良好,可惜却没能做成这笔生意。

查尔斯百思不得其解,后来他找了一家咨询公司请人指点,对方告诉他,他每次与经理对话时都说着经理不感兴趣的话题,所以他说得再好都没用,威廉经理对他的话根本毫无兴趣,自然不会把心思花在他和他的产品上了。

经过一番调查,查尔斯发现威廉经理是一个叫做"绿色星条旗"的环保组织的骨干成员,最近还被选为该组织的主席。他对这个组织极为热心,不论会员们在什么地方举行活动,他都一定到场,是个狂热的环保分子。

于是,查尔斯再次见到这位经理时,就开始大谈特谈环保问题,并且"不经意"地说在美国,最好的环保组织就是"绿色星条旗"了。这一招果然有效,威廉经理马上转变了他冷冰冰的态度,热情地和查尔斯交谈起来,大有相见恨晚之势。谈起这个组织,威廉经理就像一个夸赞自己孩子的母亲一样,眉飞色舞,看得出,他对自己在环保方面的努力非常满意和自豪。

这次谈话,查尔斯丝毫没有提及自己的海产品问题,话题都是有关这个环保组织的。结束谈话后,查尔斯得到了一张该组织的会员证。他虽然在这次会面中没提海产品的事,但没过几天,那家饭店的厨师就打来了电话,让查尔斯赶快把报价表送过去。

就这样,一笔生意在不经意间谈成了。

在交际中,自我感觉良好还不够,还得让对方感觉良好,为了表明自己与对方的态度和价值观相同,就要制造一些和对方相似的感觉,让对方感觉自己和他们是"一伙儿"的。只有达到了让对方感觉你是"知音"的水平,才算是达到了理想的交流境界。

在适当的时机巧妙地让对方感觉你是"自己人",会为你节省许多精力,有助于消除别人的防范心理,缓解他们的抵触情绪,也有助于减少信息传播渠道上的障碍,帮助你尽快建立人际关系,这种方法只要运用恰当,就可以赢得别人的信任与喜爱。

里根总统在参加选举的时候为了迎合不同选民的心理,就曾经运用让对方产生良好的自我感受的心理策略,并且非常成功。

有一次,里根总统对一群意大利血统的美国选民演讲,他说:"想起意大利人的家庭,我总是不由自主地想到他们温暖的厨房,还有更为温暖的家以及他们充满整个房子的爱。"

接着,里根总统讲了一个笑话拉近与选民的距离:"有一家人,他们的孩子逐渐长大,父母发现现在的公寓太小,因此决定搬到乡下一所大房子里。搬家之后,男主人的朋友来家里做客,这位朋友问这家最小的女儿:'你们喜欢这个房子吗?'女孩回答说:'我们很喜欢,我有了自己的房间,我的哥哥和姐姐们也有了自己的房间。但是,妈妈的情况稍微糟糕一些,她还是和爸爸挤在一个房间里。'听得这位朋友哈哈大笑。"里根总统很轻松地推销了自己的形象,让选民们产生了亲切感。

无独有偶,柯立芝总统也曾经这样做过,他曾经拍过一张照片,穿着工作服,手拿着干草叉,更让人无法理解的是,他还常常戴着一个用鸟的羽毛装饰的头巾向那些印第安人致意,他当时的打扮简直就是一个"土包子",但是,不可忽略的是,这种极富乡土气息的装扮缩短了他跟当地人的距离,为

下篇　这些事别等到上班以后才知道

他在日后争取农民选票的时候打开了一条捷径。

在人际交往中，我们要不着痕迹地让对方感觉良好，同时要把握好尺度，不要让对方觉得你是在刻意迎合，那样只会让对方产生反感。恰到好处地让对方感觉到"高山流水，知音无限"的惊喜，对方自然会喜欢你，跟你做朋友，并进一步形良好的人际关系。

我们都知道人际关系的重要性，这关乎我们在社会生活里的存在状态，良好的人际关系可以让我们身心愉悦。因此，跟对方沟通交流时，要让对方感觉良好，而不仅仅是自己感觉良好，这种方式不是强行推销自己，更不是夸夸其谈，恰恰是把自己暂时摆在一边，让对方的心理产生满足感，从而自然而然地与你亲近。

恰当的赞美甜如蜜

有这么一则小故事：一个人就要去外地当官了，临走的时候去自己的老师那里拜望。老师问他说："你到地方上任，有没有什么准备啊？"那人就说："我准备了100顶高帽子，遇到一个我就送他一顶。"

老师不悦地说："为官要为百姓着想，怎么能在这方面下功夫呢？"那人赶紧说："老师教训的极是，可是现在的人就是喜欢听奉承话啊！又有几个人能像老师您一样高尚正直呢？"老师听到后，笑着说："是啊！除了我，又有谁不喜欢赞美呢？记住当官要为老板姓多办实事，去吧。"学生出门以后不禁自言自语说："准备的100顶高帽子，还没上任就先送给了老师一顶。"

这个小故事说明，人人都喜欢被别人赞美，喜欢"高帽子"，但是，赞美也要注意火候，恰到火候的赞美无疑会赢得对方的好感，收获良好的人际关系。而不恰当的赞美恐怕会起到相反的效果，引起对方的反感。

美国著名的柯达公司的创始人乔治·伊斯曼，曾经捐赠巨款在罗彻斯特建造了一座音乐堂、一座纪念馆和一座戏院,许多制造商都想成为这批建筑物内的座椅提供商。

但是,很多人找伊斯曼谈判都没有搞定。亚当斯也想得到这笔价值9万美元的订单,于是,他前去会见了伊斯曼。进入办公室后,他看见伊斯曼正埋头于桌子上的一堆文件,于是就静静地站在那里打量起办公室来。

伊斯曼忙完工作后,发现了亚当斯,两个人就交谈起来。不过,亚当斯没有谈生意,而是说:"伊斯曼先生,刚才我仔细地观察了您的这间办公室,感到很震撼。我本人长期从事室内的木工装修,但从来没见过装修得这么精致的办公室。"

伊斯曼回答说:"哎呀!真的吗?其实,这间办公室是我亲自设计的,当初刚建好的时候,我很喜欢。但是因为工作忙,一直到现在都没有机会仔细欣赏一下。"

亚当斯走到墙边,用手在木板上一摸,说:"我想这是英国橡木,意大利橡木的质地不是这样的。""是的,"伊斯曼高兴得站起身来,"那是从英国进口的橡木,是专程从英国运来的。"

伊斯曼此时心情好极了,便带着亚当斯参观起办公室来,伊斯曼开心地向亚当斯作介绍,从木质谈到颜色,再从手艺谈到格局,最后又详细介绍了他的设计经过。整个过程,亚当斯都微笑着聆听,饶有兴趣,中间不时加上几句赞美之言。

伊斯曼谈得欲罢不能,最后对亚当斯说:"我家走廊里有几张椅子,由于日晒,都脱了漆。您有兴趣到我家里一起吃午饭,然后看我的上漆表演吗?"亚当斯欣然答应。

午饭以后,伊斯曼便动手把椅子漆好,赢得了亚当斯的由衷赞美,深感自豪。

直到亚当斯告别的时候,两个人都没有谈到生意上去。不过,亚当斯却获得了大批订单,并且和伊斯曼结下了终生的友谊。

亚当斯成功的诀窍是什么?是恰到好处的赞美,伊斯曼在商业上是一个

下篇　这些事别等到上班以后才知道

成功人士，如果亚当斯一上来就大谈对伊斯曼的商业成就如何崇拜，不仅没有新意，恐怕还会适得其反，引起伊斯曼对其人品的怀疑。而从室内设计上入手，则是对伊斯曼的个人爱好进行了赞美，而这一点是很少有人发现的，却是伊斯曼非常自豪的地方。如此一来，伊斯曼找到了知己，自尊心得到了极大的满足，这笔生意当然也非亚当斯莫属了。

在赞美别人之前，不妨先考虑一下我们这样"夸人"有没有事实根据，对方听了是否相信，不能睁着眼说瞎话。还要注意找到合适的赞美角度，要搔到对方的"痒处"，比如，对一个爱好书法的人，我们应该赞美他的书法，而不是夸他家门口的狗是多么威猛。只有恰当的赞美，才能迸发出强大的力量。

一天晚上，韩国一家大公司发生了被盗事件，但盗窃者并没有得逞。该公司的一位保洁员不顾生命危险，与盗窃者进行了一场惊险的搏斗。

在这样一个大公司里，论地位、工资，这位保洁员都难以在公司里引起重视；论责任，防火防盗这些事情与一个小小的保洁员也没有直接的联系。然而，是什么让这位保洁员产生了如此强烈的正义感呢？

后来，有人从这位保洁员的口中得知，他之所以会这样做，是因为公司总经理每次看到他在辛勤工作时，总是微笑着表扬他把地板打扫得很干净。因此他心存感激，并以此作为回报。

如果赞美运用不当，那么，恐怕没有一个理智的人会把你当做真正的朋友。如果主妇捧出一盘新鲜的水果来招待你，可是装水果的盘子很普通，那么，你就要赞美她的热情，而不要去赞美她的盘子。因为，赞美她的热情是一种感谢，而赞美她的盘子就可能是对她的一种讽刺。

当你用恰到好处的赞美甜蜜了别人的心时，你也就拉近了你们之间的距离。你的赞美是一种神奇的力量，是人际关系的催化剂。所以，要适当地赞美别人，你播下的每一粒赞美的种子，在未来的某一时刻都可能会开出遍地鲜花。

当个称职的配角

在人才济济的职场上，每个人都怕自己被埋没，都怕自己成为不起眼的一粒沙子，而期望做一颗耀眼的珍珠，不论放在哪里都璀璨夺目，成为众人的焦点。然而，在某一阶段，舞台就那么大，在你拥有成为主角的实力之前，还是需要你做一个称职的配角。

作为一个初入职场的新手，怀揣着对未来的美好梦想，恨不得一天就能出人头地。这种心情可以理解，但是，任何事情都要有一个渐进的过程，不可能一蹴而就。作为新人，还是应该少出头，做好配角，为将来的迸发积蓄力量。而把自己摆在配角的位置上，更容易获得同事或者领导的认可和帮助，从而使自己更快更好地成长。

有两个年轻人小王和小李同时进入一家外贸公司，他俩的外语水平都很不错，对这一行也肯下功夫、肯钻研。

有一次，公司接到了一个很大的订单，但是因为跟这个客户是第一次合作，因此，小王和小李都觉得应该慎重一些，应该去实地考察一下。为此，小王和小李分别找到上司提出建议。

小王找到了他们的部门经理，提出了很多建议，说得头头是道，极力说服经理派人员到国外出差，没想到经理没什么兴趣，并且露出不高兴的脸色。听完他的解说后，经理问："那么，要派谁去呢？"小李心想，当然是非我莫属了，因为自己的外语不成问题，并且对国外的市场曾下过功夫研究。照理说，自己是最能胜任的，于是，他自信地说："当然是我去了，我会外语啊。别人去能办好吗？"经理听了很不高兴："我不会外语，每年都能跟外国人谈成很多生意！"直接把他的意见否决了。

小李看到小王垂头丧气地回来之后，连忙问了一下原因。经过分析，他

下篇 这些事别等到上班以后才知道

认为经理否决不是因为这个建议不好,而是小王在说话的时候拼命地突出自己而忽视了经理。

于是,小李又敲开了经理办公室,他用请教的态度跟经理谈话,详细地分析了实地调查的好处,最后虚心地问经理:"您的经验丰富,您看,我们需要派人员到国外调查吗?"经理欣然回答:"当然要调查,盲目接下这个订单是有风险的。"

小李又说:"那恐怕只有您亲自出马了,我们都没经验啊。由您在身边指导着还行,要是自己出去,恐怕还会迷路,回不来了呢?"经理哈哈一笑:"没想到你还这么幽默啊!那看来我得亲自去一趟了,我看你的外语水平不错,对那边的市场也做过调查,要不你跟我出去锻炼锻炼吧。"

小李忙说:"那太感谢您了,这可是难得的学习机会啊。"

一星期后,派人出国的事就得到了核准,去的人是经理和小李。因为他既通晓外语又了解国外的情况,被视为上司的最好随行者。

半年后,小李升职加薪,而小王还在默默地坐着"冷板凳"。

作为刚刚进入公司的新人,需要学会忍耐,然后在必要的时候说出得体的话,而不是有意无意地到处夸夸其谈。在关键的时候不要喧宾夺主,作为配角,不要争着去抢主角的风头。只要你能配合主角做好工作、做出成绩,那么他的春天到了,你的春天还会远吗?

作为新人,千万不要以自我为中心,让别人都迁就你。你必须努力适应团队中各种性格的人,你的工作才可能顺利进行。如果你一味地觉得自己了不起,批评别人"这个人有这样的缺点……"、"老王办事总是拖拉……"这样你是无法与同事建立良好的人际关系的。这样只会让你成为主角的梦想更遥远。

有一家企业新招来了一批大学生,总经理为了表示对他们的热情欢迎,开会时拿着花名册一一点名,并逐一握手。当总经理叫到"苏倩"时,下面却久久没有人应,总经理又叫,还是没人应声。

新来的助理拿起花名册来看了一眼，笑了，对总经理说："应该是苏婧，不是苏倩。"

下面的新人们都看着总经理，总经理的脸上有些挂不住了，一旁的秘书急忙说："对不起，总经理。这事怪我，我没注意看，把婧打成倩了。"总经理笑了，说："下回注意点。"然后，欢迎会顺利地召开了。

会开完以后，自以为才学过人的助理被辞退了，秘书成了总经理助理。

这个例子不是告诉我们要弄虚作假，而是在特定的场合，我们要维护上司的形象，给上司一个展示你棋高一招的机会。不能让他成为反面人物，上司的形象坏了，下属的形象再好都没用。因此，这个时候，作为配角的你如果能够及时帮主角一把，那么他会记得你的好的。

大部分的上司都不太喜欢在他面前过于随便、爱出头的下属。一般来说，上司都不喜欢被下属说服。因此，你在工作中对上司提出建议时，不要让上司有被说服的感觉，要让他认为这个决定是他主动作出的，是出于自己的意愿作出的。要让他觉得他才是主角，那些喜欢出风头的人提出的意见，大都不容易得到上司的认可。

要知道，在职场中，虽然你的工作能力很强，但是对周围的影响力还是远远不如你的上司。既然如此，你为什么不借助上司的影响力来完成你的工作呢？这样既让上司满意，又可以实现你的目的，穿着配角的戏服唱主角的戏，皆大欢喜，何乐而不为呢？

一味沉默也不是金

在职场上，很多人信奉言多必失的古训，秉承"万言万当，不如一默"的职场信条，总是少说多做、默默耕耘。这样的做法无可厚非，但是也一定要把握一个度，不要走极端，把自己变成一个无名英雄。

下篇 这些事别等到上班以后才知道

很多刚刚踏入职场的人,一开始干劲很大,但是一味沉默,不会表现自己。后来他们发现,自己一点都不比公司其他同事差,可是,却总得不到老板的重视。因而开始对公司产生抱怨,自己也变得不再努力,这便更难获得老板的重视,甚至会对自己的工作能力产生怀疑,严重影响自己的职业生涯。

杨阳性格内向,从不张扬,他研究生毕业后进入了一家中等规模的民营企业,在该公司企划部工作。该部门的员工数量不多,仅有10多名员工,这个部门除了经理和杨阳是硕士学历,其他成员大多是来自国内知名高校的本科生,他们也都是新人。

3年来,杨阳一直默默地做事,虽然大大小小的项目参与了不少,并且期间还参加了几个比较重要的项目。但是他总感觉自己没有受到重视,老板也没有给自己加多少工资。尤其令他伤心的是,老板多次把本该属于他的功劳算到了别人头上,他越来越感觉自己在公司的前途渺茫。

有一次,杨阳回到家里跟父亲抱怨,说自己无论在学历、经验及能力上,都决不会比其他同事差,甚至他认为有些同事明明不如自己,却能够受到老板的重视,无论在工资或是职位上都超过了自己。虽然自己工作很尽心、很努力,但总得不到晋升的机会,也得不到老板的青睐。一位与自己同时进入公司的同事,各方面条件跟自己都很接近,听说竟然快升为部门经理了,他感觉对公司越来越失望,开始考虑换工作了。

杨阳的父亲问他:"你的工作情况你们老板了解吗?如果不了解,你有没有想办法让他知道呢?"杨阳说:"还用我亲自去告诉他吗?他应该能看见的,我们部门就这么几个人,我经常周末加班,很多关键问题都是我解决的,这都是明摆着的,还用我说!"杨阳的父亲笑了:"这就是你的失误了,少说话,多做事虽然没错,但是你不能让老板忽略你啊。老板有老板的事情,不可能完全了解你的工作情况。需要汇报的时候,可不要一味沉默啊!"

杨阳听了父亲的话之后,开始试着跟老板沟通,他每周把自己的工作内容通过邮件汇报给老板,而老板也不时地指点他的工作。又过了半年,老板出人意料地提拔杨阳做了助理。

任命之后,老板对杨阳说:"过去的很长时间里,你就像一个隐形人一样,我看不到你的工作情况,听不到你的建议和意见。我还以为你只是把公司当做一个跳板,学到东西就跳槽呢!现在我才知道,原来你为公司付出了很多。"

在职场上,有为数不少的人不声不响地埋头苦干,数年甚至数十年如一日。也许在他们看来,只要我努力,老板一定会看见的,我一定能够得到应有的奖赏。其实,这种想法太一厢情愿了,特别是在一些大公司里。老板的下属有很多,他每天还要忙于公司的其他更重要的事务,不可能跟保姆似地盯着你的工作。

有些时候,你明明付出了很多,老板却视而不见。严格说来,这不完全是老板的错,沟通不畅才是根本原因。即使老板挤出一部分精力来关照员工,他们往往也会把注意力放在"落后分子"身上,埋头苦干的你反而容易被忽视。因此,对于你的工作成绩,不仅要干,还要说,要表现给老板看。

战国时期,各国混战,有一年,赵国被秦国打得节节败退,赵国公子平原君准备向楚国求救,他打算从门下食客当中挑出20名文武兼备的人才同行。

结果挑了半天,选出19位,还差1位始终无法选出,这时有个叫毛遂的人自我推荐,要求加入。平原君不以为然,就对毛遂说:"人在世上,就如同锥子在袋子里面,若是锐利的话,尖端就会戳穿袋子,露在外面。人也如此,有才能的人也总是会脱颖而出的。但先生你在我的门下3年了,一向是默默无闻,不知先生你有什么才能?"虽然称呼毛遂为先生,但是语气是不客气的。

没想到毛遂回答说:"我之所以默默无闻,就是因为一向没有机会。如果你能把我放在袋子里面,不仅是尖端,甚至连柄都会露出来。"这话打动了平原君,于是就让他加入了随行者的行列。

下篇 这些事别等到上班以后才知道

到了楚国后,平原君谈不下来,救兵迟迟不发,其他门客都束手无措。只有毛遂凭借其过人的口才和胆识,协助平原君成功地完成了任务。从此以后,平原君就开始重用毛遂了。

对于老板来说,他其实不一定对所有的下属都了解,而如果你能够主动地向老板表现,则更容易让你的老板发现你,当然,你需要把自己的实际工作情况展现给老板,而不是"弄虚作假",这样更容易让你的老板了解你、认识你,更容易得到老板的认可和信任。

有些人沉默是因为害怕同事批评自己喜欢表功。其实,实事求是地表现自己,并不是什么不道德的事情。职场如战场,自己的成绩不为自己所用,难道还要便宜竞争对手吗?因此,要想在职场上得到相应的回报,就不要一味地信奉沉默是金,该开口时就开口。

用你的嘴说动别人的腿

作为初入职场的新手,刚开始时可能因为对环境不熟悉,或者正处在战战兢兢的适应期,因此,没有多少可以长谈的说话对象,这是很正常的事情。而且,说话的技巧是需要慢慢锻炼的,只要你用心揣摩,经过一段时间的积累,你就能成为一个"会说话的人",用你的嘴说动别人的腿。

美国钢铁大王卡耐基曾说过:"一个人的成功,约有15%取决于技术知识,85%取决于你的巧言妙语。"我国古代的张仪凭三寸不烂之舌,采用连横之术挂六国相印,由此可见"会说话"的好处。所谓甜言蜜语,巧舌如簧的说话技巧会帮你在说服别人的时候轻松自如、游刃有余。

一个乡下来的小伙子去城里最大的百货公司应聘做销售员。百货公司的老板问他:"你以前卖过东西吗?城里不比乡下,销售是需要技巧的。"

他回答说:"当然卖过,我从 15 岁起就干这个,我以前是村里挨家挨户推销的小贩。我知道怎样卖东西,我保证能胜任这份工作。"老板被他的自信说服了:"你明天可以来上班了。等下班的时候,我会来看你的工作成果。如果做得不好,恐怕我就不能留你了。"

到了下班的时间,老板来了,他问这个小伙子:"你今天做了几单买卖?"

"一单。"小伙子回答说。

"只有一单?"老板很吃惊地说:"一般来说,我们这儿的售货员每天基本上可以做成 20 到 30 单生意呢。一单,有点少吧,不过是第一天,可以理解。那么,你这一单生意卖了多少钱?"

"30 万美元。"年轻人回答道。

老板目瞪口呆,半晌才回过神儿问道:"什么?我没听错吧?30 万美元还是 30 美元?你怎么卖了那么多钱的?"

"是这样的,"这位"憨厚的"乡下小伙子说,"今天我接待了一个顾客,那是一位男士,他本来想买一个鱼钩去钓鱼。我先卖给他一个小号的鱼钩,然后是中号的鱼钩,最后是大号的鱼钩。接着,我告诉他需要配上相应的鱼线,于是,我就卖给他小号鱼钩用的鱼线、中号鱼钩的鱼线,最后是大号鱼钩的鱼线。然后,我又问他上哪儿钓鱼,他说去海边。于是,我建议他买条船,所以我带他到卖船的专柜,卖给他长 20 英尺、有两个发动机的帆船。然而他说他的大众牌汽车可能拖不动这么大的船,于是我又带他去汽车销售区,卖给他一辆新款豪华型越野车。"

老板惊奇地问道:"难以置信!一个顾客仅仅来买个鱼钩,你就能卖给他这么多东西?"

"不,他不是来买鱼钩的。"小伙子回答道,"他是来给他的妻子买卫生棉的。我就告诉他:'看来你的周末算是毁了,干嘛不去钓鱼呢?'"

这就是语言的力量,这就是会说话的魅力,生活中最难说服的人恐怕就是顾客了。那个小伙子却通过毫不出奇的几句话,勾起了对方的购买欲,把

下篇 这些事别等到上班以后才知道

一根针一样的小生意做成了航空母舰般的大生意。

在第二次世界大战中,斯大林总是听不进去别人的意见,一意孤行。

莫斯科保卫战前夕,大本营总参谋长朱可夫将军曾建议斯大林,放弃基辅城,以免遭德军的合围。本来这是一个很有战略眼光的好建议,但斯大林听不进去,不仅当面斥责朱可夫,还在一怒之下把朱可夫赶出了大本营。后来的事实证明,朱可夫是正确的,但是一切都为时已晚。

在为朱可夫将军惋惜的同时,怎样让斯大林接受意见就成了大本营的将领们必须要解决的问题,总参谋长华西里耶夫斯基的做法就很有效。

华西里耶夫斯基选了一个斯大林心情最轻松、情绪较高的时候,跑到斯大林的办公室里,不经意地顺便说了一些军事问题。华西里耶夫斯基说的既不郑重其事,也没有条理。等他走了以后,斯大林就被启发着想出了一个好计划。

过了不久,军事会议就讨论了这个计划,大家都佩服斯大林的深谋远虑,斯大林自然十分高兴。而华西里耶夫斯基也与大家一样,好像从来也没有听说过这个计划的样子,与众人一起表示赞叹折服。

华西里耶夫斯基的办法是用自己蹩脚的语言,说出了一个不完善的计划,从而"抛砖引玉",促使斯大林自己去完善这个计划,这样,这个计划就成了斯大林自己想出来的了。借助斯大林的权威,实现了自己的作战计划,这就是一种聪明的交流方法。

每个人都希望得到别人的肯定,受人好评,领导也好,顾客也好,都不能免俗。因此,聪明的人就会利用这一点,满足对方的这种心理需求,巧妙地利用对方的嘴说出自己想说的话,这比把自己的意思强加给对方要高明得多。同时,还要善于选择对方心境最佳的时机,这样对方否定的几率就小,总之,这是一个斗智斗勇的"游戏"。

在交谈过程中,如果特别强调自己的观点,企图使自己占上风,对方就会加强防范心。所以应使对方产生一种优越感,放弃抵触情绪,这样对方就很容易接受。就像登山一样，侧面迂回就会容易一些。因此，说话要注意技巧，不要蛮干，这样才容易说动对方的腿为你所用。

每一次拒绝都是成交的开始

我们都不喜欢被拒绝，但是我们遇到最多的却是拒绝。很多人被拒绝一次就垂头丧气，失去了继续下去的勇气。也有些人会说："我的性格不适合说服别人，我干营销工作肯定不行。"为自己找一些退缩的借口。

也许你的营销生涯苦累交织，辛苦和努力换来的却是一次次的拒绝，经常带着沉甸甸的心情回家，难道真的要把一切归罪于运气吗？答案自然是否定的。其实，每一次拒绝都是成交的开始，每一次拒绝都是一种收获。我们知道了这样的方法不行，我们就可以尝试其他方法，这不就是一种收获吗？

汽车营销员马陆在一次大型汽车展览中结识了一位非常有实力的大客户。通过调查分析，他认定这位客户对越野型汽车情有独钟，于是便将公司越野车系列产品介绍手册递到客户手中。

但是，很长时间过去了，马陆仍然没有收到客户的任何信息。他试着给客户打了两次电话，可是客户都以繁忙为借口拒绝了他。

马陆非常想做成这单生意，于是他对客户进行了一些调查，他发现客户非常喜欢射击，还了解到他在周末的时候经常到附近的射击场射击。于是，马陆到网上查了大量资料，对射击相关知识做了充分了解，并亲自到射击场练习。马陆头脑灵活，接受新事物的能力非常强。一段时间后，他已经娴熟地掌握了射击基本功。

当他再次给客户打电话的时候，对车的事情只字未提，只是告诉客户，他无意间发现了一家射击场，希望能够约客户一起去射击。客户激动地说："原来你也喜欢射击啊！"射击场上，客户发现马陆的射击技术相当了得，而

下篇　这些事别等到上班以后才知道

且对与射击相关的知识了解广泛，不由暗生敬意。

一来二去，两个人成了好朋友。接下来，聊天的范围越来越大，当客户说到自己非常喜欢驾驶豪华越野车到郊外野营时，马陆及时抓住机会，说道："刚好我们公司新上市一款新型越野车，极具品位和个性，我带您去看看吧。"不难想象，这次营销完成得非常成功。

马陆在被拒绝之后，另辟蹊径，用寻找与客户共同的爱好为出发点，成功找到了共同话题，当"共同"的目标实现之后，立刻将主题拉到汽车上，及时向客户推销了产品。

遇到客户拒绝时，一定不要生硬地反驳、企图说服对方，那样必然会招致对方的反感。为了嘴上一时的痛快却丢失了一个客户，绝对是一个得不偿失的选择。其实，很多时候，我们可以换一个角度去说，先表达出对客户的认同，使对方降低对我们的排斥或者提防心理，我们再做进一步的解释和说服就比较容易，要知道：永远不能与客户"对着干"。

根据营销协会统计，60%的生意是在要求4次以后成交的，换句话说，只有4%的坚持到底的销售人员能拿到60%的订单，而剩下40%的订单有96%的人在争取在抢。你要是那4%肯坚持开口要求4次以上的人，你会得到最大的市场，你要是那96%不敢要求4次以上的人，你只能跟96%的人去抢可怜的、少数的40%的生意。也就是说，坚持是很重要的。

在美国曾经有一个卖厨具的公司招聘了一批推销员，业务经理非常讨厌其中一个推销员，所以在培训结束之后，他要整一整这个推销员。他把这个推销员找来说："我想让你去拜访一个顾客，这个顾客是我们全公司最棒的一个，谁去拜访他，他就会跟那个推销员买东西，如果你去拜访他，你会立刻产生业绩的。"

这个推销员深信不疑，非常感谢经理的帮助。其实经理根本是骗他的，经理给他的名单是全公司最烂的一位顾客，谁拜访他，他都不买，可是这个人却信以为真。

经理告诉他:"年轻人,刚刚我跟你讲这个顾客一定会买你的产品,但是你要注意,他刚开始会故意拒绝你,他会故意说不买,会说你们的产品品质不好、质量不好、价格不好、服务不好,我绝对不跟你买……这些话你不要相信,他拒绝你是在考验你,拒绝得越多,他买得越多,你明白吗?"这个推销员深信不疑,感谢经理的好心提醒。

这个推销员说:"经理,你为什么对我这么好,我要是没有听你这番话,可能就被他给骗出来了,所以经理你放心,我一定把东西卖出去。"

结果这个推销员真的去拜访了那个顾客。果然,那位顾客很不客气,不论推销员怎么说,他就是不松口说买。

推销员牢记着经理告诉他的话,认为自己一定能经受住考验,拿到大单子,因此一直"死缠烂打"。既不生气也不着急,只是一个劲儿地推销。

最后,这个顾客被气得半死,拍着桌子说:"我从没见过你这么不要脸的推销员,这么多年没见过你这么厚脸皮的人,你真是脑子有问题,是不是我怎么赶你,你都不走。我今天服了你了,就跟你买一套产品算了。"

这个推销员一听心里笑了:哼,早知道你会跟我买,还演戏演得这么像,经理早就跟我讲过了。他不好意思揭穿顾客,于是他就跟客户说:"好吧,谢谢你的支持,其实我知道你会买的,你刚开始太生气了,你考验我也用不着发这么大脾气,你演戏演得实在是太像了。"

这个客户气冲冲地付完钱,快速地签下订单,然后把他赶走了,这个推销员拿着产品的订单和钱回去跟经理讲:"经理,你看我把订单拿回来了,谢谢你跟我介绍这个客户。"

有时候,锲而不舍也是一种技巧,面对拒绝,用你的耐心和韧性打动对方,也算是一个好方法。总之,面对对方的拒绝不要丧失斗志,如果自己偃旗息鼓,那么就没有胜利的可能。失败是成功之母,每一个拒绝都是成交的开始。

下篇　这些事别等到上班以后才知道

第10章
培养自己的将才素质

不想当将军的士兵不是好士兵，每一个职场中人都有升职加薪的想法。然而，一支军队里的士兵不可能都是将军，一个企业里也不可能都是领导。要想成为将才，就必须具有将才的素质，要做领导，你准备好了吗？

宽容是成功者的必备品质

《史记·秦本纪》记载：秦穆公丢失了一匹良马，被生活在岐山之下的乡里人捉到，并把马吃掉了。官吏抓住这些吃马人，准备严惩。秦穆公说："君子不因为牲畜而伤害人。我听说吃良马肉而不喝酒对人身体不好。"于是秦穆公赐酒请他们喝，并赦免了这些人。

后来，秦国与晋国之间发生战争，秦穆公亲自参战，被晋军包围，秦穆公受伤了，面临生命危险。这时岐山之下偷吃良马肉的300多人，飞驰冲向晋军，"皆推锋争死，以报食马之德。"不仅使秦穆公得以逃脱，而且还活捉了晋君。

良马被食，秦穆公并没有恼怒治罪，反而送上美酒，此等胸怀何其宽广，而由此换来的乡人誓死效命却又是一笔多么划算的人情买卖，秦穆公不愧是一个高明的领导。一个聪明的领导者会利用宽容"收买人心"，这种感情投资，往往比物质奖励要好得多。

美国空军著名的战斗机飞行员鲍伯·胡佛经验丰富、技术高超。因为他的出色表现,所以经常被上级要求试飞一些新机型。在试飞生涯中,他曾经十分顺利地试飞了许多种机型。

有一次,他接受命令参加飞行表演,这次任务完成得非常出色,但是完成任务后他飞回洛杉矶的时候却出了问题。就在飞行途中,飞机突然发生了故障,飞机的两个引擎同时失灵,问题十分严重,一旦处理不好,就会导致机毁人亡的悲剧。鲍伯·胡佛凭着他稳定的心理素质和高超的驾驶技巧,临危不惧,果断地采取了措施,奇迹般地把飞机迫降在机场。

飞机降落后,他和安全人员检查飞机情况,发现造成事故的原因是飞机所用的燃油型号不对,他驾驶的是螺旋桨飞机,用的却是喷气机用油。

负责加油的机械师吓得面如土色,见了胡佛便痛哭不已。因为他一时的疏忽可能会造成飞机失事和3个人的死亡。他正准备着承受胡佛暴风骤雨般的责骂,没想到胡佛并没有对他大发雷霆,而是上前轻轻抱住那位内疚的机械师,真诚地对他说:"为了证明你能干好,我想请你继续帮我做好飞机的维护工作。"

以后,这位机械师一直跟着胡佛,负责他的飞机维护工作,而胡佛的飞机再也没有发生过任何差错。

金无足赤,人无完人。在工作中出现失误是在所难免的事情,因此,如果用包容的心态对待别人,就会赢得对方的感激和尊重,在赢得对方友谊的同时,也是一种激励。作为上级,只有和下级搞好关系,赢得下级的拥戴,才能调动下级的积极性,从而促使他们尽心尽力地工作。因此,付出一份宽容,将收获下属的忠心和拥护。

丙吉是汉宣帝时的丞相,宽厚待人,尤其是对下属从不求全责备。对犯了过失的下属,他都尽可能地原谅、宽容他们。

丙吉有一个车夫,喜欢喝酒。有一次,丙吉带了这个车夫出门,没想到车夫喝得大醉,一上车,他就呕吐起来,把座席都弄脏了。车夫很害怕,但丙吉

下篇　这些事别等到上班以后才知道

只是让他把车上的污迹擦干净,然后又赶车上路。

回到相府,管家狠狠地训斥了车夫一顿,要把他赶走。但是,丙吉没有同意。

车夫知道是丞相丙吉的宽宏大量才保住了自己的工作后,内心非常感激。有一次,车夫打听到匈奴入侵的消息,就马上向丙吉作了报告。丙吉知道汉宣帝马上会召自己进宫商议,便提前做好了准备,拟好了对策。

汉宣帝果然召见丙吉和御史大夫等人商议救援之事。由于丙吉事先已知道了消息,所以胸有成竹,侃侃而谈,很快提出了可行的救援办法。而御史大夫等人却是仓促进宫,毫不知情,一时之间根本就说不出什么来,更不用说切实可行的救援办法了。

两相比较,对照鲜明。汉宣帝赞赏丙吉"忧边思职",对御史大夫等人却很不满意。

正是容忍了车夫的过失,丙吉才换来了他的回报,在皇帝那里赢得了"彩头"。

无独有偶,曹操也是一个善用宽容收买人心的"高手"。

三国时期,诸侯割据称雄,曹操在这个过程中逐渐强大起来,成为唯一能和袁绍相抗衡的力量。不过在当初,袁绍的实力比曹操大得多。曹操手下的不少将士都与袁绍有书信上的秘密往来,想为自己找好退路。

官渡之战结束后,曹操大获全胜。在清理战利品时,曹军从袁军大营里缴获了一大摞书信,都是曹操的部下写给袁绍的密件,那些写了信的人见秘密即将败露,一个个胆战心惊,不知如何是好。

正当众人紧张万分之际,曹操却当着众人的面,把那些信全部烧掉了,并对他们说:"过去的就让它过去吧,以前我们对袁军就像以卵击石,连我都在为自己的退路担心,你们这么做,我完全能够理解。"

那些给袁绍写过信的人,见曹操如此宽容,又目睹那一大摞书信在烈火中化为灰烬,个个如释重负,在感到轻松的同时不禁暗下决心要为曹操誓死效命,从此成了曹操忠实的左膀右臂。

林则徐曾经写过一副自勉联:"海纳百川,有容乃大。壁立千仞,无欲则刚。"前一句就是说要像大海一样有容纳无数江河水的那种宽广胸襟。因此,在工作中,不要轻易对下属发火,要先分析他出错的原因,要全面看待部属,看到他的优点,不要不分青红皂白地只顾批评他们。

即使面对下属的失误,也要冷静处理,不要急于批评。要记住越是心平气和、宽宏大量,越能赢得下属的心,要成为高明的领导者就必须学会宽容。

善于温暖下属的心

在这个世界上,再没有什么比关心具有更动人的力量了。在对方饥寒交迫的时候,给他捧上热乎乎的饭菜,给他提供一个温暖的卧室,在对方苦闷彷徨的时候,给他提供一些中肯的建议,或者只是做一个忠实的听众,这些真挚的关心,往往比任何动听的语言都让人感到愉悦。

作为一个领导,如果你善于用关心温暖下属,那么这比那些冰冷的规章制度或者空洞的说教更能调动他们的工作热情和干劲。这样你所领导的团队也必然成为一个凝聚力很强、战斗力出众的团队,你将赢得下属们衷心的拥护。

一天晚上,索尼董事长盛田昭夫跟往常一样走进餐厅与职工一起就餐、聊天,他发现一位年轻职工郁郁寡欢,谁也不理。于是,盛田昭夫主动坐在这名员工对面,与他攀谈。

几杯酒下肚,员工开口了:"我毕业于东京大学,进入索尼之前,对索尼公司崇拜得发狂。当时,我认为进入索尼是我一生的最佳选择,为此,我放弃了原先待遇优厚的工作。但现在,我才发现自己不是在为索尼工作,而是在为课长干活。这位课长很无能,可我必须接受他的安排。我的创新发明他不但不支持,还挖苦讽刺。我在想,自己选择索尼是不是错了?"

盛田昭夫听后十分震惊,他想,管理者应该关心员工们的苦恼,了解他们

下篇　这些事别等到上班以后才知道

的处境,解决他们的困扰。于是,公司决定,员工们可以自由地去喜欢的内部岗位应聘,上司无权阻止。这样就大大优化了人力资源,提高了工作效率,而员工们也非常满意。

没有什么比诚恳的关心更能让人感到愉快,如果一个领导能经常探望他的下属,并让他的下属感到那是一件很愉快的事情,那么,这位领导就非常成功了。如果你这样做了,那么你的那些下属不仅会为你卖力工作,而且他们会毫不吝啬地对你付出他们的感情。

作为一名上司,如果经常去关心下属,那么他给人的感觉就是温和可亲、让人感到愉快的,如此自然就会得到下属的拥戴,威望就能够提高,下属自然乐于为他效劳。

明基电子通讯的总经理曾文祺是一个十分懂得运用关心下属这种心理策略来"拉拢人心"的人。

曾文祺在公司宿舍住的时候,常常在外面的餐厅和自己的下属共同进餐,联络感情。在餐桌上,他会了解每一位员工的家庭情况、他们的情绪、工作中的困难,等等,就像一位兄长一样。

后来,曾文祺有了自己的房子,他虽然不住单位宿舍了,但是仍然会和下属一起吃饭,只是地点已经不是外面的餐厅,而是自己的家。曾文祺知道大家都很辛苦,大多数人都是租房子住,下班回去常常也只是吃街边小吃店的食物,所以,几乎每个周末,曾文祺都会请一些员工到家里吃饭。

而且,他对下属的关心不仅仅在生活方面,他还十分关心下属在职场上的成长,他甚至成为公司里的每位销售经理职业生涯的规划顾问。要做到这点不容易,首先曾文祺要认识他的每一位销售经理,其次,曾文祺要使每位销售经理都能和他用心沟通。要认识每一位销售经理并不难,但是要使他们每个人都和自己交心可不是件容易的事情,更何况曾文祺还是他们的上司,而下属跟上司沟通,总会有一些心理顾虑的。但是,曾文祺却通过真正关心自己的下属做到了这点。

有一次,一名女经理正在考虑离开明基,她就直接征求曾文祺的意见,而曾文祺也开诚布公地为她分析利弊。正是这种发自内心的真诚和关心,使曾文祺的下属一个个干劲十足,成为来之能战、战之能胜的人才。

很多企业都用"温情牌"来激励自己的员工。中国的乳业巨头伊利就是一个非常关心员工的企业。公司设有专门的关怀礼金,例如员工结婚、过生日等,公司都会送上一份礼金,以感谢其为公司所作的贡献。

美国联邦快递更是妙招层出不穷,他们每年在全球员工中评选一次五星奖,每年送出5万多封感谢信,还用优秀员工孩子的名字来给公司的飞机命名。企业对员工们的这种关心,使得员工们不仅从工作中收获了金钱、地位这样的有形回报,更获得了一种家庭式的归属感和认同感,使得员工们工作的热情与日俱增,企业蒸蒸日上。

有一个老板接到了一项业务,任务相当艰巨,但是,这位老板手下就只有几个伙计,这着实让他费了一番脑筋。

这天,老板亲自下厨,开饭时,他又亲自为伙计们盛饭。伙计小李接过饭碗,拿起筷子正要往嘴里扒饭的时候,见到碗里有3块油光发亮的红烧肉,这在以前从来没有过。

这个伙计一声不吭地蹲到屋角,狼吞虎咽地吃了起来。他想:老板看得起我,今天我一定要多出点儿力。于是在干活时,小李表现得特别卖力。其他伙计也不甘示弱,个个都是汗流浃背,很快就把活儿干完了。

其实,每个伙计的碗底都有3块红烧肉,就是这种简单的激励,使得他们一个比一个卖力。

因此,在职场上,你要想成为一个优秀的将才,要想将你的团队指挥得如臂使指、上下同心,就必须温暖下属的心,关心他们。不要高高在上,而要走群众路线、贴近下属、关心下属,这样既体现了你的人格魅力,同时也是

下篇　这些事别等到上班以后才知道

明智的情感投资。

领导者对下属的关心之情应该发自内心,要有一颗正直、友善、诚恳之心,这是领导者人格魅力的体现。同时,要站在为大局谋福利、为企业谋发展的大公无私的立场上,而不是为了一己私利,刻意"讨好"下属。

总之,要做一个优秀的领导,就要做到对下属关心体贴,用真挚的感情凝聚团队的力量。

掌握批评的艺术

很多公司领导者喜欢板起面孔,摆出一副"家长"的模样来教训员工。即使对方做得不错,他们也会吹毛求疵,鸡蛋里面挑石头,然后把下属骂个狗血喷头。他们以为只有这样才能树立威信,赢得下属的敬畏。

当然,员工犯错时对他们进行批评自然无可厚非,但若总是摆出一副对待阶级敌人的态度,对待员工不假辞色,毫不留情,总以为自己是权威、是绝对领导者,这就触犯了管理的大忌。而不恰当的批评也只会激起对方的逆反心理,无法激发员工的积极性和能动性,从而影响企业发展战略的实现。

李经理新上任的第一天,就有一个老员工因昨晚喝了点酒,结果早上上班迟到了。俗话说:"新官上任三把火。"大家都用同情的目光看着那位员工,不知道李经理如何"发落"他。不过,大家都认为,李经理肯定会"杀鸡给猴看",拿出点颜色给大家看看。

这名员工自己也非常忐忑不安,一进入办公室,就满脸堆笑地向李经理解释迟到的原因,他已经做好了承受"暴风骤雨"的心理准备。

没想到,李经理听完员工的解释,并没有大发雷霆,而是用很轻松的语气问这个员工:"你喜欢喝酒吗,酒量怎么样?"

这名员工以为李经理也喜欢喝酒,认为自己遇到知音了,于是稍稍放松了下来,乐呵呵地回答道:"还行吧,能喝点。半斤白干没问题。"

李经理又问:"那你今晚家里有事吗?或者有什么酒局吗?"

这位员工以为李经理要找他喝酒,连忙应和道:"没有,今晚什么事也没有。呵呵。"

"那就好!那么晚上早点睡,明天别再迟到了。"李经理这才把自己真正要表达的内容说出来。

结果,这位员工以后再也没有因为喝酒耽误过工作,而且李经理的这种方式赢得了其他同事的认可,他们都觉得自己遇到了一个好领导。

某木器厂的小关和小王同在一个车间,小关是个刚来的新手,领导安排他做一些技术含量不高的活儿。而小王则是已经进厂3年的熟练工,基本上干什么工作都行。

有一天,小王在工作中出现了操作失误,把一件半成品做成了废品,于是车间主任狠狠批评了他一顿,并宣布月底会扣他一部分奖金。没过几天,新来的小关也犯了跟小王一样的错误,把一个快要完成的茶几给废了。

但是这次对小关的错误,车间主任则只是给他指出了错在哪里,并且教给了他一些技巧,还安慰他不要着急。为此,小王很不服气,觉得车间主任偏心。于是,他跑去质问主任:"我犯了错误你就那么严厉地批评我,小关犯了错误为什么没事?是不是小关是你的亲戚啊!"

看着小王气急败坏的样子,车间主任耐心地对他解释说:"你怎么能跟小关比呢?你是咱们工厂数一数二的技术工,不能用学徒工的标准要求自己啊。像上次那种低级错误是不应该出现在你身上的,肯定是你干活的时候粗心大意了,还好只是产品出现了问题,要是不小心把你伤了怎么办?所以我才严厉地批评你。小关跟你不一样,他刚来一个月,还是个学徒,在工作中犯了错误简直太正常了。对于他这样的新手,当然应该以鼓励和指导为主,如果批评重了,不是会打击他的自信心吗?你说是不是这个道理?"

下篇 这些事别等到上班以后才知道

听到车间主任有理有据的分析,小王惭愧地低下了头。

世界上没有尽善尽美的人,在绝大多数的公司中,员工经常会有一些小毛病,令管理人员说也不是、不说又不行。但是,说轻了如隔靴搔痒,根本起不到什么效果,说重了,又怕对方产生逆反心理,挫伤工作积极性。因此,掌握批评的艺术,看人下菜碟儿,是管理者必须要学会的一门课程。

批评是对别人的否定,所以大部分人都不喜欢,因此,你在批评下属的时候,要注意尽力维护他们的自尊心,更要注意对事不对人,不要把工作批评变成人身攻击。否则,对方就会站在你的对立面上,使你的好心办了坏事。

两名保龄球教练分别训练各自的队员。他们的队员都是用一个球打倒了7只瓶。教练甲对自己的队员说:"做得很好!打倒了7只,下次能更好吗?"他的队员听了教练的话很受鼓舞,心里想,下次一定再加把劲,把剩下的3只也打倒。结果,他一次比一次打得好。

教练乙则对他的队员说:"怎么搞的!你还有3只没打倒。真笨,你就像一头猪,下回恐怕更差。"队员听了教练的指责,心里很不服气,暗想,你怎么就看不见我已经打倒的那7只?结果,教练乙训练的队员打得一次不如一次。

批评具有激励和约束两重功能,也是最普遍的管理手段。然而,并不是每个管理者都懂得批评的艺术。研究结果表明,企业内部生产效率最高的员工,不是工资最高的,而是心情最舒畅的那些工人。因为愉快的工作环境会使人心情愉悦,因而会特别积极地投入到工作中去。压抑的工作环境只会使人从内心产生抵触情绪,从而严重影响工作效率。黄鸣先生有一句名言:"批评要带着表扬的票。"因此,即使是批评,也要给员工营造一种愉快的工作环境。

在批评人时,如果我们一味地用干巴巴的、说教似的语言去批评别人的错误,肯定收效甚微。聪明的谈话者在批评他人时会运用一些手法,比如欲抑先扬,或者打比方、举例子,或者用幽默的语言来表达,从而使自己的批评更容易让人接受。

超越自己,保持头鱼位置

在自然界中,有一种鱼类叫鲦鱼,它们因个体弱小而常常群居,并以强健者为自然首领。如果领头的鲦鱼行动发生紊乱,那么其他鲦鱼就会盲目追随。即使前面有危险,鱼群也会"义无反顾"。

在我们工作的企业或者组织中,领导对整个团队的影响是非常大的。如果领导出现问题,那么整个企业或者组织也就不可避免地会出现问题。因此,作为一个领导者,一定要能力出众,要能带领下属们从一个胜利走向另一个胜利。

有一家企业的一个部门员工流失率非常高。人力资源部为这个部门多次单独招聘了很多员工,可总是每过两三个月,新员工就一个接一个地离职了。为此,招聘人员非常头疼,他们非常看好的新员工都可惜地流失了。

于是,人力资源部门的主管亲自跟这个部门的经理进行沟通。结果,那位经理还振振有辞,认为员工离职都是对方的原因。为此,那位经理还找出了非常多的理由来论证自己的观点,总之一句话,这不是他自己的原因,错都在别人。

看到他的这种态度,人力资源部的主管马上就明白问题出在谁的身上了。换作是谁,也不会喜欢在这么一个刚愎自用、尖酸刻薄的人手下当差。

最后,人力资源部门的主管把这个情况通报给了总经理。总经理在找到该部门的经理了解情况时,这位经理仍然是先前的表现。他列举了下属的种种不是:懒惰、迟到、反应迟钝,等等,可就是没有找自己的原因。

后来,总经理经过多方调查和访谈,终于发现这个部门经理的问题。这个经理对员工要求太过苛刻,说话欠缺方式,很多人离职就是因为受不了他刻薄的语言。于是,总经理与这个经理长谈了一次,最终让他认识到了自己

下篇　这些事别等到上班以后才知道

的问题。再后来,这个部门的人才流失率才得以大幅度下降。

在企业或组织出现问题的时候,很多领导总是认为这是下属的责任,而不认为出现问题是自身的责任。想要成为一名成功的管理者,就应该首先学会承担责任,学会解决问题。

一个优秀的领导,要学会随时反省自己。越是身在高位,越要反躬自省、虚怀若谷、从善如流。因为只有肯虚心地反省自己,及时改正有缺失的地方,才能不断提高自己的修养和能力,才能得到下属们的拥护和爱戴,也才能取得个人和团队的成功。

在工作中,一个领导者应该有危机感,应该经常评估自己的表现及工作质量,看看是否达到了公司的期望值、是否在职场中拥有较强的竞争力、是否能够带领团队开拓更广阔的天地。假如不行,就应该想想如何提高进步。千万不可盲目自大,认为自己已经高枕无忧了而放松警惕,否则,下一个"另谋高就"的人或许就是你这个不称职的"领导"。

江珊大学本科毕业之后,一直在一家公司工作。几年下来,她对现在的工作已经是驾轻就熟,而且还被提拔当了部门领导。这几年来,江珊的日子过得平平淡淡,虽然没有什么特别出彩的地方,但工作也算是四平八稳。她曾经认为自己可能就这样安安稳稳地过一辈子了。可是,从最近公司发生的事看来,似乎不是这么回事。

前一阵子,江珊所在部门的主管离职了,她满以为这个位子肯定是自己的,因为她是本部门资格最老的员工,而且,她已经是领导了,顺势再提一下也应该是理所当然的事情了。可是没想到,总经理却让刚来两年的同事韩雪顶替了这个职位。总经理提拔韩雪的理由是:韩雪工作之余不忘自我提升,还考取了岗位资格证书。从工作能力来看,韩雪也比较出众,关键是,韩雪对自己从不满足。

事后,总经理怕江珊闹情绪,专门找她谈了一次话:"你知道,对于我们公司来讲,在市场上如逆水行舟,不进则退啊。其实,对你个人也是如此,你看看,你当上领导两年了,还在原来那个水平上止步不前,能不被别人超越吗?你自己都不求上进,这样又怎么能带领整个部门创造出好成绩呢?"

估计不少人也有类似江珊的想法,以为在职场上安安稳稳地干着就行了,不必不断地充电、提高自己。这种想法是不正确的。身在职场,如果长期不"充电",你将会被那些强劲的电池超越、代替,最终变成无用的电池,被人抛弃在垃圾桶里。

在当代,职业知识的更新期越来越短,一个领导者如果不能提高自己,很快就会被自己的下属超越,或者带着自己的下属把道路走得越来越窄,最终无路可走,害了大家。因此,作为领导者,一定要不断地超越自己,这样才能把队伍带好。

优秀的人,总是勇于挑战自己,不断超越自己成为强者。比尔·盖茨有一句名言:"微软永远离破产只有18个月。"而戴尔则说得更吓人:"我有的时候半夜醒来,一想起事情就会害怕,但如果不是这样的话,那么你很快就会被别人干掉。所以我们有时候要自己挑战自己,即使这个市场没有对手。"一个人,不管过去有多辉煌,如果一直停留在过去或现在,最终将被人淘汰。再快的兔子,如果停下来睡大觉,也最终会被坚持不懈的乌龟超越。

给予有功劳的部属赞美和鼓励

一般来说,在职场上,很多上司都认为功劳是自己的,责任是下属的,不懂得鼓励下属。这样下去,下属就会逐渐失去工作激情和动力,不再为上司当牛做马。这样的上司最终就会变成光杆司令,不仅业绩无法突破,恐怕就连职位也保不住。

聪明的上司会用赞美和鼓励的语言"笼络"下属:"这件事干得漂亮!"

下篇 这些事别等到上班以后才知道

"小李,这个项目能够顺利进行,你的贡献可不小啊!"这样的鼓励和赞美能够使下属感受到你的尊重,让他们觉得自己的汗水没有白流。为了报答你的"知遇之恩",他们会更加努力。

然而在职场上,很多上司没有意识到这一点,认为下属干得好是理所应该的事情,吝于赞美和鼓励,他们没能体会到下属急于得到认可的心理需求。如果好的行为和工作积极性得不到肯定,久而久之,下属就会对工作开始漠不关心,因此,你要学会鼓励下属,让下属把你当成他的"伯乐"。

多良木健是索尼公司的一位发明工程师,他平时不修边幅、行事怪异。他还常常自言自语,根本没人知道他在想什么、讲什么,甚至在重要的公关场合,他都不在乎礼仪,被同事视为另类。

由于没人愿意和他交往,他自己也感觉待在这样的环境下很压抑,因此一度考虑另谋高就。实际上,他是个非常有能力的天才人物。

一个偶然的机会,索尼公司的董事长兼首席执行官出井伸之发现了多良木健这个怪才,于是独排众议,全力支持多良木健的研究,并鼓励多良木健,说他是公司不可多得的人才,他坚定地相信多良木健的工作将会给公司带来巨大的效益。

多良木健在众人怀疑的目光中得到了老板的肯定,心中的感动可想而知。他怀着知遇之恩,专心投入于新产品的开发,终于成功地开发出PS系列游戏机。该产品一经投放市场,便得到了良好的收效,被誉为是继"Windows95"后最受全球瞩目的消费类信息产品。而PS系列的营业额虽然只占索尼集团的10%,但纯利润却占全集团的1/3,成为了不折不扣的摇钱树。

多良木健的才能和潜力的爆发,在于他遇到了慧眼识才的老板,获得了老板的鼓励,从而迸发出极大的工作热情,甚至是怀着"报恩"的心态为公司立下了汗马功劳。

企业发展的最关键因素是什么?人才!只有留住人才,激发人才的工作热情,开发人才的巨大潜力,他们才能够创造奇迹。不论是作为整个企业的老板,还是某个小部门的管理人员,都应该想方设法为自己的下属营造一种氛围。在这种氛围里,下属们能够感受到领导对他们的重视,感受到领导对他们的知遇之恩,只有这样,才能使下属们跟领导同心同德,一起做出更辉煌的业绩。

有一天,怀特夫人雇用了一个女佣,由于时间匆忙,怀特夫人没有具体了解这名女佣之前的工作情况如何,就通知她下个星期一开始正式上班了。

在女佣上班之前,怀特夫人抽空和这位女佣的前雇主通了一次电话,想了解一下这个即将到自己家中工作的保姆的个人情况,结果却令她大吃一惊,那位前雇主对这名女佣的评价几乎都是负面的,并且对怀特夫人雇用了她表示同情。为此,怀特夫人非常头痛,心里在想是不是要辞退她呢?

可是,找一个称职的保姆并不是一件短时间内就能做到的事情,她已经没有多余的精力了,那么怎么办呢?

怀特夫人最终没有辞退这名女佣。待女佣星期一上班的时候,怀特夫人热情地欢迎女佣的到来,并且跟她进行了愉快的交谈:"亲爱的,我真为自己感到高兴,我找到了一位优秀的帮手。我听我的一位朋友说,你曾经在她那里工作,她说你为人诚实可靠、很懂规矩,对孩子也十分细心。而且你的厨艺很不错,虽然她说你对家务似乎有些外行,但是我觉得她说的话不对,我看得出,你今天穿得十分干净整洁,这就说明你是一个很爱干净的人。我相信,你肯定能将房间打扫得干干净净,把家里的一切都打理得井井有条,我们会相处得十分愉快。"

果然,她们相处得十分融洽,这位女佣将怀特夫人的家整理得一尘不染,而且她根本不像她之前的那位雇主所说的那样懒惰,在怀特夫人家里,她工作得非常勤奋,也十分开心,常常是宁可自己加班,也不想耽搁工作,怀特夫人就这样为自己找到了一个称职的保姆。

下篇　这些事别等到上班以后才知道

下属的一切优良行为，作为上司的你都应当予以表扬，即使有些做得不到位的地方，也完全可以用鼓励的方式来督促他。只有这样，才能将人才凝聚在你的麾下，带领他们做出更好的成绩。如果一个领导只会板着脸用批评和要求的语气对下属进行"鞭策"，那么下属们除了会害怕和讨厌你之外，恐怕不会有多大的工作动力。

你要想让下属成为什么样的人，就去那样赞扬他、鼓励他，他就会逐渐成长为那样的人。上司的赞扬和肯定是下属们自信的来源，也是他们挖掘潜力的动力。要让下属们能够充满自信地完成你交待的任务，你就应该毫不吝啬地用赞美给他们鼓励。

用马蝇效应刺激下属动起来

少年时的林肯有一次跟他的兄弟在一个农场里犁玉米地。林肯吆马，他兄弟扶犁，那匹马很懒，不想干活，可是有一段时间马走得飞快。林肯感到很奇怪，到了地头，他发现有一只很大的马蝇叮在马身上，就把马蝇打落了。这时，他兄弟抱怨说："你为什么要打掉它呢，正是那家伙使马跑起来的啊！"

这就是马蝇效应。人其实就跟那匹马一样，都有惰性，职场上之所以有那么多"当一天和尚撞一天钟"的得过且过的员工和一些偷懒耍滑的"老油条"，归根到底就是惰性在作怪。怎么样才能使他们战胜惰性、永葆工作激情呢？这就需要外部的刺激，一个人只有被鞭策才不会松懈，才会坚持努力拼搏，不断进步。

钢铁大王卡耐基深知管理的重要性，他曾以年薪100万美元聘请查尔斯·斯瓦伯出任卡耐基钢铁公司的第一任总裁，那是总裁中最高的待遇，而斯瓦伯对钢铁生产并不十分内行，这100万元当时引起了人们的广泛关注，纷纷议论他到底值不值这个"价"。

斯瓦伯上任后,发现属下一家钢铁厂的产量排在末位。该厂的规模和其他厂一样大,员工迟到、早退、缺勤的情况屡屡出现,即使上班的员工也没什么干劲儿,尽管厂长软硬兼施,员工仍然非常懒散。

于是,斯瓦伯只好亲自出马。他既没有训话也没有惩罚谁,而是在员工下班的时候来到工厂门口,拦住他们问:"你们今天炼了多少钢啊?"工人们回答:"6吨!"于是,斯瓦伯便向厂长要来一支粉笔,把日班的产量写在地上。前来接班的夜班工人,看见一个巨大的"6"字,得知是总裁所写,代表日班工人生产了6吨钢。

第二天早晨,当斯瓦伯又来到车间,他看到昨天他在地上写的"6"字已经被夜班工人改成了"7"字。原来,夜班工人不甘示弱,他们干劲十足,产量超过了日班工人。

在斯瓦伯方法的促使下,日班工人和夜班工人相互较劲,钢铁产量逐步提高。到后来,这个数字竟然变成了不可思议的"10"。不久,他们的产量在卡耐基公司的所有钢铁厂中首屈一指。用一支粉笔就创造了生产力,斯瓦伯的管理艺术出神入化,他确实该拿100万美元。

人都是有惰性的,但也都是要面子的,谁都希望自己是先进的典型,而不是拖后腿的累赘,而他们持续不断的动力往往来源于外部的刺激。斯瓦伯很善于利用人的心理,他用一支粉笔记录员工的工作业绩,通过竞争激发起员工的斗志,使得原本懒散拖拉、毫无干劲儿的员工表现出前所未有的积极性。

每个人都有自尊心和自信心,在潜意识中,都希望自己能够比别人更优越,或者说希望自己能被他人当成重要的人物。在这种欲望的驱使下,人们会向着积极的方向努力,希望自己比别人做得更好,希望自己成为"胜利者",赢得别人的尊重。因此,作为领导,你不妨在下属身边安排一个竞争对手,让他们比赛,不论谁输谁赢,他们肯定会超越从前的自己。

挪威人很喜欢吃沙丁鱼,活的沙丁鱼价格要比死鱼高上许多。渔民们总

下篇 这些事别等到上班以后才知道

是千方百计地将沙丁鱼活着运到渔港。不过，虽然经过种种努力，可绝大部分沙丁鱼还是会在中途因窒息而死亡。

不过，有一条渔船总是能让大部分沙丁鱼活着运到渔港。船长严格保守着秘密，一直到船长去世，谜底才被揭开。原来是船长在装满沙丁鱼的鱼槽里放进了一条鲇鱼。鲇鱼进入鱼槽之后，因为环境陌生，它便四处游动、左冲右撞。沙丁鱼见了鲇鱼之后十分紧张，于是加速游动，四处躲避。这样一来，一条条沙丁鱼就能欢蹦乱跳地运到渔港了。其实道理很简单：鲇鱼进入鱼槽使得沙丁鱼感到了威胁，继而就紧张起来，加速游动，这样沙丁鱼便可以活着运到港口了。这个方法实质上是一种外部的刺激。

从自然界的现象我们可以看到职场上的缩影，包括人在内的万物都是需要某种"刺激"才能不断壮大自身的。作为一个聪明的领导者，要善于运用自己的智慧，用"马蝇效应"这种激励之术，学会给下属适当的刺激，使下属们动起来。

作为一个管理者，如何把那些桀骜不驯又才华横溢的下属们团结在一起，充分发挥他们的作用，是一个必须要解决的课题。其实很简单，那就是给每一个下属找到属于他们自己的"马蝇"。例如给某人找一个竞争对手，例如用金钱来刺激下属的干劲。只要找到刺激他们的"马蝇"，就能使你的团队工作效率更高。

给下属安排一个竞争对手，能在很大程度上调动下属的积极性，使得下属主动地鞭策自己。不过，要适当照顾到下属的自尊心，不要适得其反。为了防止激发对方的逆反心理，还需要给予下属充分的自由和信任。

这种激励方式还可以防止员工们产生安逸的思想，丧失危机感。在他们身上放上一只不断叮咬的"马蝇"可以提醒他们，如果跑得不够快，随时都可能被超越或者淘汰。那些有危机感的下属们，为了生存和发展，天天生活在一种"竞争氛围"中，反而越活越有"战斗力"，越来越有工作能力。下属们不断进步，同时也会激励着领导不断提高自己，这样，整个团队将得以良性发展。

左手大棒，右手胡萝卜

要使驴子前进，有两种办法，就是在它前面放一个胡萝卜或者用一根棒子在后面赶它。最好的办法是两者兼有，就是"大棒加胡萝卜"政策，通俗一点就叫做打一巴掌给个甜枣。激励和惩罚并存，这样的政策虽然有点过时，但领导要是能够巧妙运用，就能收到好的效果。

拿破仑曾经形象地说："我有时像狮子，有时像绵羊。我的全部成功秘密在于：我知道什么时候我应当是前者，什么时候是后者。"说白了，就是什么时候对下属进行"威逼"，什么时候进行"利诱"，要拿捏好火候，红脸白脸圆滑地转换。

江梁凭着自己的MBA学位，进入了一个大型建筑公司做行政专员。在工作中，他很快就显示了自己非凡的管理才能。

江梁公司的一个部门为提高服务品质，整顿散乱的部门纪律，曾经定下这么两条规定：一条是，无论是谁，只要和顾客发生了争吵，影响了公司的形象，那么公司就扣发该员工当月的奖金；另一条是，任何员工，只要是一个月迟到3次或3次以上者，扣掉奖金。但是，这第一条规定有个弊端，就是一个员工即便是在当月的第一天与顾客发生一次争吵，那么他当月的奖金也就没有了，结果接下来的一个月里，员工反而毫无顾忌了。江梁提出了一条改进意见，他规定，若能在该月以后的时间内表现良好，有悔过之意，仍可发回奖金的一半，这样一来，一个偶尔犯错误的员工，仍没有失去全部希望，仍有改正错误的动力。

以前，公司地下仓库里的照明设备经常坏，但是领班通知电工去换的时候，谁都不愿意去。江梁也想出了解决办法，他规定，以后公共场所再有照明设备坏了，若电工们不去及时修理而别人去修，则谁去修就发给谁奖金，且

下篇 这些事别等到上班以后才知道

一律从电工组奖金里扣。从此以后,公司每一个角落的照明设备再也没有出现过坏了没人修的情况。

有些时候,对待下属的管理就像对小孩子一样,要想让他干活,让他干好,就得给予奖励,有了奖励就提高了他们的工作积极性。但是不能一味地用胡萝卜政策,应该还要用大棒政策,对那些太不听话的员工,该惩罚的就要惩罚,不能心慈手软。所谓的杀鸡给猴看,就是要寻找典型人物给予警告或者扣奖金、工资。如此才能达到令行禁止的效果,不然,下属们便不会把你当回事。

职场管理是一门大学问,每一个领导者都会有一套自己的管理方式。一个充满了智慧的领导者,一定能通过影响下属的心态实现有效管理,采取一些巧妙的手段让他们积极工作。该用大棒时用大棒,该用胡萝卜时就用胡萝卜。

在加利福尼亚州的弗里蒙特,有一家隶属于美国通用汽车公司的汽车装配厂。在这家工厂里,美国管理人员把工人看成是"愚笨的大猩猩",从来不尊重他们,而是靠发号施令、实行严格的监督来管理。工人们说:"我害怕来上班,因为他们总是那么粗声大气地怪叫。"不久,该厂因为生产效率低下而关闭。

后来,它与日本丰田汽车公司合营组成新联合汽车制造有限公司,仅仅18个月,竟然起死回生。原来存在的5000件职工不满事件只剩下两件;原来高达20%的旷工率下降到3%;工作和生活问题尚未解决的职工人数由800多人减少到15人,生产效率提高了一倍。

日本丰田究竟施展了什么魔法?很简单,日本的管理人员以一种与职工平等的姿态出现,鼓励工人参与管理。工人尝到了胡萝卜的甜头,一个个任劳任怨,结果工厂经营得非常好。

新联合有限公司的人事部门总经理威廉对比了美、日两国对于"人"的不同观念,他说:"日本人的观念是把人作为一个重要的因素,而典型的美国观念则相反，是把工人仅仅看成是机械的延伸。"也就是日本人采用了胡萝卜的激励方式，而美国人一味地用大棒政策，很显然，这个工厂的工人更喜欢胡萝卜。

一天，史密斯先生去厂房巡视，无意间发现一伙工人正围在墙角抽烟，而墙上却明确地写着"严禁烟火"4个大字。当时，他非常生气，可是他仍然强压着心头的怒火。他并没有理直气壮地质问他们，或者对他们当头棒喝。相反，他悄悄地走过去，接着掏出自己的烟盒，给每个人都递过去一支烟，然后才若有所指地说："走！大家还是到离厂房远一点的地方抽吧！"那些工人听此言后意识到自己犯了一个原则性的错误，而面前的上司竟然如此宽容，一个个非常自责，都下定决心以后一定不再犯同样的错误。

在大企业中，常常会见到两个领导一个慈爱，一个严厉；一个扮演红脸，一个扮演白脸唱双簧。"白脸"是批评的方式，从负面去禁止人的消极行为，而"红脸"则是表扬，从正面去激励人的积极性。红脸与白脸搭配得当，对于员工改正错误、提高员工效率有积极作用。作为一名管理者，你准备好自己的角色转变了吗？

无论你是否认识到了这一点，下属都渴望得到上司的赏识和肯定。能否得到上司认可，关系到员工今后工作的动力和心态。所以，为了使下属保持旺盛的斗志，上司必须学会在适当的时机挥动手中的胡萝卜，为团队创造愉悦积极的工作环境。

而同时，也不要忽略了另一只手中的"大棒"，面对下属的错误或者不端正的心态，该敲时要敲打，不能让下属得意忘形，要做到两手抓，两手都要硬。总之，只有善于把惩罚和奖励结合起来，才能真正做好领导工作。

下篇 这些事别等到上班以后才知道

独木难支，善用团队的力量

狼是一种独特的动物，它们在自然界里的力量并不是特别强大，单打独斗远远不是豹子、老虎的对手。但是，它们却可以在自然界激烈的竞争中屹立不倒，在蒙古草原上，它们甚至赶走了其他大型动物，独霸江山。这是为什么呢？

最主要的原因就是，它们拥有良好的团队精神。当它们遇到庞大且无法对付的猎物的时候，就会用叫声呼唤同伴，一起捕猎，它们分工明确，为着一个目标共同出力。这就使狼群不管在多么艰巨的条件下都可以安然地生存下来。

作为一个领导，不要什么事情都想靠自己的力量或者个别下属的能力独自完成。要知道，独木难支，人多力量大。在工作中，不妨利用团队的力量，形成强大的战斗力。

东汉末年，汉室名存实亡，群雄并起，逐鹿中原。素有大志的刘备被曹操几番追杀，手下只有不足2000名士兵，将也只有关、张、赵3人，可谓是势单力薄。被曹操追得已经走投无路的刘备，曾绝望得想自杀，不过被谋士孙乾劝住了，决定去投奔刘表，以图东山再起。

于是刘备便投奔刘表，他虽想逐鹿中原，但苦于势单力薄，身边没有谋士良臣，因此，整天闷闷不乐。后来，徐庶去拜见刘备，刘备十分器重他，将他待为上宾。徐庶向他推荐了一个人——卧龙先生诸葛亮。

结果，刘备"三顾茅庐"，好不容易才见到诸葛亮。两人在茅屋中促膝长谈，诸葛亮议论精辟，提出先占据荆、益两州为基本，然后安抚西南各族，整顿内政，联合孙权，伺机从荆、益两路北伐曹操，以图统一中国。

一席谈话，使刘备好似拨云见日，眼前豁然开朗，从此便拜诸葛亮作为军师。两人常常夙夜谈心，亲密无间。

刘备的结义弟弟关羽、张飞见了大为不满，便在刘备面前发泄怨气："他诸葛亮年纪轻轻有何大才？大哥待他如此之好，把他奉为上宾，这是为什么呢？我们不服。"

刘备诚恳地对他们说："我得到孔明，就像鱼得到了水。希望你们深明大义，不要再多讲了。"关羽和张飞听了很惭愧，就不再作声。

从此，文有诸葛亮，武有关张赵，刘备这个争霸天下的团队逐渐成了气候，迸发出了强大的战斗力，最终成为三分天下的蜀汉集团。

看看运动场上的足球队、篮球队等团体项目，教练在决定出赛的队伍时，为寻求比赛胜利，必须以每个人的专长为思考点，安排适当的位置，并依照在场球员优缺点做机动性的调整，目标只有一个，那就是要赢。即使是个人项目，运动员也需要一个团队来保证后勤、训练等一系列的支持，缺一不可。在职场上亦是如此，管理者在团队中必须扮演好教练的角色，让每一个队员都发挥出自己的能力，劲往一处使。

在南美洲的草原上，山坡上的草丛突然起火，无数只蚂蚁被熊熊大火逼得节节后退，包围圈越来越小，渐渐地，蚂蚁似乎无路可走。然而，就在这时，出人意料的事发生了：蚂蚁们迅速聚拢起来，紧紧地抱成一团，很快就滚成一个黑乎乎的大蚁球，蚁球滚动着冲向火海。尽管蚁球很快就被烧成了火球，在噼哩啪啦的响声中，一些居于火球外围的蚂蚁被烧死了，但更多的蚂蚁却绝处逢生。

这些小小的蚂蚁尚且知道以团结协作的手段共渡难关，作为职场中的领导者，更应该懂得和则兴、分则败的道理。在现代职场上，任何大一点的事都是群体完成的，而不是个人单打独斗能解决的问题。

从前，有个小国的国王有20个儿子。这20个儿子个个都很有本领，难分上下，都不把别人放在眼里，认为只有自己最有才能。平时20个儿子常常

下篇 这些事别等到上班以后才知道

明争暗斗，互不相容。国王很是担心，他怕将来自己去世之后，儿子们不能和睦相处，国家将面临巨大的危险。

国王一天天老了，为了让儿子们懂得要团结起来，他整日忧心忡忡。有一天，他终于有了主意。他把儿子们召集到病榻跟前，吩咐他们说："你们每个人都折断一支箭。"儿子们不知何故，但还是照办了。他们稍一用力，箭就断了。

国王又说："你们把20支箭捆在一起，再试着折断。"儿子们抓住箭捆，使出了吃奶的力气，谁也没能将箭捆折断。国王语重心长地说道："一支箭，轻轻一折就断了，可是合在一起的时候，就怎么也折不断。你们兄弟也是如此，只要齐心协力，就可以战胜一切。"儿子们终于领悟了父亲的良苦用心。

这个故事非常浅显，然而却强调了职场上团队精神的重要性。团结就是力量，只有凝聚起来，才会产生巨大的力量和智慧。作为领导，一定要善于把下属们凝聚在一起，不要让他们各干各的，五根手指，只有攥成拳头才能产生更大的力量。

领导者的个人能力再强，也不可能事必躬亲，所有的工作都自己扛，那样的话，不等干出成绩来，恐怕就先累倒了，落个"出师未捷身先死，长使英雄泪满襟"的悲惨结局，聪明的领导懂得善于运用团队的力量，把下属们拧成一股绳，劲儿往一处使，把团队打造成一支战无不胜的"军队"。

第11章
没有人会主动教你，但每个人都是老师

现代社会，知识更新飞快，今天的先进技术在明天也许就成了明日黄花。职场如逆水行舟，不进则退，每个人都应该持续不断地学习，不断超越昨天的自己。孔子曰："三人行，必有我师焉。"在职场上，没有人会主动教你，但每个人都是老师。

大胆一点，和"大人物"混个脸熟

为了拓展自己的人脉，或许你也曾为此绞尽脑汁，付出过种种不懈的努力，却都收效甚微。比起那些"手眼通天"的人脉高手，你究竟欠缺了什么？是不是他们有什么突出的才能或者天赋呢？他们到底走了什么样的"捷径"呢？

许多成功者常常谦逊地把自己的成功归功于偶然的机遇、贵人的提携。那么，如何才能幸运地得到机会结识贵人呢？其实，首要的一点就是需要你胆子大一点，主动迈出一步，先跟"大人物"混个脸熟。

有一家公司在春节前夕，举办了内部联欢晚会，公司老总也来参加，这位平时严肃庄重的老总突然心血来潮，想展示展示自己的好嗓子。于是上台唱了一首军旅歌曲，唱了一曲之后老总还不尽兴，他邀请台下的员工与自己"飙一首"。

一时间，大家全都推来让去，没一个人敢上台。不错，唱得好会把老总比下去，万一老总不高兴怎么办，唱得不好丢人不说，恐怕还会落个"拍马屁"

下篇　这些事别等到上班以后才知道

的嫌疑。人们都不敢上台,眼看就要冷场。

突然有个年轻人叫道:"我来!"话音未落,就接过话筒走上了台。大家一看,原来是去年大学毕业刚到公司的一个小职员郑伟。

郑伟平时就是个"活跃分子",跟谁都能说得上话,人很外向,以前公司每次举办活动,他也很踊跃。不过跟他出去K过歌的人都知道,他是高音上不去、低音下不来、中音唱不准的标准的五音不全。这样的人上台与老总"飚歌",不是自取其辱吗?

果然,郑伟一开口,大伙儿都笑了。尽管看似他自己很投入、很放松,可是他唱得太跑调了,"歌星"简直成了"笑星"。不过郑伟却满不在乎,唱得很自然,老总看到这小伙子很凑趣,也非常尽兴。唱完这首歌之后,老总还特意跟他握了握手,询问了他的名字。联欢会结束后,郑伟成了"名人",大家都知道公司还有个"歌神",不过郑伟倒没有觉得自己丢人现眼。

联欢会后没多久,总经理把郑伟调到了自己身边。后来,他又升任为经理助理。

其实,公司每一位员工都明白,联欢会是借机接近老总的好机会。但是大家都因为种种顾虑,不愿意和老总一起登台演唱,这就冷了场,而郑伟大胆上台,实际上也替老总解了围。郑伟用这种方法与老总进行了近距离交流,加深了老总对自己的印象,让"大人物"记住了自己。

天上不会掉馅儿饼,等着升职的员工一大堆,领导凭什么就一定要青睐你呢?贵人凭什么一定要帮你呢?如果你不敢大胆地秀出自己,总躲在人群后面,是不可能吸引对方的目光的。其实,对你来说,默默奋斗了好几年,可能不如被"大人物"提携一下发展得快。所以,不要再做默默无闻的"隐身人",大胆一点,先跟"大人物"混个脸熟吧。

哈佛大学为研究交际能力对一个人成就的影响,曾经针对贝尔实验室的顶尖研究员做过调查。他们发现,被大家认同的杰出人才,专业能力并不是重点；他们之所以杰出，最重要的是他们非常擅长人际交往，并愿意多花时间与那些"关键人物"培养良好关系。换句话说，大部分人成功并不是单靠能力，还得有人欣赏、有人帮助，才能走得更顺畅。

美国社会心理学家斯坦利·米尔格伦(Stanley Milgram)提出了六度分离理论(Six Degrees of Separation)，也叫"小世界理论"。这个理论说明："你和任何一个陌生人之间所间隔的人不会超过6个，也就是说，最多通过6个人，你就能够认识任何一个陌生人。"根据这个理论，你和世界上的任何一个人之间只隔着6个人，不管对方在哪个国家、属于哪类人种，或是哪种肤色。"

一家德国报纸协助研究人员进行了一个试验：帮助法兰克福的一位伊拉克移民，这位移民是一家土耳其烤肉店的老板，他最喜欢的好莱坞影星是马龙·白兰度。研究人员想帮助这位老板和马龙·白兰度建立联系。

几个月后，报社的员工找到了马龙·白兰度，原来，烤肉店老板有个朋友住在加州，刚好这个朋友的同事是电影《这个男人有点色》的制作人的女儿的某个密友的男朋友，而马龙·白兰度恰恰主演了这部片子。马龙·白兰度与烤肉店老板之间只经过不超过6个人的私交，就可以联系在一起了。

地球上有超过65亿的人口，人们之间隔着那么远的距离，中间还有大片的陆地和海洋，甚至，人们的肤色也有不同。一个人要联系到另外一个素不相识的人，简直可说是大海捞针。然而，世界就是这么神奇，如果你真的想认识某个人，其实只需要经过6个人的距离而已。

因此，从某种意义上来说，只要你有胆量想去结识某人，那么你就可以通过个人的关系网找到对方。通往"大人物"的路是存在的，关键是看你敢不敢迈出脚步。

不要认为大人物都是可望不可及的，只要你拿出胆量、拿出魄力，勇敢、积极地与他们接触，就能拓展你的人脉，就能为自己创造机遇。因此，不要再在远处徘徊，不要再抬头仰望，只要你大胆一点，你也能成为"大人物"的熟人。

下篇 这些事别等到上班以后才知道

抓住潜在的机会

什么样的人是贵人?可能你会说,那些能在关键时刻拉我们一把的上位者就是贵人;那些给我们一个机会,可以让我们少奋斗很多的大老板就是贵人;甚至,那些在我们落魄不堪、心灰意冷之际,耐心鼓励我们坚持下去的街头老大爷就是贵人……

是的,任何人都可能成为我们的贵人,在我们需要的时候帮我们一把。就像韩信一样,有知遇之恩的刘邦固然算是他的贵人,但是能在他饥寒交迫之时给他一碗饭吃的漂母又何尝不是他的贵人呢?然而,贵人的脸上不会写着字,我们又如何抓住潜在的贵人呢?

在一个风雨交加的夜晚,有一对老夫妇来到一家酒店的大厅,他们很想在此住宿一个晚上。可是,当天的房间都已经客满了。酒店的夜班服务生乔治·波特十分无奈地对他们说:"真是很抱歉,今天的房间已经满了。若是在平常,我可以送您二位到有空房的其他旅馆,可外面此时下着雨,我无法想象你们要再一次置身于风雨中。"

"那可怎么办呢?"这对年老的夫妇显然非常着急,"哪怕给我们一个小小的房间也行啊。"年轻的服务生看着焦急的老夫妇,不由得想起自己的父母,他决定帮他们一把。"要不这样吧,你们在我屋里待一晚上如何? 因为我需要值班,所以可以待在办公室里休息。我的房间虽小,不过还是比较干净的。"

乔治·波特很诚恳地提出这个建议,老夫妇也很高兴地接受了:"那太谢谢你了,小伙子,你真是个热心的人啊。"

第二天早上,老先生前去结账时,乔治·波特亲切地跟他打招呼:"您与夫人昨晚睡得安稳吗?因为您住的房间并不是酒店的客房,所以我们不会收您的钱,欢迎您下次光临。"

于是，这对夫妇千恩万谢地走了。

几年之后，乔治·波特突然收到一位先生从国外寄来的挂号信，信中说起了那个风雨夜晚所发生的事，另外还附一张邀请函和一张往返机票，邀请他到纽约一游。

抱着试试看的心情，乔治·波特在一栋华丽的大楼前见到了那晚借宿的老先生，老先生说道："这是我为你盖的旅馆，希望你来为我经营，可以吗？"

乔治·波特感到不可思议，说话也变得结结巴巴起来："您是不是有什么条件？您为什么选择我呢？"

老先生笑呵呵地说："我没有任何条件，那个风雨交加的夜晚告诉我，你正是我梦寐以求的员工。"

于是，乔治·波特成为这家酒店的第一任经理，这家酒店就是纽约最知名的华尔道夫酒店。这家酒店在1931年启用，是纽约极致尊荣的地位象征，也是各国的高层政要前往纽约下榻的首选。

假如你准备做生意，你需要资金；假如你想研究科学，你需要在大学攻读学位。而假如你想抓住贵人，则不需要任何"基础"或是"条件"，每个人都可以"白手起家"。就像乔治·波特一样，哪怕你只是一个普通的服务生，也能成为一家最豪华大酒店的第一任经理。如果贵人给予一个阿基米德支点，我们每一个人都可以撬动整个地球。

其实，抓住贵人并不是那么的神秘，只要我们凡事留心，善待每一个人，那么我们无意种下的"因"，就有可能在日后结出意想不到的"果"。或许某一天，因为我们自己都已经忘却的小小善举，就能引领我们的贵人出现在面前。

张良原是韩国宰相之后，为报灭国之仇，派人在博浪沙行刺秦始皇未果，只好来到江苏下邳，住在项伯家里。一日雨过天晴后出西门，在圯桥碰见一位七八十岁的老人，穿着粗布短衣，走到张良跟前，故意把穿在脚上的草鞋丢到桥下，并且看着张良说："小子，去把鞋给我捡回来！"张良一看此人如

下篇 这些事别等到上班以后才知道

此傲慢，马上就想揍他一顿。不过转念一想，对方也是个老人家，自己就让他高兴一下算了。于是，张良就真的把掉在泥里的鞋捡回来替他穿上了，然后老人就笑着离开了。

谁知，那个老人走了几步又转过身来，对他说::我看你不错，值得教导。5天后天一亮，和我在这里见面。"5天后，天刚刚亮，张良就来到桥上，不过那个老人已经到了，老人很生气地说："现在天已经大亮了，你这么不守信用，和长辈约会还迟到，长大后还能有什么作为?5天以后，鸡叫时来见我。"说完老人就走了。就这样，前后十几天张良连去了3次，才让老人满意。

原来老人名叫黄石公，他传给张良一本书——《太公兵法》，又叫《黄石兵书》。并告诉张良："你将此书精华读透，再好自为之，定能辅佐贤君，成其大业。你将成为皇帝的老师，这话会在10年后应验。"张良按他的话做了，后来辅佐刘邦亡秦灭楚，封为留侯。

张良自己也没想到这个傲慢无礼的老人会是他的贵人，如果他没有尊敬老人的品德，没有守时承诺的耐心，那么，他也就抓不住这个机遇。这个故事告诉我们，"贵人"其实无处不在，人间充满着许许多多的机遇，每一个机遇都可能使自己一飞冲天，因此，我们应该以平常心经营人脉，不要急功近利。或许在我们未在意的某个小路口，我们的人生就已经发生了重大转折。

也许你不是富二代，也没有亲戚是大人物，也许你只是一个默默无闻的小角色，与成功人士之间相隔着"十万八千里"的距离。但只要你做一个有心人，善待身边的每个人，那么，也许下一秒钟，你的贵人就会出现。

学会向领导学习

无论你在学校多么叱咤风云，无论你有多么丰富的实习经历，当正式进入职场的时候，就如同你第一天走进学校一样，你也只是一个愣头愣脑的

"新丁"。不过,职场这所学校可没有课程表,也没有人像学校里的老师那样手把手教你,但你要学的东西却更加复杂。只要你睁大双眼,张开耳朵,那么,每个人都能成为你的老师。

对刚刚走进职场的大学生来说,要学会"偷师",从别人的一言一行中找到自己需要学习的地方。好口才是一块不错的敲门砖,但是仅仅会说还不行,你要培养自己的实际工作能力。之所以提倡职场新人要少说多做,注意倾听就是这个道理。在职场上,每一个人都是你潜在的对手,每一个人也都可以成为你潜在的老师,因此,不论是对朋友还是老师,你都要抱着谦虚的态度,学习他们的优点。

刚刚大学毕业的郑宇与卢炳被一家广告公司同时录用,公司规模不大,只有20多个人。郑宇的设计思路比较活跃,他觉得应该大胆创新,将一些最时尚、前卫的东西融进设计理念中去。卢炳则比较保守一点,他一般不会擅自做主,都是中规中矩按老板的要求完成。

老板是从做平面设计发展起来的,经验非常丰富,喜欢带新人,"诲人不倦"。每周老板都会抽出一个下午的时间给他们开小灶,讲一些设计理念与设计技巧。老板每次讲解设计案例,郑宇都有很多意见:"李总,我觉得这样设计太单调了,应该再添加一些前卫一点的图案。"要么就是:"李总,这个案例太特殊了,你应该找一个更典型的来讲。"郑宇经常打断老板的讲话,而卢炳总是认真地听着,还不断做笔记。

有一次,公司要策划一个推广活动,老板将策划思路各发了一份给他们,要求他们制定方案。卢炳的方案不仅包括活动的策划流程和内容,还列出了一些其他类似推广活动中的亮点,也写出了自己在做这个策划案中的几点困惑,并谦虚地请老板指正。郑宇也按时交了作业,可是既没有策划方案的形式,内容也不丰富,而且还自吹自擂地说自己的方案是完美的。

两个月试用期满后,老板只留下卢炳一人,郑宇不服气,问老板为什么

下篇 这些事别等到上班以后才知道

不留用他,老板说:"你比卢炳聪明、灵活,在这方面是很有天赋的。但是你不会学习,就连我最好的经验你都听不进去,所以你没有卢炳进步快,以后要注意,你毕竟是一个新人,不虚心学习是不行的。"可怜的郑宇只能再次奔向人才市场,而卢炳则越来越受领导青睐。

职场上的领导最喜欢两种员工,一种是有能力的员工,另一种就是服从领导的员工。对于进入社会不久的大学毕业生,完全可以通过学习把这两种优点结合起来。领导往往都是这个行业中的精英人才,最起码也算得上实战经验丰富,而且因为他们希望自己的下属尽快成长起来,给整个团队带来效益,因此,他们往往是乐于传授新人一些东西的。

向领导学习有很多好处,一方面,领导都喜欢谦虚好学的人,而不喜欢目中无人的下属,要知道,哪怕你真的能力出众,你也不是万能的,你总有不足的地方,而且,如果领导对你产生了反感,也会影响你的职业发展。

另一方面,因为领导已经在社会与职场中摸爬滚打了多年,他们的经验和能力往往是非常宝贵的,这不是一般的从业人员都能具备的。而且,领导相对于一般的同事来讲,往往不会跟你有直接的"竞争"关系,因此,他们不会"藏私",这些都是你快速成长的有利之处。向领导学习,既受青睐又能学到更多东西,何乐而不为呢?

《致加西亚的信》一书的作者阿尔伯特·哈伯德曾经说:"一个好领导会让你受用无穷。"其实,作为下属,你向领导请教,一般情况下他都会欣然传授的,关键是你自己肯不肯学习。

钱民以"海归"的身份来到国内一家证券公司,他踌躇满志,觉得自己在美国读了这么多年的书,研究了这么多年的金融问题,现在终于可以派上用场了。

钱民对待工作十分认真,不过他还是发觉书本上的东西与实际问题有很大的出入。作为一个新丁,自己的经验少得可怜,实际操作能力也比其他人差很多。怎么办呢?同事们都在观望着他这位"海归"能翻起多大浪花呢,可不能让他们失望啊。

面对工作中出现的难题,钱民埋头钻研了好几天,却没有一点成效,向领导请教,他又觉得很没有面子。自己可是"海归"啊,人家会不会笑话他名不副实、滥竽充数呢?

钱民把自己的苦恼跟大学时候的好朋友说了,结果那位大学同学告诉他:"你知道我现在为什么做得还算成功吗?我就是善于学习,别说是跟领导学,我刚工作的时候,连看大门的老大爷都不放过,要不是他指点我注意公司里的人事关系,我不可能一上来就得到领导的另眼相看。我告诉你,千万别顾忌面子,到时候你把事情办砸了,可就不是面子的问题了。"

同学的一席话帮助钱民下了决心。他心里想:有不懂的地方就应该问,是"海归"又怎么样?毕竟自己是一个新人,不懂装懂才是大错而特错的。想到这里,钱民向主管领导的办公室走去。

面对钱民提出的有些浅显的问题,领导不但没有笑话他,反而很耐心地给他解疑答难,还把自己的实战经验毫无保留地传授给他。最后说道:"在我们这个团队中,你的学历最高,专业知识也最丰富,你要你愿意学,我就愿意教。我还有几年就退休了,我希望你到时候能够独当一面,学历这么高又肯虚心学,我相信你将来的前途无量。好好干,我看好你。"

逐渐熟识了之后,大家在一起聊天,有一位同事开口了:"钱民,你知道吗?当你第一次站起来,向领导请教问题的时候,我们都很佩服你,因为你并没有认为自己是'海归'就高人一等。也正因为这样,你在大家心中的印象很好。"

后来,钱民果然成了这家公司的骨干,主管退休的时候推荐了他,于是钱民顺理成章地实现了职场上的第一次飞跃。

职场新人应该虚心地向有经验的领导讨教,无论对方学历有没有你高。不懂装懂或抛开问题不管都是不可取的做法,如果那样做,你就只能以老牛

下篇 这些事别等到上班以后才知道

拉破车般的速度在职场上慢慢蠕动。等你成长起来的那一天,恐怕黄花菜都凉了。

总之,一个新手要想在职场上成长得快一点,最快捷的方法就是向领导学习。这是一条通向成功的快车道,只要你虚心学习,很快你就会成长为一个优秀的人才。

等待指示会丧失求生能力

许多初涉职场的新人满足于把老板交代的事情办好,把自己分内的事情办好,认为这样就是一个优秀的员工了。对于老板没有吩咐的事情,他们总是秉承多一事不如少一事的原则,总觉得自己是一个笨手笨脚的新手,办砸了就糟了。

其实,如果在工作中总是等待指示,而不是主动去做,那么就很难学到更多的知识和技能,要知道,做的事情越多,学到东西的机会也就越多。甚至有时候,出的错越多,得到的经验也会越多。因此,为了使自己更快地成长,就要主动积极地承担更多责任,不要什么事情都等老板说了才去做。

任何一个有进取心的人,都不会介意在做好自己分内事情的同时,尽自己所能每天多做一些分外的事情。如果把老板交给自己的任务作为标尺,限制自己的主动性和积极性,那么就不利于自己的成长进步,同时也不利于企业的发展壮大。

1990年,王洪军毕业后开始在一汽大众焊装车间工作。当时,钣金整修工作技术含量非常高,主工由4个德国专家负责,不懂相关技术的王洪军只是给他们打下手,递递工具、干点小活。领导们给他的任务是:把德国专家们"伺候"好就行了。

但是,王洪军不甘平凡,不甘于只把手头上这些毫无技术含量的工作做好。工作一段时间后,他觉得自己有必要提高一下,于是萌生了"我也想做钣金整修工"的想法。有的同事得知他的想法后,不以为然地说:"那种工作的要求特别高,不可能让你做的,你就不要不切实际了。"王洪军却反驳说:"我现在是做不了,但是我可以学啊。外国专家也不是生下来就会干的,我可不想永远打下手。"

这个想法时时激励着王洪军,于是,他在给专家们打下手的时候,时时注意专家们的一举一动,偷偷学习。对于那些比较容易的工作,他还主动帮忙。除此之外,他还利用休息时间跑图书馆翻阅相关资料、到书店买专业书,自学热处理、机械制图、金属工艺等专业知识,对照书本反复操练。

过了几个月之后,王洪军的学习取得了很大的成功。他自己动手修好了一台车,经检测完全符合标准,于是,王洪军终于如愿当上了钣金整修工。当初认为他办不到的同事难以置信地说:"真没想到你竟然做到了,谁教你的啊?"王洪军笑笑说:"只要你想学,谁都可以成为你的老师。"

随后,王洪军仍然不满足于现状。他又着手总结快捷、有效的钣金整修方法,创造出了47项、123种非常实用又简捷的轿车车身钣金整修方法——"王洪军轿车快速表面",由于他的突出贡献,被评为优秀的一线工作者。

要想多学知识,要想不断进步,就不能满足于老板吩咐给你的工作,做一个拨一拨就转一转的木偶员工。试想,如果王洪军只是"老老实实"地做老板吩咐的事情,给专家们打下手,即使他做得再好,也不过是个打杂的,成就不了自己的职业理想。正是他不满足于手头的工作,不止步于分内的任务,他才得以学到更多的东西,并且取得了成功。

一个优秀的员工,总是能将无论分内的还是分外的工作努力做好,多给公司创造效益。在这个过程中,你将收获更多的学习机会,这样你的能力才会得到快速提高,从而获得更多的职业发展机会。

当亨利·瑞蒙德刚开始在美国《论坛报》做责任编辑时,他一星期只能挣

下篇 这些事别等到上班以后才知道

到6美元,换作别人,可能觉得每天能够按时上下班就对得起这份工资了。可是,他却平均每天工作13到14个小时,下班的时候,整个办公室的人都走了,唯有他一个人还在工作。

那么,他是为了这6美元的薪水才如此拼命吗?

很显然不是,他每天都在做完了分内的事情之后,花费大量的时间和精力去做那些分外的事情,通过这些工作,他的能力不断提高,他的知识越来越丰富,他的经验越来越多。他的"野心",可不是仅仅做一个责任编辑。

亨利·瑞蒙德在日记中这样写道:"为了获得成功的机会,我必须比其他人更努力地工作,当我的伙伴们在剧院时,我必须在房间里;当他们熟睡时,我必须在学习。"

是的,他抓紧每一分每一秒学习,在工作中提高自己的能力。后来,他成为美国《时代周刊》的总编。

其实,如何在工作中学习,还涉及一个心态的问题。有些人总是精打细算,将工作和酬劳算计得一清二楚,拿多少薪水就做多少事,不愿多付出一丝努力,当一天和尚撞一天钟,从来不主动做些分外的事情。

这样的人看似聪明,其实是标准的大傻瓜,要知道,从工作中学习得来的经验技能,是一笔远比工资要宝贵的财富,甚至可以说,是你生存和发展的根本。为了使付出跟薪酬的回报相当而放弃了提高自己的机会,是愚不可及的行为。不断学习提高自己和薪水多少之间,孰轻孰重,相信每一个理智的人都算得清楚。

因此,在职场这个特殊的赛场上,要想超越对手,要想成就卓越,就不要被动地等待,不要满足于把老板交代的事情干好。要知道,从一般到卓越没有捷径可走,只有洒下汗水,你才能收获进步。要想比别人更优秀、更成功,就要比别人多付出那么一点点。

227

成功靠的是创意而不是经费

许多刚从学校毕业、初涉职场的大学毕业生们，一般很难受到重视，往往不能担任要职，只能做一些打杂跑腿的工作，有时候还得不到必要的指导和提携，只能"自生自灭"。他们就像默默无闻的小草，如果不能长成参天的大树，就无法得到人们的关注。

在职场上，每个人都有争强好胜之心，每个人都希望得到别人的肯定，都想得到更好的发展。但是，要想实现这个愿望并不是无条件的，关键要看你有没有这个能力、本领，在拥有傲人的才干之前，新人们还是默默无闻地努力吧。

1934年，曾宪梓出生在广东省梅县的一个贫农家庭。因为家境贫困，从小父亲就离家去南洋闯荡，到泰国谋生。由于劳累过度，在曾宪梓只有4岁的时候，他父亲就去世了。

1968年，曾宪梓与母亲、妻子和3个孩子来到香港。当时香港服装业很发达，连捡烟头的流浪汉都穿着西装，可见西装非常流行。

假设香港有400万人，每人有一套西装，配一条领带，那么领带的需求量也是非常可观的。但当时香港的领带大多从外国进口，当地生产的还很少。

那时候曾宪梓的手中只有6000港元，他把租住的房间作为厂房，拿起了剪刀缝制领带，没有客户，他就自己去推销。曾宪梓的"一人工厂"就这样诞生了。他为自己定下每天生产、销售60条领带的目标。

他制作的一打领带的成本是38元，就把批发价定为58元，一条领带的利润不到2港元。他心想，便宜一定会有销路，利润也会积少成多。谁知买主使劲压价，产品脱手很难。相比那些进口名牌领带，曾宪梓所做的领带用料低廉、款式单一、色彩灰暗，根本摆不上柜台。

曾宪梓受到了震动，他曾认为生产档次较低的廉价领带会比较容易进

下篇　这些事别等到上班以后才知道

入市场。但事实证明他想错了,廉价产品所换来的不是利润,而是别人的歧视与羞辱,只有精品才能打开市场。

曾宪梓用6000港元交了"学费",学到了一条教训:要想打入市场,就得生产高档名牌产品。曾宪梓没有气馁,毫不犹豫地把自己耗费了大量心血的产品批给了街头的地摊,然后花大价钱从商店里买回4条外国名牌领带一一拆开,琢磨用料、裁剪、造型、花色……从中学习研究。

最后,曾宪梓用剩下来的钱买进了一批法国面料,以外国名牌领带为样本,加入了他自己的设计方案,精心制作成领带。他仿制了4条,一并交给行家鉴别,结果8条领带分不出真假高低,曾宪梓欣喜万分。

一天,曾宪梓去推销自己制作的领带,当他走进一家洋服店时,洋服店的老板毫不客气地把他赶了出去。

曾宪梓第二天下午又来到这家商店,老板见到他如此诚恳,便收下了他的领带,他终于走出了成功的第一步。

曾宪梓说:"做生意要靠创意而不是靠本钱!"就这样,金利来领带逐渐成为家喻户晓的名牌,曾宪梓获得了巨大的成功。

如今人们耳熟能详的"金利来领带,男人的世界",这句广告语就是曾宪梓从自己的失败中学得的经验、从国外的高档领带中学来的创意。谁能想到,6000港元开始的作坊,能做出一家世界级的高档品牌呢?

知识、经验、技能甚至是教训等等,都是通过在工作中学习总结获得的。不论你现在为谁打工,你正在做的工作最终都是在为自己而做,是在为自己的成功铺路搭桥。所以,能够从工作中学到什么、能够从失败或者成功中学到什么,最终影响的是自己的道路。

美国一家玩具公司陷入了困境,那些漂亮美观的玩具滞销,董事长希姆心烦意乱,便到郊外散步。在街头,他看到几个孩子在不亦乐乎地玩着一只非常肮脏而且异常丑陋的昆虫。敏感的希姆意识到,也许丑玩具也是一条成功的路。

于是，希姆立即部署公司产品设计人员研制了一套"丑陋玩具"，例如外表狰狞的"畸形人"、望而生畏的"病毒虫"、臭得令人作呕的"呕吐人"等，并迅速推向市场。出乎人们预料的是，这些垃圾似的玩具大受儿童的欢迎，并引发美国掀起了行销"丑陋玩具"的热潮，这家公司也获得了丰厚的利润，顺利地走出了困境。

希姆之所以能够取得成功，正是从美丽的玩具却滞销中得到的灵感，当然也是从孩子喜欢丑陋的昆虫中得到了启发。可见，只要你用心，创意总是无处不在。

美国福特公司的一台机器某一次发生故障，技术人员检查了3个月，仍束手无策，最后请来了德国著名的工程师斯坦门茨。他用粉笔在电机外壳上画了一条线，说："打开电机，把画线处的线圈减去16圈。"故障果然排除。

福特公司问斯坦门茨要多少酬金，他说要1000美元。人们质疑，画一条线竟然这么贵？他坦然地说："画一条线值1美元，而知道在哪个地方画线却值999美元。"

在职场上，我们怎样才能成为一个用丑玩具打败漂亮玩具，或者画条线就能得到1000美元的人才呢？当今企业里缺少的，正是那些在某个领域拥有特别精深的专业技能的人才。而无论你所从事的工作多么平凡，无论你现在多么不起眼，多么没人关注。只要能静下心来钻研业务，坚持不懈地学习，你就能成为"专家"员工，成就一番作为。

要升职，先升值

年轻人进入职场，总是幻想着能够"天高任鸟飞，海阔凭鱼跃。"实现自己的雄心壮志，然而梦想与现实之间往往存在着一些距离，有时候这个距离还不小。因为初涉职场，一没经验，二没能力，三没人脉，结果往往是作为不

下篇 这些事别等到上班以后才知道

被重视的"新丁"而尴尬存在的。

其实,每个人在职场中都要经受这么一番磨砺,既然我们不是直接进入到企业里当一把手,那么我们还是老老实实地提高自己的能力,为将来的崛起积蓄力量吧。很显然,在职场中,要想升职,先得让自己升值。

升职,意味着站在更大的平台上,行使着更高级别的权力,但同时也要承担更多责任,对自己要有更高级别的要求。那么,你的能力、才华、经验和阅历足够了吗?怎样才能使自己升值呢?

两年前,朱雅倩从武汉大学计算机系毕业后,怀揣着美好的梦想来到了珠海。经过几轮面试之后,进入一家开发游戏软件的私企。

刚进入公司的朱雅倩做了一名普通的程序员,由于这家公司规模有限,因此,公司的人事变动也一直很少,大家每天都在混日子,上班的时间都在玩网络游戏,或者聚成堆聊天。公司的业务也是不咸不淡,一直维持着比较平稳的发展。

过了一段这样的日子之后,朱雅倩觉得这样下去不行,因为在这种环境里,人很容易失去激情和动力。常言说,人无远虑,必有近忧,万一哪一天公司效益不好了呢?朱雅倩想,如果等到那时候才觉悟,恐怕自己的能力不足以让自己找到一个更理想的工作了。

由于公司的薪水还不错,因此,朱雅倩也不想贸然辞掉现在的工作,冒着风险重新开始。于是,在同事们上班闲来无事或者下班的闲暇时,她开始自我充电。她不顾一切地努力,每天挤出好几个小时的时间用在学习上,她觉得英语很重要,因此,首先"进攻"英语。本来她就有底子,因此,半年后,她就能非常熟练地用英语表达了。

然后,朱雅倩报考了企业管理本科段的自学考试,并且广泛地阅读财经等方面的书籍。在朱雅倩的努力下,她自考的科目通过了,而且由于广泛的阅读也锻炼了她的经济头脑和口才。

职来职往有玄机

后来，针对本行业的发展现状和公司的前景，朱雅倩做了一个质量非常高的提案给公司的老板。老板当时正为公司平淡如水的经营状况发愁，朱雅倩的提案无疑是雪中送炭，在论证了可行之后，公司马上按照这个提案做了一个规划，仅仅实行两个月，公司的利润就增加了两成。

老板大喜过望，破格提拔朱雅倩做了副总。本来，朱雅倩是为失业未雨绸缪的，没想到实现了鲤鱼跳龙门的飞跃，公司也因为她呈现出良好的发展势头。

在我们身边，像朱雅倩这样的人其实很多。很多人尽管出身卑微，没有什么背景资源，有些人在职场上还饱经磨难，经历过长期的煎熬，但是他们凭借不断的自我升值，确保了高效的工作，终于赢得了老板的赏识，从而一步步地实现了自己的职业理想。

在职场上，一定要让自己处于不断学习的状态之中，不断地给自己充电。职场如逆水行舟，一旦停滞不前，就会危及自己的饭碗。而如果能够坚持学习，坚持使自己增值，那么在未来的职场必将走得更加从容。

很多人追求安安稳稳的日子，可能他们觉得平平淡淡才是真。然而，这种态度用在职场上却不太合适。波澜不惊的日子固然惬意，但是不思进取的心态却是危机来临的前奏和序曲。不进步就会被淘汰，而想升职，就要使自己升值才行。不经历学习过程的锻炼，又怎么能成长为独当一面的英才呢？

陈茂榜只有小学学历，15岁时，由于要负担家计被迫辍学到当时台湾第二大书店——文明堂当店员。他每天从早到晚上工作12个小时，要读书几乎是不可能的事，可是他在书店工作，又睡在店里，所以有机会读书。

每天晚上9点打烊之后，书店就变成他的书房，他或坐或卧，遨游于书海之中。当时他把读书当成嗜好与享受，所以依自己的兴趣，先从小说、传记等读起。这种兴之所至的读书方式容易持久，因此对知识的增长帮助甚大。

日子一久，他养成了每晚至少读两个小时书的习惯，而且通俗的读物也逐渐不能满足他的需要，所以他开始涉及经济与文学等较专门与深入的书

下篇 这些事别等到上班以后才知道

籍。他在书店工作了8年,也读了8年的书。

陈茂榜曾说:"初进文明堂时,我只有小学毕业程度;8年后离开时,我的知识水准已经不亚于大学生了。"

他还说:"学历是没有什么用的,有用的是真才实学。"他后来创办了东正堂电器行。历任声宝电器股份有限公司、新力电器股份有限公司、东正堂开发投资股份有限公司董事长,台北市议会、台湾省议会议员、台湾区电工器材公会理事长等职务。

陈茂榜的实力来自他几十年来从不间断的学习,因为他在企业上卓越的成就,他荣获了美国圣若望大学颁授的名誉商学博士学位。

一个人如果安于现状、不思进取,在职场上是不会有好结果的。现代社会发展迅速,职场竞争激烈,每个人都相当于在高速公路上前进。如果,别人都开奔驰宝马了,你还停留在老牛拉破车的阶段,那么你很快就会被淘汰出局。别说升职了,恐怕要去领失业救济金了。

在职场上,升值才是升职的前提,这是颠扑不灭的真理,混日子的年代已经过去了。不能与时俱进的人,最终会被时代的洪流所淘汰。

先模仿,再创新

任何一个人从睁眼看世界,到开始哭、笑,到牙牙学语、迈步走路,一直到上学,整个过程都离不开模仿,模仿父母、模仿与之接触的人、模仿老师。由此可见,模仿并不是对人有害,正确的模仿还有助于人的成长。模仿的过程就是学习的过程。

在现代职场中,刚刚步入工作岗位的职场新人们,往往都有着标新立异的强烈欲望,设想自己的东西是显著区别于他人的,自己的想法与众不同,以体现自己的能力和价值,毫无疑问,这些想法都是很自然的。

但是职场新人应该知道,如果用模仿的方法能实现同样的效果,那么就没必要去花太多的时间和精力去想一个有"创造力"的方法。而且,事实上,任何创新都不是凭空产生的,很多人士或者公司,都是走了一条先模仿再创新的成功道路。

有日本"经营之神"之称的松下幸之助,年轻时曾经在一家电器商店当学徒。

当时,同时进入这家店里帮工的还有另外两个学徒。开始时,3个人什么都不会,他们也就是做些摆摆货、收拾店面之类的工作,因此薪水都很低。

松下幸之助跟另外两个人的不同在于,他好学。因为以前从来没有做过电器方面的工作,所以松下看什么都觉得新奇,但是看什么都不懂。面对着那么多的电子产品,他感到了自己的无知,也感觉到了危机,因此,他非常渴望了解这方面的知识。

因此,在其他两个人还在应付工作的时候,他开始学习电器知识。上班的时间不够用,他就每天比别人晚下班,关上店门阅读各种电子产品的说明书。他还报名参加了电器修理培训班,他希望自己能成为一个有技术、懂知识的电器行家。

他把别人用在喝咖啡休闲的时间用在了学习电器知识上。通过不断的努力,他终于从一个对电器一窍不通的学徒,变成了一个专家型的员工。当顾客来购买电器的时候,他对这些电器都如数家珍,侃侃而谈,令顾客大为叹服。有时候他还自己动手修理那些坏掉的电器,或者利用那些坏电器的材料重新设计组装成新的电器。

松下幸之助的成长让店主非常惊奇,大为赞赏,不久便聘请他做了正式员工,提高了他的薪水待遇,并且将店里的很多事情都放心地交给他处理,这为松下开创自己的事业打下了坚实的基础。

最终,松下幸之助创立了自己的松下电器。而他当初的两个同事因为毫

下篇　这些事别等到上班以后才知道

无上进心,最终被这家商店解雇了,至今默默无闻。

职场中存在着激烈的竞争,既是挑战也是机遇。只有在工作中不断地学习,不断地挖掘自己的潜力,为自己充电,不断地吸收新思想,练就新技能,才能在工作中超越自我,在竞争中处于优势地位。

李阳是一家公司的新员工,他是一个很聪明的人。上学的时候他就喜欢学习别人的优点改进自己,因此,整个学生时代他是非常优秀的。

进入职场之后,李阳依然保持着这种良好的习惯。上班没多久,身为行政专员的李阳就发现公司的两个部门主管的做事风格迥异,有时候同样的事情经两个人处理后达到的效果完全不一样。

例如,如果某个员工上班迟到了,一个主管会很关切地问对方是不是家里出了什么事情、有什么难处等等,和风细雨似的。而另一个主管非常坚持原则,该批评就批评,根本不留面子。李阳发现,这两种做法都是有利有弊,过于温和的主管有时候会镇不住场面,而过于严厉的主管则在背后不落好。

两个人处理工作的方式也不太一样。有一个主管在做每件事情之前,会先做一个系统的计划,什么人适合做什么事、大概多长时间能够完成,他都详细地记录好,分配任务也先征求下属的意见。而第二个主管则不同,显然,他对自己下属的能力也非常了解,分配任务都是硬性规定,谁该做什么就必须做什么,还要做好。因此,他的部门效率很高,但是下属们的情绪不太高。

从此李阳就有意识地学习两个主管的做事方式,并且经常琢磨在什么情况下适用哪种方法,有时候第一个主管的方式比较好,有时候却是第二个主管的办法好。当然,有些时候需要两种方法结合起来最好。

由于李阳处理问题的方式很合理、很圆熟,很快他就被老板发现,将他列入重点培养干部的名单。

职场是一条无情的生物链,优胜劣汰的自然法则在这里演绎得更加激烈,如果不能尽快地提高自己的能力,不能尽快地展现自己的长处,很可能就会被竞争对手赶超。而模仿则是学习的一条捷径,在模仿的基础上超越原型,实现创新则不失为升华自己的一个好办法。

模仿不是一种落后,不是一种耻辱。模仿是为了超越、为了创新。只有从公司前辈那里模仿或者在工作过程中学习,不断超越自己,才能不断创新,才能得到老板的青睐。所以,聪明的员工会坚持不懈地学习,让自己学到更多的新技能,为自己的创新积累更多的基础,使自己能更长久地立足于职场。

困境是造就强者的学校

这个世界本来就是不平等的,有些人奋斗半生却依然贫困潦倒,有些人出生的时候已经家财万贯。但是机遇永远都是属于有准备的人的,哪怕你处在困境中,只要你有出众的才华和能力,机遇也决不会弃你而去,要知道,如果你成为金子,那么放在哪里都会发光的。

人的一生就是终生学习、不断充实的一生。只有不断地学习,才能实现从量变到质变的飞跃。学习是一生的需要,只有抓住一切学习的机会,才能使自己的能力得以提升,并改变自己的命运。困境是造就强者的学校,越是在困境中,越要坚持学习,因为只有不断使自己变得强大,才能改变命运。

年轻人刚刚走出象牙塔,进入社会以后可能会看到很多状况或者遇到很多事情跟自己想象得不一样。也可能默默无闻地干了很长一段时间之后也得不到领导的认可,面对职场磨合期,新人们该如何自处?是干脆辞职不干?还是默默忍受这些煎熬,听天由命呢?抑或是暗暗积累,选择合适的时机一鸣惊人呢?

张先生是一名刚大学毕业不久的职场新人,他的任务是跑销售。随着刚工作的新鲜劲逐渐淡去,张先生渐渐看到了工作中的种种不如意之处,比如人际关系紧张、销售业绩不好等。而且,像当时他这种刚进公司又没有特殊

下篇 这些事别等到上班以后才知道

背景的新人，一般需要几年才能获得升职，在这些压力面前，张先生非常苦闷，他想到了辞职，再换一家单位，但又有种种顾虑，他不知道该怎么办。

为此，他专程去咨询了一位专业的职业规划师。对方告诉他：遇到困难就想辞职，其实是心理抗压能力不够，以及心理不健康的表现。遇到困难，首先想的不是如何解决，而是如何逃避，但是世外桃源是不存在的，到哪里都会遇到矛盾，以为换一家单位就能解决问题，其实这种想法是很幼稚的。

张先生又问："那我到底要干多久才能得到重用呢？我现在业绩不好怎么办？"对方又为他分析，其实在职场上，在困境中学到的东西往往要比逆境中学到的东西还多。业绩不好很正常，因为新手在经验上比较欠缺，但这些都可以通过学习来提高和弥补。另外，不要急功近利，只要用心，就不愁没有出头之日。

张先生听从了对方的建议，开始了改变。当和他一同进入公司的年轻人都在抱着上完班快下班、下班之后出去玩的心态的时候，他却在每天默默地拼命学习，一有闲暇时间就跟老员工聊天，学习他们的经验。

而且，针对他们的行业现状，他还经常模拟各种危机的应急处理，并做出预案。没想到，张先生根本没有"蛰伏"多久，机会就来了。有一次，他的部门经理犯了一个很严重的错误，给公司造成了巨大的损失。而他曾经多次模拟过这种情况，在关键时刻他及时向总经理提出了预案，减少了公司的损失。那次以后，他就取代原来的上司变成了公司的部门经理。

许多职场新人都有对新环境适应不良的表现，为此产生焦虑、悲观等负面情绪，给自己造成很多困扰。其实，新人们进入职场，就好像新车要有磨合期一样，都有一个特定的适应时期、一个才能爆发前的积累时期。当然，这个磨合时期可能比较难熬，没人关注，做什么都不顺利，自己整天累得要死，却不如老员工轻轻松松赚得多。

然而，困境才是造就强者的学校，不经历这些，我们就不能百炼成钢。不经过暴风雨的洗礼,又怎么能长成参天大树呢?其实,这正是学习和进步难得的契机,要敢于迎接挑战,在大浪中成为优秀的弄潮儿,在困境中积蓄力量。

卡莉·菲奥丽娜曾经是闻名遐迩的惠普公司的董事长。然而,这位斯坦福大学法学院毕业的大学生也曾做过那些非常平庸的工作。也曾处于职业的困境中,做着办公里默默无闻的龙套角色。

卡莉·菲奥丽娜毕业后的第一份工作是在一家地产经纪公司做接线员,每天的工作除了接电话,就是打字、复印、整理文件。很明显,这样的工作让一个斯坦福大学的毕业生来做可以说是屈才了。

然而,卡莉在这种困境中,毫无怨言地从事着这份无比平凡的工作,在简单的工作中积极学习。终于,机遇来临,一次偶然的机会,她从几个经纪人那里得到了一次撰写文稿的机会,从此,她告别了晦暗的职业阶段,走上了新的征程。

或许你的领导和同事也是从学徒做起的,他们也曾经是新手、是"菜鸟"、是默默无闻的小兵。然而,你如果因为暂时的默默无闻而对自己失去了信心,甚至一蹶不振,那么就永远看不到成功了。

因此,在职场磨合期里,我们不要失去希望,也不要怨天尤人,这是个特殊的时期,是我们学习进步最快的时期,一定要好好把握。在职场这所学校里,把自己造就成一个强者,以迎接未来的挑战,以成就美好的职场人生。

下篇 这些事别等到上班以后才知道

第12章
人生何处不营销

人生,其实就是一个营销的过程,只不过商品就是自己。上学的时候,我们通过自己优秀的品质和优异的学习成绩向老师、向更高一级的学府推销自己。在职场上,我们用工作业绩向上司推销自己,即使是推销产品,实质上也是用我们的人品打动顾客。那么,如何成功地把自己营销出去呢?

去除心中的怯懦感

当我们在面对一个客户的时候,因为不熟悉对方的脾性,产生怯懦感是常有的事,这是人之常情,这个时候最需要的是实践的勇气,只要战胜心中的怯懦感,不被对方的气势压倒,那么你就取得了一半的成功。

著名作家萧伯纳年轻时其实是一个很怯懦的人。

有一次,他有很重要的事需要跟他的校长商量,他练习了多次,终于来到了校长室门前,想敲门进去,可手刚刚举起又放了下来,他怕校长现在正忙、怕打扰校长的工作、怕还没开口就被校长骂出来……一连串的害怕让他的怯懦感在心里滋生,他想放弃,但是就这么走了又觉得不甘心,犹豫了很长时间,还是决定要见校长。可没走几步,他又折了回来,就这样几次三番,他在校长室门前徘徊了半个多小时,最后才鼓足勇气敲响了校长室的门。事实证明,他开始时所有的担心都是多余的,校长没有想象中的那么可怕。

从那以后，萧伯纳还发现了自己一个很大的缺点，那就是他常常会有这样的担心："我说这话，人家会笑话我吧？""该不会让人以为我在出风头吧？"他知道这是一种怯懦的表现，而这种怯懦也扼杀了他无数的构想。因此，他下决心将这个缺点改掉，使自己彻底从怯懦中走出来。

于是，他试着在众人面前讲话，锻炼自己的胆量。起初，他在面对众人时浑身都在发抖，他便有意识地摆出一副自信的样子，不断延长自己的讲话时间，渐渐地，他可以在很多人面前从容淡定地讲话了。就这样，他从怯懦中一步一步走出来，终于成为具有坚定信念和充满自信的人。

如果萧伯纳当时没有敲开校长的门，他的人生之路就有可能改写。同样的道理，营销之路也是一样，最重要的就是迈开你的第一步。只有敲开了那扇门，你才会有成功的机会。

"不敢正面面对恐惧，就得一生一世躲着它。"这是北美印第安人喜欢说的一句话。是的，怯懦是弹簧，你强它就弱，你弱它就强，我们要及时去除自己心中的怯懦，才会成为生活的强者。每个人的心中多多少少都有一些怯懦感，如果不能及时克服，它就会像影子一样处处跟随着你，成为你成功的阻碍。我们之所以很容易被怯懦所左右，主要是因为我们在面对未知情况时，把困难想得过于强大，通过各种假设蚕食自己面对未知的勇气，直到决定放弃。

其实，克服怯懦很容易，只要我们调整好自己的心态，以一种自信的姿态面对它，变后退为前进、变仰视为俯视、变被动为主动，它就会自动败下阵来。就像我们刚开始学习游泳，我们会想："万一下水后被淹怎么办？""在水里胡乱扑腾多难为情啊……这些想法都可能成为我们打退堂鼓的元凶。其实换个角度想，呛着了无非就是小小地难受一下；被人嘲笑也只是一时的笑料，只要我们勇于尝试，我们就会得到游泳的乐趣。

我们总是很容易受外界的影响而忽略了自己的内心，从而使自己的内心充满恐惧和怯懦。其实，我们的内心才是自己人生和命运的主宰者和舵

下篇 这些事别等到上班以后才知道

手,只要我们有勇气去面对它,告诉自己要做生活的强者,那么怯懦将会自惭形秽,收回它在你心里恣意漫布的藤蔓,去寻找另一个怯懦的灵魂,做他的主人。

小叶毕业后做了一个编辑。有一次她需要向一位名作家邀稿,那位作家一向以难于对付著称,所以在去他家之前,小叶感到既紧张又胆怯,心里惴惴不安。

开始并不成功,因为不论作家说什么话,小叶都说"是,是"或者"可能是这样的",局促不安的他无法开口说明要求作家写稿的事。于是,他决定改天再来向他说明这件事,今天随便聊聊天就结束这次拜访。

就在他快要向作家告辞的时候,突然间,他脑中闪过一本杂志刊载的有关这位作家近况的文章,于是就对作家说:"先生,听说您有篇作品被译成英文在美国出版了,是吗?"

作家猛然倾身过来说道:"是的。"

他继续说道:"先生,您那种独特的文体,用英语不知道能不能完全表达出来。"

"我也正担心这点。"作家饶有兴趣地说。

他们滔滔不绝地说着,气氛也逐渐变得轻松,最后他顺理成章地提出请作家为他写稿的要求,作家也爽快地答应了为他写稿子。

这位不轻易应允的作家,为什么会为了小叶的一席话而改变了原来的态度呢?因为他认为小叶并不只是来要求他写稿,他不仅读过他的文章,对他的事情也十分了解,不能随便地应付。所以,我们在跟人打交道的时候,不妨让对方以为我们对他的事非常清楚,这样不仅能拉近人与人之间的距离,还可以像小叶一样,在心理上占优势。

一般人在和名人或有头衔的人见面时,都会产生胆怯的心理。如果气势被对方压倒,你就不太敢开口说明要求的事,这样就会冷场,如此一来双方都很尴尬。这时不论多小的事情没有关系,首先要谈论对方的兴趣、近况等,仿佛自己对他的事非常了解。

正所谓"狭路相逢勇者胜",一个怯懦的人是永远不会胜利的,只有去除怯懦,有奋斗的勇气,我们才会得到命运之神的青睐。心中毫无怯懦感的人,尽管他们也知道前方困难重重,但是他们不会因为这种压力而选择退缩,甚至放弃。他们会迎难而上,拿出自己的勇气来战胜困难、战胜压力,渐渐接近自己的目标。而一个怯懦的人犹如一只"惊弓之鸟",畏手畏脚,这样的人,在事业上、生活中,任何的风吹草动和坎坷磨难对他们都是一场浩劫、一场无可避免的灾难,都是足以令他们惶惶不可终日的巨大恐惧。他们终会被外界的力量彻底压垮。

很多时候,困难确实存在,但是困难的存在并不一定会阻挡人们前进的脚步,只有那些缺乏勇气的、内心怯懦的人才会被困难吓得自己停下来。更多的时候,这种困难只是看似强大的纸老虎,是我们把它们看得太强大了,未战而自己先退缩了。其实,只要我们拿出真正的勇气来,勇敢地去挑战,消灭前进路上的障碍,我们也就离目标越来越近了。

良药未必苦口,态度的影响力很大

现代社会,是一个人际关系复杂、社交活动频繁的社会,一个人的态度直接影响到社交的效果或者工作的成功。那些高明的人,总是注意态度的影响,用良好的态度为人处世。即使在批评人的时候,也能够把话说得动听,让人不但不怨恨,还能从善如流,立即改正。

而那些不懂得态度重要性的人,往往即使是好心,也能够把事情办砸。一个人在职场上行走,为人处世一定要注意态度,态度就是你的名片,就是你将来成功与否的晴雨表。一个态度恶劣的人,即使心地善良,也会无意中给人造成伤害,又怎么能让别人喜欢他呢?

下篇　这些事别等到上班以后才知道

一天,正赶上下班时间,一辆公交车上人很多,这时上来了一位抱小孩的妇女。于是售票员对乘客说:"哪位同志给这位抱小孩的女同志让个座?"没想到她连喊了两次却无人响应。售票员想,也许是大家工作了一天,都累了,我得想个办法,给这位抱孩子的妇女找个座位。于是,她提高嗓门:"抱小孩的女同志,请您往里走,靠窗口坐的几位小伙子都想给您让座儿,可就是没看见您。"然后用期待的目光看了看靠在窗口处的几位青年乘客,"你看这些小伙子多好,谢谢了!"

售票员的这几句话可真有效果,话音刚落,"呼啦"一声,几位小伙子都不约而同地站了起来让座。不过,这位女同志坐下之后,只顾照顾孩子,也没有对让座的小伙子道谢,那位小青年看着她皱眉。

于是,售票员就逗着小孩说:"小朋友,叔叔给你让了个座儿,你还不快谢谢叔叔?"就这样侧面提醒了那位妇女。那位妇女连忙拉着孩子说:"快,谢谢叔叔。"那位小青年听到小孩道谢后不由得笑了,连声说:"不客气。"

不仅是普通的职场人员,就是那些日理万机的"大人物",也非常注意自己的态度。

美国总统柯立芝有一位年轻的女秘书,在工作中不是特别认真,总是出现一些小错误。有一次,柯立芝对她说:"你今天穿的这件衣服真漂亮,你真是一位迷人的小姐。"这可能是沉默寡言的柯立芝一生中对秘书的最大赞赏。

这话来得太突然了,因此那个女秘书满脸通红、不知所措。接着柯立芝又说:"你长得很漂亮,不过,我希望你以后对标点符号稍加注意一些,让你打的文件跟你的衣服一样漂亮。"

试想,在这两个例子中,如果售票员换一种态度,请人让座时说:"那么大的小伙子一点也不自觉。"在劝那位抱小孩的妇女道谢时说:"别人给你让座,你也不知道说个谢字。"后果会如何呢?

同样,如果柯立芝直接批评女秘书,直接给她一个当头棒喝,说她的工作怎样的不认真,连标点符号也随便省略,那么这样的态度对方肯定难以接受。而先给一根胡萝卜,再委婉地说出自己的意思,对方就乐意接受了。

生活中,要理解人们的心理需要,任何人都希望别人对自己有个好态度,谁都不想别人对自己恶声恶气的。如果不能根据交际对象的心理选择恰当的语言形式,话一出口先伤人必然会引起对方的不快,这样又谈何使自己受欢迎呢?

某位老总对工作总是一丝不苟,脾气比较暴躁,经常为一些小事发火,弄得员工人人避之唯恐不及。这位老总经常在各个工作岗位上转悠,如果对谁的工作不满意,就会情不自禁地直截了当指出来。

有一次,一位部门经理因为一件小事惹得老总不高兴,于是老总当场给他一个"下马威",弄得这位经理非常难堪。尽管部门经理心里也明白,老总这样做是为了工作,而且也是对事不对人,但是心里毕竟不是滋味。

事后,老总也冷静了下来,知道自己太冲动了,这个经理平时工作也是十分出色的,只是因为特殊情况出了些小错,但在工作中也是正常现象。

于是,老总在那天下班之前,派人把部门经理找来说:"今天委屈你了,首先怪我太冲动,对你的责怪不当,请原谅我的恶劣态度。不过,你们部门的工作仍需要提高,相信你能做得更好。"

几句话使部门经理的心得到了安慰,同时又有一种被信任感,从此以后工作更努力了。

有些人常常会控制不住自己的情绪,以致话说得过火,事儿做得过分,严重挫伤了他人的感情,过后可能连自己都会很后悔。当然,人无完人,真要发生了情绪失控的时候,一定要及时做好善后的安抚工作,当面表示歉意和鼓励,以便缓和对方的反感情绪。

除了这些,我们还可以在被批评的人的同事、家人、朋友等身上做做文章,通过他们之口传达自己的歉意之情与关爱之意,让对方感到你的诚意,

下篇 这些事别等到上班以后才知道

这样就能放下已经产生的隔阂,消除负面影响。

萧伯纳说过:人们总是把成败归因于环境,事实上,功成名就者总是努力寻找他们所需的环境,如果没有,他们就去创造。在职场上,那些善于推销自己的人,无一不是控制自己、为自己创造有利环境的好手,试想,如果连自己的情绪态度都控制不了,又怎么能冷静谨慎地对待工作呢?

因此,要想更好地在职场上发展,赢得良好的人际关系,把自己的"品牌"打响,就一定要控制好自己的情绪,不论在什么情况下都要给对方一个良好的态度,这样才能使自己的朋友越来越多、助力越来越大。

把自己的人品销售出去

其实,生活就是一连串的推销。推销自己是一门技术,很多人都希望能被别人喜欢,希望能轻易地找到工作,希望自己的产品好卖一些。有些人已经进入职场很久了,大家也总在探讨销售技巧、交流销售经验,不断地学习进步。每个人都有自己独到的见解,但是最根本的还是要推销自己。只有把自己的人品推销出去,用行动感化客户,才能换来客户的回报。

现在的推销工作为什么这么困难?要做事,先做人。要打开这种困局,得到客户的认可,首先就要把自己的人品展示给对方,赢得对方的赞赏,如此,才能顺利推销出自己和产品。

大卫是一家公司的老总,他从上海来深圳投资开公司。公司的筹备工作已经进行了4个月了,因为每天乘公交谈生意很不方便,所以一直计划着要买辆车。

于是,公司的经理就陪同大卫去了一家4S店。一位销售员看到他们之后,笑容满面地迎了上来,那亲切热情的劲头儿,不知道的人还以为是失散多年的兄弟相逢呢。

那位销售员口才非常好,从夸赞大卫的手表开始,一直聊到某款车的优越性能,看得出他很想做成这笔生意。在他滔滔不绝地磨了一个小时的嘴皮子之后,大卫终于被说服了,决定要购买他推荐的那款汽车。

看得出,那位销售人员非常开心,可能想到一笔不菲的提成又到手了吧。就在准备付款的时候,大卫突然变卦了,他坚决地表示不买了,然后就起身离开了那家店。

那位销售员的脸都失望地变成了茄子,眼看到手的奖金飞了,他却不明白哪里出了问题。显而易见,大卫刚才对这款车还是比较满意的,可为什么又突然改变了主意呢?连陪同的经理都有点摸不着头脑,离开时看着那个面红耳赤的销售人员有点不忍心。

在去另一家店的路上,大卫对经理说:"这位销售人员一心只想赚钱,刚才在他们办公室准备签合同的时候,我很自豪地跟他说我能有今天,全是我太太的功劳。儿子放在上海家里,我太太一个人忙里又忙外地操劳着这个家,真是很不容易。他不但不理我,还在津津有味地听他同事说笑,只当我不存在一样。说心里话,我很不情愿从一个不尊重自己的销售员那里买东西。在哪里买不到车啊,我干嘛给这种人增加业绩呢?你说是不是?"

这位经理非常认同:"原来是这样啊,那看来我们也要加强对员工的教育,不能让他们只为了钱而推销。"

在职场及商场上,人品重于商品,推销商品之前先要把自己的人品推销出去。你不尊重客人的谈话,就是不珍惜自己的劳动成果。不尊重别人,别人就不会尊重你,这个道理我们大家都懂,可是有很多销售人员急功近利,做不到这一点。

一个人品不好的人,即使推销商品成功了,人们也只能把他当成骗子,而不是一个成功的推销员。而一个有着优秀品质的销售人员,即使暂时受挫,那么最终也会成功。一个优秀的销售人员对自己各方面的综合要求都是比较高的,不仅是能力和知识,更重要的是人品和素质修养。推销,就是先要

下篇 这些事别等到上班以后才知道

把自己销售出去，然后再把商品销售出去，如果把这个顺序搞错了，那么你就不是一个合格的销售人员。

当推销自己时，应该充分地认识自己，自己是个什么样的人、优缺点何在、能给别人带来什么，当你考虑推销自己的时候，要诚实地对自己评价一番。一流的销售员就是推销自己，其实要把自己推销出去并不难，关键看你如何去做。

对于职场新手来讲，无论是谈判技巧还是经验都是不成熟的，但其实这些并不是影响你营销的决定性因素。无论是新手还是老手，都要把人品和素养及素质放在第一位。新手们在嘴上功夫不扎实和没什么底子的情况下，只能多用行为去感动客户，用行为去证实自己，从而让客户认同你。

要客户认可你的方式很多，其中口才和技巧仅仅是一种手段，用行为去感动客户才是最根本的方法。真诚及热情等优秀品质，在任何客户面前都是通用的，哪怕你没有华丽的语言，哪怕你没有圆熟的谈判技巧，只要你让顾客感受到你的真诚和热情，折服于你的人格魅力，那么你也一定能成功地推销出自己。

因此，无论客户是什么人，无论你在推销什么产品，都要记住：要做事，先做人。想客户之所想，急客户之所急。只有真正把客户当成上帝，上帝才会给你回报，要不然大家都是相互敷衍罢了。

任何人都不会排斥一个拥有优秀品格的人，在商战中，只要你秀出你的人品魅力，把推销行为当做自己展示人品的舞台，那么，再冷漠的客户都会被你的热情所感染，再难缠的客户都不会把你拒之门外的。

推销自己，不怕拒绝

当我们被一次又一次，一次又一次，无数次的拒绝的时候，是否还有勇气继续面对自己的人生目标坚定地走下去呢？你在面对无数次的拒绝的时候是选择一蹶不振,停止继续追求成功,还是屡败屡战、百折不挠,最后达到自己的目标获得成功呢?

当你又被拒绝了一次的时候,你又接近成功一步了。其实很多时候,只要我们再坚持一下,再执著一点,就可以看见通向成功的路标。成功不怕被拒绝,哪怕是被拒绝1000次,说不定第1001次等待你的就是成功。推销自己,不要怕被拒绝。

史泰龙小时候生活环境很差,父亲是个赌鬼,而母亲则是个酒鬼。每一次父亲赌输了,总是打他和母亲,而当他母亲喝多了的时候也会拿他来发泄。

史泰龙想当演员改变自己的命运,但是,他没有做演员的"天赋",长相不出众,也没有受过正规的表演训练,更缺乏这方面的经验。不过,他无数次地提醒自己,成功之前,一定不能够放弃。为了这个理想,他来到好莱坞,找到一切能帮他实现梦想的人推销自己。他敲遍了那些明星、导演和制片人的大门……他四处哀求:"给我一次机会吧,我要当演员,我一定能成功!"

然而,现实是非常残酷的,史泰龙一次又一次地被人拒之门外,两年间他竟然被人拒绝了1000多次。不过,他依然怀抱着自己的梦想没有消沉下去,钱花光了,他就做些粗重的体力活维持生计。每一次被拒绝,他都鼓励自己:"下一次,我就能成功了。"

史泰龙在吃了那么多次闭门羹之后,他决定不再直接请求当演员,而是采用"迂回战术"。他开始写剧本,以期先打动那些能帮他的人。一年之后,他带着写好的剧本又去到处推销自己。这次不错,有些人觉得他的剧本还可以,不过还是不乐意选他做男主角。面对这样的现实,他没有抱怨,而是压下自己的失望情绪暗示自己:"没关系,我已经进步了,下一次我一定可以成功。"

在他遭受了1300多次拒绝之后,有一个曾经拒绝过他20多次的导演终于被他感动了。那位导演说:"我不知道你能否演好,但我欣赏你这种精神。这样吧,我给你一个机会,但我要把你的剧本改成电视连续剧。我们让你

下篇　这些事别等到上班以后才知道

担任男主角,先拍一集,看看效果再说。如果反响不好的话,那你这辈子就别打算当演员了!"

没想到,这部电视剧第一集播出就创下了当时全美最高收视纪录。自此之后,史泰龙走上了耀眼的星光大道。

被人拒绝了那么多次,这样的"打击"对于一个常人而言是无法形容的。遇到这种情况,恐怕大多数人会放弃,甚至从此一蹶不振。但是,史泰龙永不服输的精神终于战胜了命运,谱写了自己的传奇。推销自己就是一场持久的战争,坚持就是胜利。

对待工作中的困难,不要悲观失望、怨天尤人,而要把困难当成一种难得的经历、一笔宝贵的财富,好好利用。当你被拒绝的时候,请你不要气馁,每一次的拒绝都是通往成功的垫脚石。成功的阶梯就是用拒绝的方砖一块一块堆砌起来的,总有一块可以让你站到高处,触摸成功。

乔·库尔曼幼年丧父,18岁成为一名职业球手,后来手臂受伤,只得回到家中做了一名寿险推销员。在做保险的前10个月里他无数次地被拒绝,几乎都是在毫无意义地奔波,这些糟糕的经历也险些使他放弃。但是最后他坚持了下来,在他29岁的时候,已经成为了美国薪水最高的推销员之一。

乔·库尔曼渡过害怕对方拒绝的难关,逐渐形成自己的推销风格。凭借自己的勤勉和出众的口才,库尔曼把寿险推销给一个又一个客户,在25年的推销生涯中,他销售了40000份寿险,平均每日5份,这使他成为美国金牌推销员。与此同时,他也把成功推销给了自己。

成功不会从天而降,推销自己也不是易如反掌。乔·库尔曼的这种不怕被拒绝、百折不挠的精神,决定了他最终能够成功。失败乃成功之母,没有经历失败,成功怎么会到来?没有黎明前的黑暗,又怎么有光明的出现?

获取成功之前,上帝总是为我们奏响困境的插曲,以此来考验我们的意志。正如古人所云,"天将降大任于斯人也,必先苦其心志,劳其筋骨,饿其体肤空乏其身,行拂乱其所为。所以动心忍性,增益其所不能。"在拒绝面前,如果不能够坦然接受并把它当做漫漫征途的新起点,那就听不到之后动人心弦的凯旋之歌。

当你被拒绝的时候,请不要放弃,也许下一个路口等待你的就是生命的转折。朱德庸在上学的时候就被许多个学校拒绝过,最后画出了许多幽默诙谐的漫画,成为一名著名漫画家;小仲马年轻时也曾被无数次地退稿,最后成为了著名的文学家,写出了《茶花女》等名作;林肯的一生经历了无数次的失败,终于在52岁当选了美国总统。在成功的道路上,终点总是呼唤那些不怕拒绝的勇者。

人生就是一场营销,在拒绝面前,请你鼓起自己的勇气,继续去敲成功的大门吧,也许下一次你就能成为"畅销品"。

温暖的力量胜过苛责

法国作家拉·封丹写过一则寓言故事。故事说,南风与北风比赛,看谁更有力量。北风说,你看,路上有一个行人,谁能让他脱掉身上的大衣,就算谁赢。南风笑了笑,同意了。于是,北风立即呼啸而起,让行人感到一阵刺骨的寒冷。可是,行人不仅没有脱掉大衣,反而把大衣裹得更紧了。北风使尽浑身解数,也无法达到目的,只好无可奈何地退了回去。

温暖的南风开始轻柔地吹拂行人的脸庞。行人感到越来越暖和、越来越燥热,于是不由自主地解开了纽扣,最后脱掉了大衣。这样,南风就向北风宣告自己赢得了胜利。南风与北风的故事说明一个道理:温暖的力量胜过严冬般的苛责。

世界上永不过时的语言就是温暖人心的话语,世界上最强大的力量就是温暖的力量。温暖的语言和行为能够使人如沐春风,能够融化人与人之间

下篇 这些事别等到上班以后才知道

的冷漠隔阂。在职场中,温暖的语言和行为往往比严厉的责罚更能促进人的成长,赢得和谐的人际关系。

某公司的业务非常繁忙,因此,有很多工作都是外包给外地的工作室去做。有一家工作室有位员工叫罗小旭,是个刚参加工作的小伙子。人很聪明,就是有时候做事有点马虎,属于大错不犯、小错不断的类型。

几个项目做下来,罗小旭的小问题出了不少,老板也说过他几次,不过效果不大。老板为此也很发愁,小伙子很有潜力,但是总是差那么一点儿,辞退他吧,既可惜又不忍心。眼看就要开年终会了,罗小旭自己也感觉做得有些欠缺。

同事葛天主动帮罗小旭做了很多工作,每次都耐心地帮他改正那些小缺点,这样,罗小旭的业绩总算能说得过去了,但是与其他同事相比,还是差很大一截。

年终会上,老总表扬了一些表现出色的员工,尽管会场气氛十分愉快,但自家人知自家事,罗小旭还是十分紧张。

老总后来看到了罗小旭的业绩,眉头皱了起来,罗小旭非常紧张,慌乱地把头低下去。老总看了一小会儿,没有说什么,似乎不愿当众批评这位马大哈新丁。主管也看出了老总的意思,于是就调节气氛:"好,刚才老总表扬了许多优秀员工,下面就请我们公司的先进员工葛天与大家共同分享一下他的工作经验怎么样?"大家一致认同。

葛天诚恳地说:"我的成绩虽然好,但是不值得骄傲。可能大家还不知道,罗小旭配合我做了许多工作,他虽然经验差点,但是在创意上很有一套,动手能力也很强。大家不要只看到我的业绩,而忽略了小罗这位幕后英雄。我俩配合得很好,明年大家就看小罗的业绩吧。"

罗小旭听到葛天的一席话非常感激,于是暗下决心,明年一定好好干。同时,老总也觉得明年可以安排葛天带一下小罗,说不定小罗进步会很大,因此,也对葛天投去了赞赏的目光。

果不其然,罗小旭为了报答老板的"知遇之恩"和葛天的"仗义"帮助,在新的一年里非常努力,对自己的要求也严格了。到了年终的时候,他的业绩在公司已经是中等水平了。

古人曾说:良言一句三冬暖,恶语伤人六月寒,讲的也是这个道理。表达的意思相同,人们却喜欢听更"顺耳"的,良药未必非得苦口,我们完全可以换一种表达方式,把它加工成"甜"的。

如何在职场上让更多的人喜欢你、认可你、尊重你?靠的决不是你不容置疑的威严,也不是一张八面玲珑的嘴巴,最根本的,是让别人感受到你发自内心的温暖,不论这温暖是通过你的语言还是行动来传达,它都能为你赢得人们的认可。

20世纪初,美国著名的芒西报团的创办人名叫弗兰克·芒西,他受到了周围人们的一致尊重,并赢得了他们牢固的友谊。

芒西有一位名叫欧尔曼·雷奇的同事,这位同事的右耳在几十年前就失聪了。

但是芒西从来没有因为这位同事的缺陷而轻视过他,相反,他十分尊重这位同事,而且他做得不着痕迹,非常自然。

在欧尔曼·雷奇的右耳失聪以后,无论在房间里、写字楼还是在汽车里、大街上、进餐的时候,只要是弗兰克·芒西与他在一起,就总是看似很随意,实际上是非常注意地站在他正常的那只耳朵的一边。因此,他们的交谈完全不受欧尔曼·雷奇那只失聪的耳朵的困扰,这也让雷奇完全没有自己是个残疾人的感觉。

后来,欧尔曼·雷奇写了《芒西的传奇》一书,记录了芒西用温暖的行动小心翼翼地呵护着他的自尊这件事,这本书表达了他对芒西的深厚友谊和尊重之情,也令无数读者为此感动。

芒西就是一个处处尊重他人、为他人着想的人,因此他赢得了别人的友

下篇 这些事别等到上班以后才知道

谊和尊重。只要你能尊重别人,哪怕是在一些极细微的小事情上体贴他们、尊重他们,就能容易地赢得他们的好感和支持。可见,能给人带来温暖的行动,将会使你得到深深的尊重。

对于初涉职场的年轻人来说,交往当中要尽量学会运用温暖的力量,哪怕是批评也要用温暖的方式。这样的做法仿佛是雪中送炭,它能消除人与人之间的隔阂,是世间最好的人际关系润滑剂。在交往中让对方感受到了你的温暖,这不是一种最妙的推销方式吗?

订单藏在客户的嘴巴里

有成千成万的推销人员在职场上挥汗如雨,却始终与疲惫和失败为伍,看着别人轻轻松松地拿到一个又一个订单,他们仰天长叹:为什么老天对我如此不公呢?是他们不够努力?还是顾客们有眼无珠呢?

其实,他们的推销走了一条歧路,他们所想的一直是他们自己所要的,而不是客户需要的。如果顾客需要的话,推销员们就不用愁做不成生意了。如果一位推销人员能让顾客知道他的服务或商品将能满足自己的需求,他就不需要推销了,顾客自然会买。顾客更喜欢为了自己的需求主动去买,而不是被强迫说服。

王斌是一位优秀的推销员,他曾经说服了一家大型房地产公司的老板,从他手中买下平生第一份人寿保险,并且两个人还成了要好的朋友。一次,那位老板对王斌说:"我突然想起来,我是怎么从你那里买下第一份人寿保险的?记得你对我说的那些话,别的推销员都说过。你的高明之处在于,你不跟我争辩,只是一个劲儿地问我'为什么'。你不停地问,我就不停地解释,结果把自己给说服了。我现在才知道,我是上了你的套了。我解释越多,对我就越不利,防线最终被你的提问冲垮。最后不是你在向我卖保险,而是我自己'主动'在买。"

原来，那个老板马先生是一家运动品牌专卖店的老板，王斌曾向他推销了一笔数额巨大的保险。

当时王斌问马先生："您是否可以给我一点时间，为您讲一讲人寿保险？"马先生说："我很忙，跟我谈寿险是浪费时间。你看，我已经55岁了，早几年我就不再买保险了。儿女已经成人，能够好好照顾自己，只有妻子和我一起住，我赚的钱够多了，即便我有什么不测，她们也有钱过舒适的生活。"

换了别人，马先生这番话足以让他心灰意冷，但王斌不死心，仍然向他发问："马先生，像您这样成功的人士，在事业或家庭之外，肯定还有些别的兴趣，比如对希望小学、贫困山区的孩子这些慈善事业的资助。您是否想过，您百年之后，它们将会无法正常运转？"

这时候，马先生说话了："不错，我是资助了6个孩子。"王斌意识到自己问到了点子上，于是趁热打铁说下去："马先生，购买我们的寿险，能够保证不论您是否健在，这些孩子都能持续地受到您的资助。7年之后，您每月将收到5000元，直到您去世。这笔钱完全可以用在那些孩子身上。"

听了这番话，马先生显然心动了，他说："不错，资助孩子这件事对我很重要。你是说如果我买了保险，即使我死了，那些孩子也能够得到资助，是吧？那样我总共要花多少钱？"王斌说了一个数字，马先生爽快地购买了这份寿险。

一般情况下，人们买保险是为了让自己和家人的生活有保障，而显然马先生是不用担心这些的，那么怎样才能激发马先生的购买欲望呢？于是，王斌通过不断追问，终于发现连马先生自己也没意识到的另一种强烈需要——资助那几名贫困儿童。顺理成章地，购买寿险可以满足这一需要，因此，王斌也就顺利地拿下了这个单子。

很多时候，订单是藏在客户嘴巴里的，只要你能够让客户开口说话，就能逐渐找到他的需要，而如果你能帮助对方发现自己内心的需要，同时你又能帮他解决，那么，你的推销就变得易如反掌，由被动变主动了。

下篇　这些事别等到上班以后才知道

某单位招聘业务员，很多人去面试。经理出了一个题目考察大家：用一天的时间去向和尚推销梳子，谁推销得最多就录用谁。很多人都说这是不可能的，和尚没有头发，怎么可能需要梳子啊！于是很多人就放弃了这个机会，最后有3个人愿意试试。

一天之后，他们回来了。

第一个人卖出了1把，他对经理讲了自己卖梳子的经过：他看到有个脏兮兮的小和尚在挠痒，就趁机卖了一把梳子给小和尚。

第二个人卖出了10把。他对经理说："我找到庙里的主持，对他说如果上山礼佛的人的头发被山风吹乱了，就表示对佛不尊敬，假如在每个佛像前摆一把梳子，游客来了梳完头再拜佛就不会亵渎佛祖了！于是我卖了10把。"

第三个人竟然卖了1000把！他对经理说："我找了一个久负盛名的宝刹，跟方丈讲，你想不想增加寺里的收入？方丈说想。我就告诉他，朝拜的人都是带着一颗虔诚的心，主持可以在梳子上写上'积善梳'，回赠给前来朝拜的信民。这样会使更多的人来捐钱，就这样一下子就卖出了1000把。"

结果，第三个面试者被成功录用。

第三个业务员之所以能够推销出1000把梳子，是因为他满足了方丈增加寺庙收入的需求，让方丈通过积善梳吸引人们捐款。这样他自己的业务也就没有任何问题了。

库尔曼告诉我们："只要你能让顾客不停说话，就等于他在帮助你找关键点。"在我们的工作中，我们要善于掌握这种技巧，善于从客户的嘴巴里找到他们的需求，只要我们提供的产品能够满足他们的这种需求，还用担心不能顺利地推销吗？

当然，我们跟顾客沟通时，靠的不是伶牙俐齿，而是我们的真诚。只有用真诚才能打开对方的心扉，才能给对方留下美好的印象。这样，即使对方真的不需要我们的产品，我们仍然还能收获一份宝贵的友谊。

让他说，别急着"卖"

一只住在北方的乌龟和一只大雁成为了很好的朋友。有一年，小乌龟想与大雁一起到南方去，但它不会飞，因此很沮丧。大雁知道后，想了个办法，对乌龟说："你可以和我们一起去。我和我的同伴各咬着木头的两端，你就衔着木头中间那一段，那样我们就可以一起飞到南方了。但是，你一定要记住，千万不能开口说话。"

乌龟听了大雁的话，高兴地答应了。于是，大雁就带着乌龟往南飞。开始时，乌龟还忍着没说话，后来飞的时间长了，它放松了警惕。当它听见下面的人纷纷议论："看啊！这只乌龟竟然在天上飞！"时，就得意忘形地开口说："哈哈，我飞上天了。"结果乌龟一张口，立即从空中摔到了地上，摔成了肉泥。

很多业务人员在谈生意的时候总是一上来就滔滔不绝地说，尽管舌灿莲花，但是往往打动不了那些比较有主见的消费者。其实，推销产品或推销自己都是没有必要着急的，完全可以让对方打开话匣子。让他说，自己别急着"卖"，只要对方说得尽兴了，那么你自然不用为如何"卖"发愁了。

库尔曼在推销保险时，就非常善于打开交流的大门，引导对方打开话匣子，从而为自己的推销找到出路。

罗斯是一家工厂的老板，工作繁忙，对于那些不期而至的推销员来讲，他往往不会浪费时间听他们推销。结果，很多推销员都在他面前无功而返，库尔曼却成功地让这个大忙人接受了自己的推销。那么，库尔曼是如何做到的呢？

库尔曼来到罗斯的办公室，"您好，我叫乔·库尔曼，保险公司的推销员。"罗斯说："又是一个推销员。你是今天来我办公室的第十个推销员，我还有很多事要做，没时间听你说。别烦我了，我没时间，你还是直接走吧。"罗斯的拒绝非常干脆。

库尔曼说："请允许我作一下自我介绍，10分钟就够了。"罗斯说："我根

下篇 这些事别等到上班以后才知道

本没有时间听你废话。"库尔曼没有开口,而是低下头用了整整一分钟时间去看放在地板上的产品,然后,他问罗斯:"您生产的是这些产品吗?""当然是了,难不成是你生产的?"罗斯毫不客气。

在得到肯定的回答后,库尔曼又问:"您做这一行多长时间了?"罗斯平淡地回答:"22年了。"库尔曼问:"您是怎么开始干这一行的?"

没想到,这句话仿佛有着巨大的魔力。埋头工作的罗斯抬起头来,上身也倾过来,他打开了自己的话匣子,滔滔不绝地谈起来。罗斯从自己早年的不幸生活谈到自己的创业经历,沉浸在期间的种种酸甜苦辣之中,他一口气谈了一个多小时。最后,罗斯竟然起身,热情邀请库尔曼参观自己的工厂。

那一次见面,库尔曼没有卖出保险,却和罗斯成了朋友。接下来3年里,库尔曼向罗斯推销了4份巨额保险。

库尔曼的例子告诉我们:"您是怎么开始干这一行的?"这句话是有魔力的。只要你提出这个问题,那些忙得不可开交的人总能挤出时间跟你聊。而一旦把你当成一个可以倾诉的对象,那么你的营销就成功了。因此,让对方说话,而不是着急去卖,往往能收到事半功倍的效果。

那些成功的推销大师之所以成为大师,是因为他们能够使对方按照自己的意图行事,但是却不会产生抵触或摩擦,他们总是能够在客户面前找到对方乐于谈论的话题。而如果推销员总是一个人自说自话、滔滔不绝,那么,即使说得天花乱坠,对客户来说也是无用功。俗话说:君子不开口,神仙也难下手。对方压根没有跟你交流的兴趣,你还指望能打开他的钱包吗?

同样是库尔曼,有一次他向一家地毯厂老板推销寿险。老板态度十分坚决地对他说:"无论如何我都不会买。"库尔曼问:"能告诉我原因吗?"老板说:"我们赔钱了,资金短缺,财政赤字。而你的保险每年至少花我们8000到10000美元。除非我们财政好转,不然我们绝不多花一分钱。"

在谈话陷入僵局之际,库尔曼追问:"到底是什么原因使你这么坚决?"

老板笑了,他承认道:"确实有点别的原因,我的两个儿子都大学毕业了,他们都在这个厂工作。我得为他俩着想。"

当通过老板的话找到了真正原因之后,库尔曼为他设计了方案,使老板的两个儿子有了保障,问题迎刃而解。因此,这位老板也就没有理由不购买库尔曼向他推销的寿险了。

当你的推销陷入困境的时候,你不妨像库尔曼那样问一句,请对方说出他拒绝的原因,找到了原因,你就成功了一半,因为,在商场上,推销的不是产品,而是自己。哪怕你卖不出产品,也可以推销出你自己,而不致空手而归。

推销成功的秘诀还在于找到人们心底最强烈的需要。那么,怎样才能找到客户内心深藏不露的强烈需要呢?一般而言,人们对陌生的推销员总是心存戒备,往往以没有时间为由将其打发走。因此,你应该让客户开口说话,客户说得越多,暴露的情况就越多,这样,你就一步一步化被动为主动,成功地发现对方的需要,并满足它。

顺水推舟,达成目标

身为一个销售人员,也许你最爱说的话就是:"哎,现在的工作可真不好做,这些客户真难伺候,总是一副居高临下的样子,把自己当成了真正的上帝。只要我一辩驳,他马上就会变脸色。为什么卖点东西这么难!"

为什么你总是视营销为苦役?是因为你口才不佳还是不够努力?其实这都不是主要原因,作为世界上最伟大的推销员之一的乔·吉拉德就是个结巴。其实要做好营销很简单,就是要懂得消费者的心理,不要只用自己的思维来对待工作、对待客户。其实将心比心,当有人向我们推销东西时,如果对方是那种高高在上的态度,那么我们会感到高兴、会愿意与他交流、愿意接受他的推销吗?

下篇　这些事别等到上班以后才知道

营销要成功,就要站在顾客的角度考虑,让自己的推销意图从顾客的思想里主动产生,达到不是你想卖,而是他想买的效果。这样,就如太极拳里面的借力打力,顺水推舟达成目标。你省力,顾客满意,岂不是皆大欢喜?

向坤开了一家二手汽车行,不过他的生意有些冷清。前来购车的客户总喜欢挑毛病,不论向坤向他们推销哪一台汽车,他们总能找出些瑕疵来,有时候客户把他的车说得一文不值,好像倒贴他们钱他们都不会要似的。为此,向坤总是想辩解一番,有时候甚至跟客户争得脸红脖子粗,导致不欢而散。

前几天就来了这么一对夫妇,他们在车行转悠了一整天,一遍又一遍地挑选车子,看上去非常想买。可惜的是,无论向坤怎么推荐,他们总是认为这台不好、那台又有些小毛病、另一台有些昂贵等等。其实,向坤明白,客户这样做,无非就是希望价钱能够降低一些。

于是,向坤就用专业知识反驳他们、说服他们,结果客户最终拂袖而去。

看着那对夫妇离去的背影,向坤感到自己太失败了,对方明明非常有购买兴趣,眼看煮熟的鸭子飞了,于是他请教了一个好朋友,想问问自己失败在什么地方。这位朋友告诉他,对客户,不要总摆出一副专家的样子,试图说服客户,这样客户会有被强迫的感觉。朋友建议,不要试图强求那些犹豫不决的人买车子,要引导他们自己决定,让他们自己拿主意、做主角,你只要适当提出肯定和建议就好了。

朋友的话,让向坤学到了宝贵的一课。过了几天,他收了一辆非常不错的二手车,于是打电话给之前的夫妇,非常谦虚地说有车子上的问题想请教他们。他本来以为对方会拒绝,没想到那对夫妇接到电话后,竟然很快地就赶到了车行。

向坤这次非常谦虚地对这对夫妇说:"你们好,我知道你们对汽车很了解,你们的知识连我这个卖车的都比不上,所以我想请你们帮忙看看这部汽车值多少钱,这样的话,我卖车的时候就能心中有数。"

那位男性客户听到了这话之后，脸上立刻露出笑容，他二话不说就驾着这部车子兜了一圈，回来后告诉向坤："这辆车子车况很好，几乎跟新车一样，如果你能4万元买进，就是捡到便宜了。"

这个价格正是向坤期望卖出的价格，因此，他笑了笑说："那如果我以这个价钱买进这辆车子，然后以同样的价格转手给你，算是感谢你这次帮我，你看怎么样？不过，以后我再请教你的时候，你可不能藏私哦！"结果，这对夫妇非常开心地定下了这辆车子，不仅做成了这笔生意，还交了朋友，后来，他们还介绍了很多朋友来买车。

所以，如果销售工作总是出现问题，那我们首先应从自己身上找毛病，学会换位思考，让消费者成为"专家"，这样消费者自然会感到很满足，从而让你省去了不少麻烦。

无论你从事哪个行业，想要在工作中感到快乐，那么就一定要学会换位思考，从消费者的角度来看待自己的方式、方法。一味地向消费者灌输自己的观点，反而会把事情搞砸。因为，你越是想要解释什么，消费者就会越来越反感，他们认为你是在强迫他们，这样你的失败就是必然的了。

其实，业务员与客户的关系，不是魔鬼和天使般的敌对关系，而是互惠互利的朋友关系。只有站在客户的位置上考虑，想客户所想，急客户所急，才能真正做到"顺水推舟"。即使客户暂时真的不能购买你的产品，那么他也会记得你的这份情，谁能说以后他就不会照顾你的生意呢？

心理学中有种飞去来器效应，它比喻人们的情绪逆反心理现象，也就是你越是用力将飞去来器抛出去，它越会飞向相反的方向。而与消费者交流中，我们就要尽可能地避免飞去来器效应，让对方做主角，你自己做配角。事实上，他所主导的正是你先前的想法，他演绎的仍然是你的剧本。因此，在营销中，只有顺水推舟、因势利导，才能化不利因素为有利因素，最终实现双赢的结果。